陈 旭 著

空间集聚对我国制造业
企业出口参与的影响及对策研究

KONGJIAN JIJU DUI WOGUO ZHIZAOYE
QIYE CHUKOU CANYU DE YINGXIANG JI DUICE YANJIU

中国财经出版传媒集团

经济科学出版社

Economic Science Press

图书在版编目（CIP）数据

空间集聚对我国制造业企业出口参与的影响及对策
研究/陈旭著. —北京：经济科学出版社，2021.1
ISBN 978 - 7 - 5218 - 2289 - 2

Ⅰ. ①空⋯　Ⅱ. ①陈⋯　Ⅲ. ①制造工业 - 出口
贸易 - 研究 - 中国　Ⅳ. ①F426.4

中国版本图书馆 CIP 数据核字（2020）第 266574 号

责任编辑：高　波
责任校对：杨　海
责任印制：王世伟

空间集聚对我国制造业企业出口参与的影响及对策研究
陈　旭　著
经济科学出版社出版、发行　新华书店经销
社址：北京市海淀区阜成路甲 28 号　邮编：100142
总编部电话：010 - 88191217　发行部电话：010 - 88191522
网址：www.esp.com.cn
电子邮箱：esp@ esp.com.cn
天猫网店：经济科学出版社旗舰店
网址：http://jjkxcbs.tmall.com
北京季蜂印刷有限公司印装
710 × 1000　16 开　18 印张　270000 字
2021 年 4 月第 1 版　2021 年 4 月第 1 次印刷
ISBN 978 - 7 - 5218 - 2289 - 2　定价：66.00 元
（图书出现印装问题，本社负责调换。电话：010 - 88191510）
（版权所有　侵权必究　打击盗版　举报热线：010 - 88191661
QQ：2242791300　营销中心电话：010 - 88191537
电子邮箱：dbts@ esp.com.cn）

前　　言

　　随着中国对外开放的政策实施由沿海至内地的梯度式展开，以及对外开放程度的不断提升，经济活动不断向东部地区集中是我国经济发展过程中的一个显著特征，经济集聚的外部效应对宏观区域经济增长乃至微观企业的劳动生产率的影响也得到了众多学者的检验与证明。与此同时，随着新新贸易理论的不断丰富和拓展，以及近年来新新经济地理理论的提出，基于微观企业层面考察集聚外部性与企业经济贸易活动的关系成为热点研究话题。为此，本书将空间外部性与新新贸易理论和全球价值链理论相结合，翔实地从出口的广度和深度这两大方面来考察空间集聚对我国制造业企业出口参与的影响。首先，本书根据理论推导和分析判断企业出口参与的广度和深度与空间集聚之间的关系，而得出企业出口参与由于外部经济和市场拥挤这二者之间此消彼长的动态关系而呈现先扬后抑的倒 U 型特征和趋势。其次，本书运用 Heckman 两步法模型，对我国 286 个地级市的空间集聚对当地制造业企业出口参与广度和深度的非线性影响进行了实证检验与分析。其中，本书以出口二元边际来反映企业出口参与的广度，以出口国内增加值率来衡量企业出口参与的深度。研究结果显示，空间集聚的外部经济效应在显著提升我国制造业企业出口参与的广度和深度的同时，拥挤效应导致中国企业的出口参与和空间聚集水平之间存在显著的倒 U 型关系。但总体来看，目前我国城市的空间集聚程度尚未达到最优水平，绝大多数企业的出口二元边际和出口国内增加值率仍处于随着空间集聚提高而扩张的阶段。此外，在区分企业所处区位、行业及所有制之后发现：空间集聚对我国东部地区、资本和技术密集型企业，以及外商投资企业出口参与广度的影响均表现出相似的倒 U 型特征；而在出口参与深度方面，空间集聚对我国东部地区、劳动和资本密集型企业，以及非国有制企业出口参与深度的影响表现出相似的倒 U 型特征。再次，本书进一步考察了生产性服务业集聚对制造业企业出口参与的影响，发现企业出口二元边际和出口国内增加值率依然随着生产性服务业集聚程度的提高呈现先升后降的变化趋势。最后，本书根据理论分析和实证检验结果提出以下政策建议：一是继续加强我国的城镇化建设，提高我国城市整体的经济活动集中度；二是调整产业空间布局，实现各区域空间集聚与企业出口参与之间的均衡发展；三是加快落后产业的技术升级，实现产业间的协同发展；四是继续深化国有企业改革，提高我国整体市场化水平。

目　　录

第 1 章

导　论

伴随着我国对外开放程度的不断提升，出口贸易一直是保持我国经济平稳快速增长的关键推动力。1978 年我国的出口总额为 167.6 亿元，截至 2019 年，这一比例已大幅增长至 172373.6 亿元，相应的出口依存度也从 1978 年的 4.6% 提升至 2019 年的 17.32%[①]。与此同时，随着中国对外开放的政策实施由沿海至内陆地区的梯度式展开，以及对外开放程度的不断提升，经济活动不断向东部地区集中也是我国经济发展过程中的一个显著特征。传统的贸易理论认为要素禀赋和生产率差异是国际贸易活动开展的关键因素，新贸易理论则首次探讨了地理集聚对国际贸易活动的重要影响，为新经济地理理论奠定了理论基础。为此，本书以新新贸易理论和新新经济地理理论为基础，深入探讨空间集聚的外部性对我国制造业企业出口参与广度和深度的动态影响。在本书中，企业出口参与广度以出口二元边际[②]体现，反映了企业出口的量；而出口参与深度则是以企业的出口国内增加值率表现的，反映了企业在全球价值链中所处的地位或者是参与国际分工的深度。

[①]　国家统计局. 中国统计年鉴 2020［M］. 北京：中国统计出版社，2020.

[②]　出口二元边际包括出口拓展边际和集约边际。从现有文献看，出口二元边际概念的界定根据视角可以大体分为产品层面、企业层面和国家层面。本书是基于企业层面探索出口二元边际，因此在本书中，拓展边际表示有新企业进入出口市场；集约边际表示现有出口企业的出口额占总产出的比重。

1.1 研究背景①

随着我国制造业规模的飞速发展以及城镇化战略的深入实施，我国经济活动的不断集中是发展过程中的明显趋势和特征。特别是我国曾在相当一段时期内经历了"重点发展东部地区以带动中西部地区"的非均衡型经济发展战略，这便导致我国经济整体高速增长的同时，经济活动的空间分布也呈现出明显的"东高西低"的非均衡性特征。以中国工业企业数据为例，1999 年，我国将近 60% 的工业企业分布于东部沿海地区；而截至 2009 年，这一比例已增长至 71%，并仍在不断提高。且这一特征和趋势在我国过去 30 余年的贸易实践中尤为突出，目前已有超过 90% 的制造业出口企业汇聚在东部地区②。事实上，即使从全球范围看也能轻易发现，近 30 年来，全球总产值中超过70% 的部分是由欧盟、北美自由贸易协定国，以及东亚地区所贡献的，物质生产富裕的地区或国家往往都呈现出较高的经济集聚现象③。

关于集聚经济的溢出效应，阿尔弗雷德·马歇尔（Alfred Marshall，1920）早在 1920 年便提出了由产业集聚带来的知识溢出、投入产出相关联，以及劳动力市场共享等外部经济的重要性。近些年，吉尔·杜兰顿和迭戈·普加（Gilles Duranton & Diego Puga，2004）较为系统全面地将集聚产生的外部经济效应总结归纳为三个主要方面：一是学习模仿效应，这里主要包括了生产者之间产品技术与创新的创造、扩散和模仿；二是资源和要素的共享效应，这包括了产业集聚为区域内生产者带来的公共资源的改善以及产品价值链中的专业化和多样化效应等；三是匹配效应，即通过增加生产要素（主要是劳动力）与生产者之间的匹配成功率来降低厂商的市场信息搜寻和甄别成本并

---

① 本书研究数据均不含港澳台地区，后文不再赘述。
② 资料来源：中国工业企业数据库（1999~2009 年）相关数据。
③ 资料来源：WTO 数据库（2019 年）相关数据。

借此提升市场经济的运行效率。正因为集聚外部性对经济活动产生的不可忽视的影响，国内外众多学者在较长时期内一直关注和研究经济活动的聚集对经济增长、地区劳动生产率乃至微观企业全要素生产率的推动作用（Dupont，2007；陆铭、陈钊，2009；潘文卿，2012；Cerina & Mureddu，2012；刘修岩，2014）。

　　长期以来，中国一直依靠"人口红利"大力发展制造业出口贸易，充裕的简单劳动力是我国迅速成为全球出口大国的关键因素。如表 1 - 1 所示，1985 ~ 2019 年，我国出口依存度从 8.8% 逐渐提升至 17.3%，2006 年的出口依存度一度高达 35.3%。尽管 2009 年我国出口规模由于金融危机出现一定程度的缩减，但从 2010 年开始又恢复了原有的强劲增长趋势，这表明出口贸易是我国经济长期增长的关键推动力。在这期间，我国出口结构也发生了非常明显的改善。出口总额中工业制成品的占比从 1985 年的 49.5% 大幅增长至 2019 年的 94.6%，这在一定程度上反映出我国工业制造业技术水平的显著进步，成功实现了以初级产品为主向以工业制成品为主的转变。

表 1 - 1　　　　　　　　1985 ~ 2019 年我国出口结构概况

年份	出口总额（亿元）	出口依存度	初级产品比重	工业制成品比重
1985	803.2	0.088	0.505	0.495
1990	2985.8	0.157	0.255	0.740
1995	12451.8	0.204	0.144	0.854
2000	20634.4	0.207	0.102	0.898
2001	22024.4	0.200	0.099	0.901
2002	26947.9	0.222	0.088	0.912
2003	36287.9	0.265	0.079	0.920
2004	49103.3	0.304	0.068	0.932
2005	62648.1	0.334	0.064	0.932
2006	77594.6	0.353	0.054	0.941
2007	93455.6	0.345	0.050	0.941

年份	出口总额（亿元）	出口依存度	初级产品比重	工业制成品比重
2008	100394.9	0.316	0.054	0.936
2009	82029.7	0.236	0.053	0.948
2010	107022.8	0.262	0.052	0.946
2011	123240.6	0.255	0.053	0.942
2012	129359.3	0.240	0.049	0.951
2013	137131.4	0.230	0.048	0.949
2014	143883.7	0.223	0.048	0.952
2015	141166.8	0.204	0.046	0.954
2016	138419.3	0.186	0.046	0.954
2017	153309.4	0.185	0.052	0.948
2018	164127.8	0.179	0.054	0.946
2019	172373.6	0.173	0.054	0.946

资料来源：笔者根据历年《中国统计年鉴》整理所得。

　　然而，尽管中国出口贸易中的工业制成品比重以及高新技术产品比重在持续提升，但这种现象并非仅得益于我国的技术进步，更多的则是依赖外商直接投资进行的简单加工贸易。此外，对于中国这样长期依靠"人口红利"实现经济和贸易增长的国家来说，出口规模的扩张并非意味着我国贸易竞争力和全球生产价值链地位得到了提升与强化。随着全球贸易专业化分工的不断深入，越来越多的国家的生产活动逐渐成为全球生产体系中的某个具体环节，因此，各个国家开始重视其出口贸易在全球生产网络中的参与深度而非单纯的出口总量或结构。表1-2展示了1985～2018年期间，我国一般贸易和加工贸易的进出口规模和发展趋势。我们可以发现，相比于一般贸易，我国加工贸易的出口规模呈现明显的高速增长趋势。比如，在1990年之前，我国加工贸易的出口规模远远落后于一般贸易，然而在1993年，我国加工贸易的出口额首次超越了一般贸易，且在随后的较长时期内，加工贸易出口规模超过一般贸易的差距逐渐扩大。从2011年开始，我国一般贸易的出口规模重新开始领先加工贸易。因此，总体来看，目前我国出口贸易中的加工贸易占据了半壁江山，但在加工贸易中，我国往往由于相对低廉的劳动力成本而被外商锁定于技术含量较低的生产环节，缺乏真正长期有效的国际竞争力。因此，单纯地从出口规模来判断和衡量我国在国际市场中的参与深度和地位难免有失偏颇。

表 1 - 2　　　1985~2018 年中国两种贸易方式进出口结构的变化　单位：亿美元

年份	一般贸易		加工贸易	
	出口	进口	出口	进口
1985	237.30	372.72	33.16	42.74
1986	250.95	352.07	51.41	63.90
1987	296.43	287.72	81.38	95.02
1988	325.96	352.08	128.33	137.46
1989	315.52	356.14	188.04	156.78
1990	354.60	262.00	254.20	187.60
1991	381.20	295.40	324.30	250.30
1992	436.80	336.20	396.07	315.14
1993	432.00	380.45	442.36	363.60
1994	615.60	355.20	569.80	475.70
1995	713.61	433.81	737.18	583.59
1996	628.24	393.63	843.27	622.75
1997	779.74	390.30	996.02	702.06
1998	742.35	436.80	1044.54	685.99
1999	791.35	670.40	1108.82	735.78
2000	1051.81	1000.79	1376.52	925.58
2001	1118.81	1134.56	1474.34	939.74
2002	1361.87	1291.11	1799.27	1222.00
2003	1820.34	1877.00	2418.49	1629.35
2004	2436.06	2481.45	3279.70	2216.95
2005	3150.63	2796.33	4164.67	2740.12

年份	一般贸易		加工贸易	
	出口	进口	出口	进口
2006	4162.33	3330.74	5103.55	3214.72
2007	5393.55	4286.64	6175.60	3684.74
2008	6628.62	5720.93	6751.14	3783.77
2009	5298.12	5344.70	5868.62	3222.91
2010	7206.12	7692.76	7402.79	4174.82
2011	9170.34	10076.21	8352.84	4697.56
2012	9878.99	10223.86	8626.77	4812.75
2013	10873.26	11098.59	8600.40	4966.62
2014	12033.91	11089.40	8842.18	5240.85
2015	12147.92	9224.02	7975.30	4466.10
2016	11313.69	9006.40	7153.31	3964.38
2017	12300.20	10853.65	7587.68	4312.77
2018	14004.10	12741.22	7970.43	4700.84

资料来源：笔者根据历年《中国贸易外经统计年鉴》整理所得。

　　同时，我们也需要认识到目前我国各地区之间在经济贸易方面发展的非均衡性。自改革开放政策实施以来，中国区域经济发展战略更侧重效率的提升，因此我国经历了较长时期的以东部沿海地区为重心的经济发展战略，尽管期间我国政府为了兼顾公平问题而提出并实施"西部大开发"，以及"促进中部地区崛起"等一系列协调发展战略，但目前来看，我国经济活动的集聚程度仍表现出明显的"东高西低"的非均衡性。如图 1 - 1 所示，以 2019 年为例，我们可以发现，不论是地区创造的地区生产总值还是出口总额，东部地区所占比重远远高于中西部地区。尤其是我国广东省、江苏省和浙江省仅这 3 个省份的地区生产总值和出口规模就分别占据了全国的 27.4% 和 54.4%。正是由于经济集聚带来的规模经济、技术溢出以及信息共享等外部经济效应，使得我国东部地区的经济和贸易增长长期保持着强劲稳定的增长趋势。周其仁（2015）指出，中心城市经济活动密度过低将难以通过集聚带来的"辐射"作用带动周边地区经济增长，尽管目前我国上海市、北京市等特大城市的经济活动的总量和规模闻名全球，但在区域内经济密度方面，我国一线城市仍与纽约市、东京市等发达城市存在较大差距，其他城市的经济密度更是有非常广阔的成长空间。因此，未来推动我国经济和贸易增长的一个关键途径便是为城市"加密"，充分发挥经济活动的空间集聚所带来的外部经济效应。

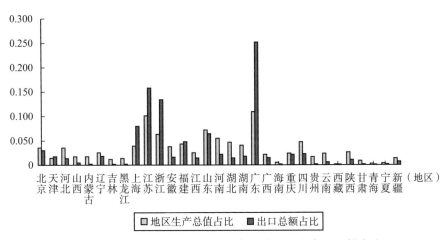

图 1 - 1　2019 年中国各地区生产总值占比和出口总额占比

资料来源：笔者根据《中国统计年鉴 2019》计算整理所得。

　　经济活动集中的区域往往具有较为完善的基础设施和丰富灵活的人才流动机制和环境，进而为企业经营提供了良好的市场基础和外部环境。然而，在经济活动高度集中的东部地区，尽管企业能够借助集聚经济实现规模经济和技术进步，但外部经济与市场拥挤往往是集聚效应这枚硬币的两面。近年来，伴随着我国东部地区工业企业集聚程度的不断加深，以及人力资本成本的大幅增加，产业过度集聚对我国制造业生产率的抑制作用正逐渐显现（沈能等，2014）。在此背景下，我国各地区制造业企业的出口参与度是否受到了当地市场拥挤的负面影响还是一个未知数。特别是在经济活动高度集中的东南沿海地区，大量的企业、资本和产品拥挤在有限的地理空间中，导致企业更容易面临过度集聚的风险，这反而可能抑制了企业未来出口参与的持续深入，以及贸易利得。

随着以马克·梅利茨（Marc J. Melitz，2003）为代表的新新贸易理论的兴起，以及微观企业数据的可获得性，近年来从企业层面探讨出口参与的影响因素研究也逐渐丰富起来，包括政府给予的生产性补贴（苏振东等，2012）、区域基础设施（盛丹等，2011），以及企业面临的流动性约束（阳佳余，2012；张杰等，2013；Manova et al.，2011）等。此外，众多的经验证据和研究成果指出，我国出口企业和外商直接投资长期不断地向东部沿海省份汇聚，并由此逐渐形成了一定规模的产业群和城市群（Lu & Tao，2009；路江涌、陶志刚，2006）。在此过程中，企业的出口规模及生产率均受益于地理集聚的外部经济效应，并实现了明显的扩张与提升（佟家栋、刘竹青，2014；范剑勇等，2014）。然而，这些研究存在的主要问题在于，只是先入为主地假设集聚外部性对企业的影响是线性的，忽略了集聚过程中的外部经济和市场拥挤效应之间此消彼长的动态变化关系。

与此同时，新新贸易理论的研究对象逐渐从企业的出口二元边际深入到出口国内增加值率。而随着空间集聚产生的规模递增和不完全竞争被引入国际贸易领域，集聚经济对企业出口参与的影响开始受到部分学者的关注。尤其是生产率、规模经济，以及技术水平均是影响企业出口参与广度和深度的关键因素，空间集聚带来的技术溢出、规模经济等外部性与企业出口参与之间的密切联系不言而喻。但总体来看，国内关于空间集聚带来的外部性对企业出口参与的影响研究起步较晚，且集中于企业的出口二元边际（佟家栋、刘竹青，2014；叶宁华等，2014）。事实上，仅基于出口二元边际视角，探索企业出口参与与经济集聚之间的关系尚不足以全面客观地展现空间集聚对企业出口参与程度的影响。在中国出口规模不断扩张的同时，出口企业从贸易过程中所获取的实际收益却问题频现。其中一个不可忽视的现象就是相对于发达经济体，目前我国的出口贸易附加值率仍处于较低水平，参与全球生产网络的深度仍有待提升。一个典型的例子就是，一台 iPhone 手机在美国设计，然后在韩国、中国台湾等地生产其重要零部件，中国仅负责技术含量最低的简单组装。这就导致了中国在出口iPhone 的过程中获取的实际收益仅占其价格的 1.8%（Kraemer et al.，2011）。即使是具有较高生产技术复杂度的行业，其出口附加值率甚至不及传统的劳动密集型行业（张杰等，2013）。单纯地运用出口规模或出口顺差总额已不能真实地衡量我国从国际贸易中的获益情况，运用出口增加值衡量出口国或出口企业获得的实际收益，以及其在全球价值链中的参与程度，逐渐成为国际贸易领域的研究热点。因此，企业的出口参与不仅仅体现在出口规模，更应该包括其在出口生产过程中实现的产品增值，中国企业的出口参与与空间集聚之间的关系，值得从二元边际和出口国内增加值率视角进行更为全面深入的研究。那么，在我国城市密度不断提升的趋势和背景下，中国企业的出口二元边际，以及贸易附加值率能否借助集聚经济中的经济外部效应实现增长？经济集聚过程中的市场拥挤效应是否抑制了中国出口企业的贸易利得？这些都是本书研究的重要内容。基于以上阐述，本书的研究结果主要回答以下三个问题：

（1）在新新贸易理论框架下空间集聚对企业出口参与的作用机理是什么。本书将把空间外部性因素纳入在马克·梅利茨（2003）的理论框架下，以分析空间集聚的外部经济效应和拥挤效应对企业出口二元边际的动态影响。同时，本书在新新经济地理理论框架下，结合中国经济和贸易发展现状进一步探讨了空间集聚的外部性对企业出口参与深度（全球价值链地位）的影响机制。

（2）基于企业出口参与广度和深度的视角对我国各地区是否存在过度集聚和市场拥挤现象进行实证检验与分析。目前，国内基于微观层面对企业出口参与与空间集聚之间的关系研究相对较少，且较少考虑到空间集聚在带来技术扩散、信息共享等外部经济的同时，经济活动的过度集中也有可能产生市场拥挤。为此，本书运用实证检验来具体分析空间集聚对我国制造业企业出口参与的广度和深度的具体影响，即企业的出口二元边际和出口国内增加值率与企业所处城市的空间集聚之间的关系是否呈先扬后抑的倒 U 型关系，如果存在，本书将通过计算空间集聚对我国制造业企业出口参与由促进转为抑制的拐点来判断我国有哪些城市出现了过度集聚，进而从实证角度验证空间集聚对企业出口参与广度和深度的影响机制。

（3）空间集聚对具有不同特征企业的出口参与的影响有何差异。由于企业所处行业、地区乃至所有制的不同，空间外部性对具有不同特征企业的影响可能也不尽一致。比如，相比于内陆地区，我国东部沿海地区可能更容易出现过度集聚现象；而相对于市场化程度较低的国有企业，民营企业的出口参与受到空间外部性的影响可能更加显著。为此，本书将根据企业所处行业的技术特征、所处区位，以及所属所有制等方面进行分样本检验，进而从多种角度广泛全面地对空间集聚对我国制造业企业出口二元边际以及出口国内增加值率的影响进行研究。

最后，本书根据研究结果，为如何合理地借助空间外部性实现我国制造业企业出口参与广度和深度的长期提升提供了若干具有现实可操作性的政策建议，以及未来的研究展望。

1.2　研　究　意　义

1.2.1　理论意义

尽管新经济地理从宏观层面探讨了集聚外部性在国际贸易中扮演的角色，但一直缺少微观层面的理论基础。随着以马克·梅利茨（2003）为代表的新新贸易理论的开创和发展，使企业出口参与的影响因素得到了众多学者的理论探讨。而空间集聚对企业出口参与影响的研究则起步较晚，且缺乏较为清晰的理论机制。因此，本书关于空间集聚对我国制造业企业出口参与影响机制的研究具有重要的理论意义。

首先，在中国大力推动城镇化发展战略的过程中，集聚经济对贸易的推动作用愈发明显，正是由于城市空间集聚带来的基础设施的完善、市场信息网络的发达以及人才流动的灵活，使得我国越来越多的企业选择在东部沿海地区生产经营并逐渐参与至国际市场中。与此同时，也有部分学者提出了我国部分地区和产业出现过度集聚的现象或趋势。为此，本书基于企业出口参与视角，对我国各城市空间集聚的外部经济效应和市场拥挤效应此消彼长的转换关系的阐述，有助于我们从理论上理解空间集聚对我国制造业企业出口参与广度和深度的动态影响。

其次，多数相关文献主要对集聚与企业出口二元边际的关系进行了实证分析。然而，我国制造业长期被外商锁定于全球价值链的低端已是不争的事实，仅仅分析空间集聚对企业出口规模的影响还不足以充分认识我国制造业企业在全球市场中的参与深度与空间外部性的关系。为此，本书重点测算了我国出口企业的出口国内增加值率，并基于集聚经济理论对空间外部性对我国制造业企业出口参与深度的作用机制进行了理论阐述和实证检验，拓展了集聚经济与企业出口相关研究的边界。

最后，本书在马克·梅利茨（2003）理论模型的基础上纳入了空间集聚的外部性因素，探讨了空间集聚的外部经济效应和市场拥挤效应对企业出口二元边际的促进和潜在的抑制作用。在特定话题方面丰富了新新贸易理论。

1.2.2　现实意义

不论是产业层面、国家层面的出口贸易的发展，还是各城市经济活动的空间集聚，本质上都是由众多微观企业的经营决策所决定。尤其是目前，我国出口贸易仍处于"低价竞争、数量取胜"的发展模式（施炳展等，2013）。因此，从微观视角深入研究空间集聚的外部效应如何影响我国企业的出口参与具有重大的现实意义。

首先，为寻找我国出口贸易未来持续健康发展的新动力提供了新视角。从比较优势理论看，中国过去较长时期内一直将充裕的劳动力和丰富的自然资源禀赋作为提高国际市场份额的关键推动力。然而，随着"人口红利"的不断消失、"资源诅咒"的逐渐显现，以及近年来我国劳动力工资水平的不断提升和环境规制带来的原材料成本的增加，均大大压缩了我国传统劳动密集型行业的出口利润空间，越来越多的外商将建在中国的工厂逐渐转移至越南和菲律宾等国，以寻求相对低廉的劳动力。这种现状和趋势也意味着我国依靠低廉的劳动力发展出口贸易的不可持续性。而空间集聚带来的技术溢出、规模经济及信息共享等外部经济效应，能够有力地促进高技术产业的发展和国际竞争力的提升。因此，本书的研究内容能够从集聚经济视角出发，为我国出口竞争力的提升提供新的思路和方法。

其次，为我国继续加快中心城市建设提供了现实依据。周其仁（2015）指出，城市的经济活动密度过低导致的集聚量能不足，进而难以通过集聚经济的辐射作用带动周边经济增长。本书的研究结果同样显示出，不论是从企业出口参与的广度还是深度视角出发，我国绝大多数城市的空间集聚水平远未达到最优程度，还有非常广阔的提升空间。为此，我国城市化的下一阶段需要对经济密度、基础设施及更为广义的城市经济和生活质量给予更多的关注和投入。结合目前我国空间集聚的现状可以发现，本书的研究内容、研究视角，以及研究结论对我国城市空间集聚及企业未来出口参与的新动力均具有较为深刻的现实意义。

1.3　技术路线与研究方法

本小节主要将本研究的逻辑框架和思路以技术路线图的方式展示出来，重点描述了本书中所涉及的理论和现实背景、目前的相关研究进展、理论机制、实证检验，以及最后政策建议之间的纵向逻辑关系。并简要地介绍了每一章主要采用的研究方法和思路。

1.3.1　技术路线

首先，本书通过对中国经济贸易发展的非均衡性分析及目前我国出口参与现状发现，空间集聚的外部性是推动我国出口贸易发展的关键因素。其次，以集聚与贸易相关理论的发展脉络为线索，梳理了关于集聚经济的外部效应、企业出口二元边际，以及企业全球价值链的参与深度等方面的大量文献，并在此基础上探讨了空间集聚对我国企业出口参与的作用机制，包括空间集聚带来的规模经济、技术溢出等外部经济效应，考虑了过度集聚带来的市场拥挤效应。再次，本书根据理论分析构建计量模型，以中国制造业企业为样本，将空间集聚对我国制造业企业的出口二元边际和出口国内增加值率进行实证检验，进而判断空间集聚的外部经济效应和市场拥挤效应对我国制造业企业出口参与广度和深度的动态影响。最后，本书根据理论机制分析和实证检验结果提出若干具有现实可操作性的政策建议（见图 1-2）。

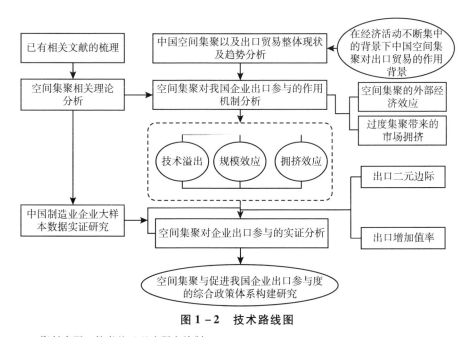

图 1-2　技术路线图

资料来源：笔者基于理论研究绘制。

1.3.2　研究方法

本书综合了多种研究方法。从总体上说，我们运用归纳方法提出研究主题，采取逻辑演绎的方法推理论证，以解释为目标，应用实证的方法来考察经济现象与问题，从规范的角度提出机制方案。这一步骤体现为：首先，通过对经济活动的空间集聚及我国出口贸易的现状进行典型化事实描述，利用归纳法概括出文章的研究主题、研究背景及创新之处。如从空间集聚的外部性出发，描述集聚经济对地区劳动生产率及微观企业生产率的具体影响，进而分析空间集聚对企业出口参与的影响机制。其次，我们采取逻辑演绎的方法推理论证。我们根据现有文献的认识，力图从特征性事实中梳理出理论和假说。再次，我们利用搜集到的相关数据对理论假说给予实证检验。在实证检验过程中，为了克服空间集聚与企业出口参与之间的内生性问题，本书还将运用城市地表坡度、地表粗糙度等外生变量作为工具变量。最后，经过理论与实证分析，我们得出研究的主要结论。根据分析得出的结论，探索可以帮助企业借助地区的空间集聚实现出口规模的扩张及全球价值链地位提升的实现路径，并提出相关政策建议。

1.3.2.1　归纳演绎法

所谓归纳法，就是根据一类事物的部分对象所具有的某种性质，推断出这类事物的所有对象都具有这种性质的推理方法，其特征是从个性到共性。演绎法则是相反，是从共性到个性。首先，本书根据集聚经济理论提出空间集聚外部效应的共性内容；其次，针对目前我国经济活动的空间分布提出空间外部性的个性内容，包括空间集聚对企业出口参与的影响可能存在先扬后抑的倒 U 型趋势，东部沿海省份与中西部地区的制造业企业出口参与的广度和深度受到空间集聚影响的差异，以及空间集聚对不同要素密集度行业中的企业出口参与度的不同影响等。

1.3.2.2　实证分析法

本书在新新贸易理论和新新经济地理理论框架下，从企业层面探究了空间集聚对企业出口二元边际和出口国内增加值率的动态影响。在实证过程中所运用的方法主要有 Heckman 二阶段估计法、OLS 固定效应估计以及工具变量法。

（1）Heckman 二阶段估计法。个体数据，特别是微观数据的收集往往并非是完全随机的，这是由于被抽样的样本具有主动选择的能力。对于本书研究的实证部分所选取的我国连续经营的制造业企业数据，由于企业在经营活动中往往具有自我选择和判断的能力，企业的出口参与很可能与其所处地区的空间集聚存在密切关系。因此，企业是否进行出口可能并非是随机的。为了克服非随机样本带来的选择性偏误，本书运用 Heckman 两步法选择模型进行修正。Heckman 二阶段估计结果中，如果逆米尔斯比率通过了显著性检验，则表明实证样本存在选择性偏差，此时用 Heckman 二阶段估计法是合理和恰当的；反之，若逆米尔斯比率未通过显著性检验，则表明实证样本不存在明显的选择性偏差。

（2）OLS 固定效应估计。普通最小二乘法是最传统也最为常用的实证分析方法之一，其相比于小样本数据对 OLS 估计有非常严格的假设，包括计量模型中的解释变量必须与扰动项正交。由于本书研究的样本量较大，实证分析中的样本只要满足解释变量与同期扰动项不相关即可。此外，为了最大限度地克服不同年份、不同地区，以及不同行业中的差异对企业出口参与广度（出口二元边际）和深度（出口国内增加值率）的影响，本书在 OLS 估计过程中加入了年份、地区及行业的虚拟变量，大大减少了估计结果的偏误。

1.3.2.3　工具变量法

在对样本进行回归估计的过程中，往往由于遗漏变量、测量误差或者解释变量与被解释变量具有双向因果关系而导致内生性的存在。

选取合适的工具变量则是能够缓解和克服内生性的一个有效方法。工具变量的选取需要满足以下条件：一是工具变量需与所替代的变量高度相关；二是工具变量与其他解释变量以及随机误差项无关；三是工具变量之间没有相关性。在本书的实证检验过程中，研究选取了城市地表坡度、地表粗糙度，以及地表粗糙度的平方项作为城市空间集聚程度的工具变量。需要特别指出的是，之所以选取地表粗糙度的平方项作为工具变量是因为玛西·伯奇菲尔德等（Marcy Burchfield et al.，2006）的研究结果表明，地表粗糙度与城市集聚之间呈正 U 型关系，即在地表粗糙度较低的区域中，经济集聚随着地表粗糙度的增加而降低；但当地表粗糙度超过一定程度之后，此阶段内的区域经济集聚程度则会随着地表粗糙度的提高而增加。此外，在稳健性分析中，本书选取了城市的灯光亮度作为城市空间集聚的替代变量进行回归估计。

1.4 本书的创新和不足

1.4.1 本书的创新

1.4.1.1 选题创新

国内关于集聚与企业出口的相关研究起步较晚，仍有许多值得深入挖掘和拓展的空间。以往研究主要对空间集聚与企业出口二元边际的线性关系进行实证研究。本书认为，外部经济和市场拥挤往往是集聚这枚"硬币"的两面，因此，随着集聚程度的持续提高，集聚的空间外部性对企业出口二元边际的影响并非一如既往呈现明显的推动作用，过度集聚对企业出口二元边际的抑制也是值得我们深入研究的内容。此外，企业出口二元边际主要反映了企业出口参与的广度，即参与到出口市场中的企业数量，以及出口企业的出口规模。但目前我国制造业整体仍处于全球价值链的低端，如果企业出口仅仅在规模方面单一地扩张而未能够提高自身在全球生产网络中的参与深度，这在长期内反而不利于企业出口竞争力的提升，以及出口规模的持续扩张。因此，空间集聚对我国制造业企业出口参与深度的动态影响也是本书的重点研究内容之一。本书的选题也丰富和深化了目前关于集聚与企业出口的相关研究内容。

1.4.1.2　理论创新

相比于现有集聚与企业出口相关的研究，本书的研究首次将空间集聚的外部效应（包括外部经济效应和市场拥挤效应）纳入在马克·梅利茨（2003）理论模型中，理论推导显示，企业出口二元边际与空间集聚之间并非呈单一的线性关系，在外部经济效应占据主导地位的集聚初期，企业出口二元边际将随着空间集聚的提升而扩张；当集聚超过一定程度导致市场拥挤效应占据主导之后，企业的出口二元边际则受到空间集聚的抑制。因此，本书的理论分析显示空间集聚对我国企业出口参与广度的影响呈先扬后抑的倒 U 型特征。与此同时，本书借助集聚经济外部性理论从竞争效应、共享效应，以及学习效应等视角详细阐述了空间集聚对企业出口国内增加值率的动态影响，并得出企业出口参与的深度与空间集聚之间同样可能存在倒 U 型关系。然后，本书根据所构建的理论框架运用实证检验从企业出口二元边际和出口国内增加值率视角判断和分析我国目前是否存在出现市场拥挤的城市。本书关于空间集聚对企业出口参与广度和深度影响的理论机制分析在特定话题方面丰富和拓展了新新贸易理论。

1.4.1.3　指标选取创新

本书在指标上的创新主要体现在空间集聚指标及工具变量的选取上。首先，在空间集聚指标方面，目前关于空间集聚与企业出口相关的集聚指标的构建过程中所考虑的因素往往不够全面，不能较为客观地呈现地区经济活动的空间集聚水平。比如，传统的 EG 指数在测度地区内产业集中度的过程中，忽略了行业之间的相关性，正如迈克尔·波特（Michael E. Porter, 2000）所述，经济集聚中的各个行业并非完全相互独立，中间产品的投入及专业化的供应商，导致行业之间（特别是产业链上下游行业之间）往往存在着一定程度的经济联系。为此，谢丽尔·隆加和张晓波（Cheryl Longa & Xiaobo Zhang, 2011）为克服上述缺陷在设计空间集聚指标中加入了行业相似度，但由于未考虑地区面积而导致与真实的经济现象与测度结果之间存在一定程度的不符。比如，根据他们的测度方法，在 2004 年经济活动高度集中的广东地区的空间集聚指数在全国排名仅为 19，反而明显落后于经济增长水平较为落后的内蒙古地区。类似的，包群等（2012）使用显性比较优势来衡量出口集聚，但由于该指标也是仅仅考虑了特定地区和行业中出口企业的数量，忽略了企业所处地区的面积，因此可能会高估地理面积较大地区的集聚程度。空间上集中、经济联系密切，以及专业化分工是经济活动空间集聚的三个主要特征，因此，本书空间集聚指标的创新之处是在谢丽尔·隆加和张晓波（2011）基础上，重点考虑了行业之间的相关性，以最大限度地提高空间集聚指标的有效性。其次，本书运用了各城市的地表坡度、地表粗糙度，以及地表粗糙度的平方项作为空间集聚指标的工具变量，以缓解和克服计量模型中的内生性。最后，在稳健性分析章节中，本书首次运用城市灯光数据作为空间集聚的替代变量。

1.4.1.4 结论创新

相比于以往研究所得出的集聚对我国企业出口二元边际的线性推动作用，本书在通过理论推导和实证检验发现，我国企业出口二元边际及出口国内增加值率与企业所处城市的空间集聚之间存在显著的"先扬后抑"的倒 U 型特征和趋势。此外，本书根据估计结果计算了空间集聚对我国制造业企业出口参与广度和深度由促进转为抑制的拐点，发现除了深圳地区，我国绝大多数城市的空间集聚仍远远低于最优水平，还有较高的提升空间。此外，本书在运用城市夜间灯光数据作为空间集聚指标的替代变量进行回归之后，所得的实证结果依然稳健。本书的研究结果，为我们从企业出口参与视角更进一步深入研究我国城市空间集聚外部经济效应和市场拥挤效应此消彼长的转换关系提供了理论基础和现实证据。

1.4.2　本研究的不足

（1）研究样本的时间跨度。目前，中国工业企业数据库仅更新至2009 年，但由于 2008 年和 2009 年关键指标的缺失导致无法计算企业的全要素生产率等重要内容，因此，本书实证样本为我国 2001～2007年制造业企业数据。本书在数据的时效性方面略有欠缺，但仍然能够为我们从过去判断空间集聚对企业出口参与的动态影响提供较为充分的经验证据。

（2）指标构建的深入程度。一方面，本书的空间集聚指标主要测度城市中总体经济活动的集中程度，尚未精细至行业层面。事实上，无论城市的空间集聚程度如何，其不同行业内部的集聚水平可能千差万别，如何准确地衡量区域内各行业内部的空间集聚，也是值得我们日后继续探索的重要内容和方向。另一方面，本书在测度企业出口国内增加值率的过程中，由于现有数据所限，本书假设企业中间投入中的进口比例等于其所处行业的中间投入中的进口比例。

1.5　全　书　结　构

本书内容主要由以下 10 章构成。

第 1 章为导论。本章阐述了本书的研究背景并提出研究话题，然后介绍了本书的研究思路、运用的方法及本书的创新与不足之处。

第 2 章为文献综述。本章首先基于古典贸易理论和新贸易理论从宏观层面梳理和阐述了贸易与集聚之间的关系。随后本书基于新新贸易理论，从微观视角总结了空间集聚与企业出口参与的相关文献，包括企业出口二元边际和出口国内增加值率的研究发展脉络，以及近年来关于空间集聚对企业出口二元边际影响的研究。其中，国内外关于微观层面的出口国内增加值率的研究起步相对较晚，目前的研究主要集中于测度。因此，本章对出口国内增加值率的测度从国家和行业层面乃至企业层面的经典文献进行了翔实的梳理和归纳。最后，本章归纳了现阶段空间集聚与企业出口参与的相关研究中存在的问题，并阐述了本书在目前已有研究基础上的改进之处。

第 3 章为空间集聚与我国制造业贸易的现状分析。在此部分中，首先概述了我国整体出口贸易规模、结构及全球价值链地位的发展历程，包括我国加工贸易和一般贸易模式的结构变化、制造业出口规模和结构的发展现状和趋势，以及我国贸易附加值的相对水平等。同时，本章重点对我国各地区经济活动的空间集聚进行了典型化事实和发展趋势的描述。运用以上统计描述，可以帮助我们对我国空间集聚与贸易发展之间的关系有一个直观地感受和认识。

第 4 章为空间集聚对企业出口参与的影响机制分析。此章根据本书的研究内容和研究目标，在马克·梅利茨（2003）模型中加入了空间集聚的外部效应因素，在新新贸易理论框架中考察了空间集聚的外部经济效应和市场拥挤效应对企业出口二元边际的动态影响。同时，本章在集聚经济理论框架中分别从竞争效应、共享效应、政府引导及学习效应等不同作用渠道探讨了空间外部性对企业出口国内增加值率可能存在先扬后抑的作用途径和内在机制。

第 5 章和第 6 章为空间集聚影响我国制造业企业出口参与广度的实证检验和空间集聚影响我国制造业企业出口参与深度的实证检验。主要分别基于广度和深度这两大视角，对我国制造业企业的出口二元边际和出口国内增加值率与空间集聚之间的非线性关系进行实证检验和分析。根据样本数据特征，本书运用了 Heckman 两步法对空间集聚对企业出口二元边际的影响进行了检验；在企业出口国内增加值率的实证检验部分则主要运用工具变量法和 OLS 估计，其中工具变量主要包括城市的地表坡度和地理粗糙度。此外，本章根据企业所处区位、所在行业及所属所有制等特征进行分样本检验，以观察空间集聚对异质性企业的影响差异。

第 7 章为空间集聚影响企业出口参与的稳健性检验——基于城市夜间灯光视角。在稳健性检验部分，本书以各城市夜间灯光亮度作为反映空间集聚水平的替代变量，带入计量模型进行实证检验。

第 8 章和第 9 章为生产性服务业集聚对企业出口二元边际的影响分析和生产性服务业集聚对企业出口国内增加值率的影响分析。进一步考察了生产性服务业集聚对我国制造业出口参与的非线性影响，以及背后的作用机制。

第 10 章为研究结论和政策建议。鉴于现阶段我国经济发展的集聚趋势，以及贸易面临的稳定持续地扩张和全球生产网络参与的深入等问题，本章从空间外部性视角为提升我国制造业企业的出口参与广度和深度提供了理论基础和现实证据。首先，本章总结了前面的研究结论；其次，结合我国集聚和贸易现状，提出若干具有现实可操作性的政策建议；最后，结合目前的研究进展和发展趋势，提出未来集聚与贸易这个领域值得进一步探索的方向和内容。

| 第 2 章 |

文 献 综 述

　　本书的主要研究内容是空间集聚的外部效应对我国企业出口参与的广度和深度的影响机制及相应的实证研究。出口参与广度主要体现在企业出口参与的量这个方面，一方面，根据现有国内外研究基础，企业的出口二元边际是反映企业出口参与广度的有效指标。另一方面，企业出口参与的深度往往以企业在全球价值链中的地位来体现，根据国内外的现有研究内容，企业的出口国内增加值率是衡量企业全球价值链地位（即出口参与深度）的有效指标。因此，本书的第2章以集聚外部性、企业出口二元边际和出口国内增加值率等关键词为出发点进行相关文献的梳理和归纳。空间集聚带来的外部效应对企业生产过程中的中间投入、信息筛选以及劳动生产率的重要影响不言而喻，同时近年来我国处于出口转型升级的关键时期，将空间集聚与我国企业的出口二元边际和出口国内增加值率相结合有助于我们进一步提升我国出口参与广度和深度，提供实现外贸结构平衡的新动力。

2.1　空间集聚的外部性文献综述

　　关于空间集聚的相关研究，一方面，如何准确有效地衡量区域中的集聚水平一直是学术界的重点研究内容，从早期的空间基尼指数到 E‐G 指数和市场潜能，再到近年来更加精确和全面的多种集聚指标，

集聚指标一直在不断改进。另一方面，空间集聚的外部效应研究一直
在不断深化和拓展，从其对宏观经济增长的影响逐步深化至区域劳动
生产率乃至微观企业的全要素生产率，到近年来逐步被部分学者关注
的市场拥挤效应的出现。为此，本章节将精炼而又全面地阐述和总结
了目前关于空间集聚外部性的研究成果和进展。

2.1.1 有关集聚指标的测度

目前，学术界有多种衡量地区经济集聚的指标，从早期的区位熵、
赫芬达尔指数逐渐拓展和演化到空间基尼系数、EG 指数，以及后来的
其他集聚指标（比如地区人口密度、规模等），其测算特征也从考察
区域内不同行业的市场规模到单位面积内的经济活动密度，计算的精
度和深度也在逐步提升。本小节首先简要介绍传统经典集聚指标的概
念与测度。

2.1.1.1 区位熵

哈盖特（P. Haggett）首次将区位熵运用于经济活动的区位分布，
它是指地区中某一行业的规模占该地区全部行业的比重与该国范围内
该行业规模占全国全部行业规模比重的比值。其计算公式如下：

$$LQ = \frac{X_{ij}/X_j}{X_i/X} \qquad (2.1)$$

式（2.1）中，X_{ij} 表示地区 j 的 i 行业的规模，可以用产值、就业
人数等来表示；X_j 表示 j 地区全部行业的总规模；X_i 表示全国范围内 i
行业的规模，X 则是全国范围内的全部行业的总规模。从区位熵的计
算公式中可以看出，LQ 值越大，表明 i 行业在 j 地区的集聚程度越高。
若 $LQ > 1$，意味着该行业的集聚程度高于全国平均水平；反之，若 $LQ <
1$，则表明该行业的集聚程度低于全国平均水平。区位熵方法简便易
行，可在一定程度上反映出地区层面的产业集聚水平。

2.1.1.2 赫芬达尔指数

赫芬达尔指数的全称是赫芬达尔—赫希曼指数（HHI），以特定市场中所有企业所占市场份额的平方和来表示，常用于产业集中度的测度，其计算公式如下：

$$HHI = \sum_{i=1}^{N} (X_i/X)^2 = \sum_{i=1}^{N} s_i^2 \qquad (2.2)$$

式（2.2）中，X_i 表示某一行业中企业 i 的规模，X 表示企业 i 所处行业的总规模，N 表示该行业中的企业数量。X_i/X 体现了单个企业的市场份额。HHI 指数介于 0 到 1 之间，值越高表明行业的市场集中程度越高。赫芬达尔指数可以不受企业数量和规模分布的影响，较好地测量产业的集中度变化情况。

2.1.1.3 空间基尼系数

保罗·克鲁格曼（Paul Krugman，1991b）首次基于区位基尼系数提出了计算过程相对简化的空间基尼系数，其计算公式如下：

$$G = \sum_{i=1}^{N} (S_i - X_i)^2 \qquad (2.3)$$

式（2.3）中，S_i 表示地区 i 某一产业的规模指标（包括产出、就业、销售等）占全国该产业总规模的比重；X_i 为地区 i 的产出、就业等指标占全国的比重；N 为地区数量。空间基尼系数介于 0 和 1 之间，值越大，说明产业集聚程度就越高。但由于未考虑到单个企业规模的影响，即使空间基尼系数较大也并不一定说明地区就存在较高的产业集聚。

2.1.1.4 $E-G$ 指数

为了消除企业规模和数量分布对集聚程度的干扰，格伦·埃里森和爱德华·格雷泽（Glenn Ellison & Edward L. Glaeser，1997）提出了 $E-G$ 指数。$E-G$ 指数假设产业集聚是众多企业追求利润最大化的结果的体现，其指标测度公式如下：

$$EG = \frac{G - \left(1 - \sum_i x^2\right) H}{\left(1 - \sum_i x^2\right)(1 - H)} = \frac{\sum_{i=1}^{M} (s_i - x_i)^2 - \left(1 - \sum_{i=1}^{M} x_i^2\right)^2 \sum_{j=1}^{N} z_j^2}{\left(1 - \sum_{i=1}^{M} x_i^2\right)^2 \left(1 - \sum_{j=1}^{N} z_j^2\right)}$$

$$(2.4)$$

式（2.4）中，x_i 表示地区中第 i 个地理单位的就业人数占该地区全部就业人数的比例；s_i 表示地区的某一行业中第 i 个地理单位的就业人数占该地区全部就业人数的比例；z_i 表示地区的某一行业中第 j 个厂商的就业人数占该地区全部就业人数的比例。EG 指数的取值介于 0 和 1 之间，指数越大，表明地区内行业的集聚程度越高。相比于较早的集聚指标，EG 指数的取值能够避免不同企业规模和数量的巨大差异带来的干扰，因此能够跨地区和跨行业进行比较。

2.1.1.5 其他集聚指标

除了上述常用的集聚指标，地区的非农就业密度及 SP 指数等也被部分学者作为反映地区经济集聚的指标，本书不再一一赘述。

2.1.2 集聚的外部效应

空间集聚作为经济活动最突出的地理特征，其带来的外部性常常被认为是影响一国经济竞争力和生产率的关键因素（Porter，1990）。早在 1920 年，阿尔弗雷德·马歇尔（1920）便对集聚产生外部性的理论机制进行了阐述，主要包括劳动力市场共享、技术溢出及提高供需双方之间的匹配率等。随后，很多学者在阿尔弗雷德·马歇尔（1920）的基础上对集聚经济的理论机制进行了拓展和模型化（Abdel Rahman，1990），最终把集聚产生的外部性较为具体地归纳总结为三种类型：一是生产者层面上的外部经济，即随着区位内整体厂商生产规模的扩大，其平均生产成本也将随之降低。二是地方层面的外部经济，即区域内的企业能够共享基础设施、知识技术外溢与交流，以及享有较为完善的劳动力市场，由此降低了企业的平均生产成本并提升其劳动生产率，这类规模经济更多地体现为行业内的规模经济。三是城市层面的外部经济，相对于地方化经济，城市层面的外部经济影响范围更广，不仅在技术溢出、学习效应及信息共享方面，所有企业乃至行业均能够从城市完善的基础设施中受益，因而城市经济的空间集聚能够有效地降低企业的生产经营成本，以及提升劳动生产率（Eberts & McMillen，1999）。随着新经济地理学的不断发展，其理论模型同样支持空间集聚对经济增长的促进作用，并强调了空间集聚与技术外溢之间的相互促进作用。比如，菲利普·马丁和詹马尔科伊·奥塔维亚诺德（Philippe Martin & Gianmarco I. P. Ottavianocde，1999）认为，由于规模报酬递增及运输成本的下降，生产活动往往会向经济发展水平较高的地区持续集中，与此同时，空间集聚的不断加深反过来会进一步降低创新成本、提高生产率，推动经济和生产率更快地增长。类似的，藤田正彦和雅克·弗朗索瓦（Masahisa Fujita & Jacques-François Thisse，2003）和文森特·杜邦（Vincent Dupont，2007）指出，创新会随着经济从分散走向集聚，并不断加快速度，进而会进一步推动经济增长。

随着集聚经济理论的不断深入，相关的实证研究也逐渐丰富起来。不论是经济增长还是劳动生产率增长，多数研究均证明了集聚的经济外部性的存在（Capello，2002；Geppert et al.，2008）。从宏观层面上看，理查德·鲍德温和菲利普·马丁（Richard Baldwin & Philippe Martin，2004）的研究结果显示集聚对地区经济增长存在显著地推动作用。马吕斯·布鲁哈塔和费德丽卡·斯贝加米（Marius Brülhartab & Federica Sbergami，2009）进一步从国家层面的实证研究结果表明，集聚的外部经济效应主要体现在那些人均生产总值超过 10000 美元的国家。范剑勇和石灵云（2009）将集聚外部性分为关联产业集聚和产业内集聚两种来源，其研究结果显示关联产业集聚和产业内集聚均是推动我国行业劳动生产率的外部经济因素，且集聚地区中的市场竞争环境也能够带动行业整体生产率的提升。刘修岩（2014）从我国省级层面的数据证实了空间集聚是推动地区经济增长的关键力量，但同时也在一定程度上导致了我国地区间收入差距的扩大。

从微观层面上看，王良举和陈甬军（2013）的研究结果显示出就业规模更大的地区中的企业往往具有更高水平的生产率，这表明集聚地区存在明显的经济效应。类似的，章韬（2014）的实证结果显示，城市的经济规模以及经济集聚是企业生产率提升的重要源泉。相反，"大而全"的分散性的产业发展政策反而不利于高生产率企业的持续发展。范剑勇等（2014）将企业生产率分为技术效率和前沿技术，并从县级层面考察了产业集聚对企业全要素生产率及内在构成要素的影响。结果发现，产业集聚对企业全要素生产率的促进作用主要体现在企业技术效率的进步。张海峰和姚先国（2010）同样运用了县级层面的集聚指标考察了浙江省企业生产率与地区经济密度之间的关系。结果发现，就集聚外部性而言，与范剑勇和石灵云（2009）不同的是，企业生产率显著地受益于关联产业集聚的外部效应，而产业内集聚对企业生产率的影响则不够明显。类似的，胡翠和谢世清（2014）基于全国制造业企业数据的经验研究结果也表明，上下游行业间的集聚对企业生产率的正向影响要明显高于行业内集聚的经济外部效应。皮埃尔－菲利普·库姆斯等（Pierre-Philippe Combes et al.，2010）指出，由于选择效应①的存在，传统的实证结果往往会在一定程度上高估集聚外部性对企业生产率的提升作用。为此，他们采用工具变量来克服选择效应带来的内生性的研究结果显示，就业密度对企业生产率的推动作用相比于未考虑选择效应的结果降低了大约20%。随后，克里斯蒂安·贝伦斯和弗雷德里克·罗伯特－尼库德（Kristian Behrens & Frederic Robert-Nicoud，2013）借鉴皮埃尔－菲利普·库姆斯等（2010）的方法所得出的研究结论也显示出，不仅仅是集聚效应，选择效应同样是导致大城市企业具有较高水平生产率的重要原因。事实上，选择效

---

① 选择效应是指由于高效率企业定位于大市场（中心区）能获得更大的市场份额，同时也能够对大市场（中心区）更加激烈的竞争，因而大市场总是倾向于吸引高效率企业的迁入，生产率越高的企业迁移至大市场的意愿越强烈。

应并非存在于每个地区，比如皮埃尔-菲利普·库姆斯等（2012）对法国 364 个地区和 341 个就业区的数据检验结果显示，法国不同地区的企业生产率的差异主要源于集聚效应，相应的选择效应并不明显。大久保俊弘和英一富浦（Toshihiro Okubo & Eiichi Tomiura，2012）运用不同的方法和思路来辨识集聚效应和选择效应，实证研究结果同样显示，日本制造业企业生产率的提升主要来自集聚外部经济效应的推动。

然而，空间集聚在通过技术溢出、信息共享，以及规模经济等外部经济效应缓解市场资源错配的同时，行业内企业之间的过度竞争、生产要素供不应求等市场拥挤效应也随之产生。理查德·阿诺特和马文·克劳斯（Richard Arnott & Marvin Kraus，2007）、安德烈·德帕尔马和斯特夫·普鲁斯特（Andréde Palma & Stef Proost，2006）基于经济外溢效应与拥挤效应研究了区域经济活动集聚的最优水平。理查德·阿诺特（Richard Arnott，2007）基于城市集聚中的外部经济效应和市场拥挤效应之间此消彼长的转换关系探讨了交通税的制定，以实现城市经济集聚的外部经济效应最大限度地发挥。马吕斯·布吕尔哈塔和妮可·马西萨（Marius Brülhartab & Nicole Mathysa，2008）对欧洲地区经济集聚对劳动生产率影响的研究结果同样显示出集聚外部效应中外部经济和市场拥挤之间的动态变化趋势，且伴随着集聚程度的不断加深，拥挤效应的出现往往会早于集聚经济效应。对于中国来说亦是如此，伴随着经济全球化和专业化分工，我国制造业逐渐形成了以东南地区为中心、中西部地区为外围的地理空间布局。在经济活动高度集中的东南沿海地区，尽管企业能够借助集聚经济实现规模经济和技术进步，但部分学者已经注意到了我国制造业的过度集聚产生的负外部性。徐维祥等（2011）及孙晓华和郭玉娇（2013）的研究结果显示了产业过度集聚导致的负外部性对生产率的抑制作用。周圣强和朱卫平（2013）基于城市层面的实证研究在证明了集聚对生产率的倒 U 型影响的同时，还测算出了集聚对经济增长的影响由促进转为抑制的拐点。但与之相反的是，孙浦阳等（2013）的观点与马吕斯·布吕尔哈塔和妮可·马西萨（2008）基本一致，认为我国经济集聚与生产率之间的关系呈正 U 型特征。他们基于我国 287 个地级市的面板数据的检验结果表明,集聚初期市场拥挤效应占据主导地位,并抑制了劳动生产率的增长,直至集聚达到一定程度之后集聚的外部经济效应逐步凸显。沈能等(2014)则更进一步地测算了不同行业不同区位中产业的最优集聚水平,结果显示出目前我国浙江省、江苏省,以及广东省等东南沿海地区的部分劳动密集型行业已出现了过度集聚的现象和趋势。因此,我们可以看出,不论是对于经济增长还是劳动生产率水平,空间集聚对其所产生的影响并非只是一成不变的推动作用,过度集聚带来的负外部性同样不容忽视。过度集聚带来的拥挤效应在我国微观层面上也得到了部分学者的验证。比如,李晓萍等(2015)基于我国工业企业数据的实证研究表明,1999～2002 年间我国经济集聚对企业生产率的影响表现出显著的外部经济效应;而在 2003～2007 年间企业生产率与经济集聚之间却呈现出明显的负相关关系,表明这段时期内,集聚外部性中的拥挤效应占据了主导地位。

2.2 企业出口二元边际文献综述

本书以企业出口二元边际来反映企业出口参与的广度,为此本小节主要对企业出口二元边际进行文献梳理和回顾。自以马克·梅利茨(2003)为代表的新新贸易理论的提出和发展,贸易二元边际的内涵和影响因素等相关研究也日渐丰富和深入。一般来说,不论是国家层面、企业层面还是产品层面,出口二元边际都是出口数量的一种体现,因此在本书中出口二元边际是体现出口参与广度的有效指标。本小节主要将对出口二元边际的具体概念及相应的主要影响因素进行归纳和总结,展现目前的相关研究进展,以及发展趋势。

2.2.1 出口二元边际的内涵

关于国际贸易增长源泉的探讨,古典贸易理论强调比较优势的关键作用，认为对现有出口产品的进一步扩张是实现出口增长的主要途径。新贸易理论则重点阐述了规模经济和消费者对产品的多样性偏好对一国扩张出口规模的重要意义。这些传统的贸易理论均忽视了贸易中企业异质性的重要性，导致时常出现研究结论与现实观察完全不符的情形。马克·梅利茨（2003）率先在保罗·克鲁格曼（1980）的研究基础上加入了企业生产率异质性研究，并揭开了新新贸易理论的帷幕。马克·梅利茨（2003）的研究指出，由于固定成本的存在，只有那些生产率足够高的企业才能够进入出口市场。

出口二元边际包括拓展边际和集约边际。从现有文献来看，根据研究视角可以将出口二元边际的概念从产品层面、企业层面及国家层面这三大类进行定义。从产品视角出发，出口拓展边际的扩张表现为出口产品种类的增加，集约边际的扩张意味着原有出口产品出口规模的扩大（Chaney，2008）。大卫·汉默斯和彼得·克莱诺（David Hummels & Peter J. Klenow，2005）进一步将出口产品的集约边际分为数量维度和价格维度。阿穆尔－帕切科和皮埃罗拉（Amurgo-Pacheco & Pierola，2008）则提出，集约边际代表了旧市场中的旧产品，拓展边际则表示旧市场中的新产品、旧产品进入新市场，以及新产品进入新市场之和。从企业视角出发，出口拓展边际的扩张意味着有新的企业进入出口市场，出口集约边际的扩张体现为原出口企业出口规模或出口比重的增加（Melitz，2003；Eaton et al.，2004）。科斯塔斯·阿尔科拉基斯等（Costas Arkolakis et al.，2008）在企业出口拓展边际中增添了新的消费者这一维度。斯蒂芬妮·伯纳德等（Stephanie M. Bernard et al.，2009）则在出口拓展边际中添加了新产品这一维度。从国家视角出发，出口拓展边际的扩张是指出口国增添了新的贸易伙伴国，出口集约边际的扩张表明已有的双边贸易关系交易规模的增加（Helpman et al.，2008）。蒂博·贝塞德莎和托马斯·普鲁萨布（Tibor Besedeša & Thomas J. Prusabc，2010）在集约边际中更为深入地探讨了双边贸易的存续期。

与此同时，随着新新贸易理论的开创和拓展，关于贸易二元边际中的拓展边际和集约边际对出口方的相对重要性也是学术界的重要探讨内容之一。从出口二元边际对贸易扩张的贡献来看，大致分为两种观点，一是认为出口拓展边际在贸易增长中起决定作用。伊顿等（Jonathan Eaton et al.，2004）基于法国企业数据的分析认为，法国出口规模的扩张主要通过企业出口拓展边际实现。随后，马提娜·劳利斯（Martina Lawless，2007）和伊顿·乔纳森等（Eaton Jonathan et al.，2008）对爱尔兰和哥伦比亚的企业层面的统计分析同样显示出口拓展边际对贸易规模扩张的重要作用。另外一种观点则认为，贸易规模更多地由集约边际推动。比如，马蒂蒂和弗洛伊德（Amiti & Freund，2008）基于产品层面对中美贸易的数据分析发现，中国对美国出口规模的扩张几乎全来自于出口集约边际。钱学峰和熊平（2010）首次从微观视角研究了中国出口二元边际的扩张，他们发现出口产品集约边际的扩张是中国出口增长的主要推动力。施炳展（2010）在分解我国企业出口二元边际之后同样发现，集约边际的增长速度要明显高于拓展边际。

此外，从出口二元边际的福利内涵来看，若出口拓展边际占据贸易扩张的主导地位，这将有助于多元出口结构的形成，并降低外部负面冲击的影响，企业也普遍具有较高的出口竞争力；若出口集约边际占据贸易扩张的主导地位，出口结构的单一将导致国家整体贸易面临着巨大波动的隐患，而且对于发展中国家来说，出口过多的劳动密集型或资源密集型产品也可能导致其陷入贫困化增长陷阱。一种观点认为出口市场的生产率门槛带来的资源由低生产率企业向高生产率企业的重新配置会提高一国整体生产率，企业出口拓展边际的扩张是生产率进步的关键途径之一（Bernard et al.，2007）。对于中国来说，尽管近年来对美国的出口产品种类有所增加，但由于我国贸易规模扩张过程以集约边际为主，这就导致我国对美国的平均出口价格仍处于相对下降趋势，进而促使我国的贸易条件恶化。

2.2.2 企业出口二元边际的影响因素

在贸易二元边际自身的福利含义得到众多学者探讨和研究的同时，

出口二元边际的影响因素也是近年来的热点研究话题。由于本书的研究视角是企业层面，因此在这里主要对企业出口二元边际的影响因素进行梳理。

2.2.2.1 融资约束因素

托马斯·查尼（Thomas Chaney，2005）较早地建立了一个包含企业资金流动性的贸易理论模型。其理论推导显示，企业在面临出口固定成本的同时，如果其还面临着一定程度的融资成本，那么只有那些流动性较高的企业才能够参与出口。不仅如此，部分生产率较高的企业也由于流动性约束而退出国际市场。由于较高的出口前期投入成本是阻碍出口企业进入国际市场的主要因素（Melitz，2003），因此不仅仅是自身的生产率，良好的融资能力也是决定企业出口二元边际的关键因素。随后，弗洛拉·贝隆等（Flora Bellone et al.，2009）进一步运用实证检验证实了托马斯·查尼（2005a）的观点，其实证结果表明，融资约束已成为企业参与出口过程中的一个不可忽视的障碍，那些财务状况良好的企业更加倾向于出口。此外，研究还发现，企业获取外部融资难度的降低不仅有助于提高企业的出口概率，同时也缩短了潜在出口企业参与国际市场的决策时间。卡琳娜·马诺娃（Kalina Manova，2013a）则通过建立包含国家金融发展水平的异质性企业模型从宏观视角考察了企业所处金融环境对其出口行为的影响。其基于1985～1995年间27个行业的大样本面板数据的实证研究发现，金融发展水平的提高带来的融资环境的宽松促进了该国企业的出口规模、出口产品种类，以及出口目的地的多样性，即融资约束环境的改善能够显著地促进企业出口二元边际的扩张。

2008年全球金融危机的爆发对全球贸易产生的巨大负面冲击引起了更多学者对融资约束与企业出口之间关系的研究和探讨。于洪霞等（2011）以应收账款比例作为企业所面临的流动性约束的代理变量来考察融资约束对企业出口二元边际的影响，研究指出，出口固定成本的存在导致那些面临融资约束的企业的出口二元边际受到明显的抑制，出口退税政策能够通过缓解企业的融资约束和降低出口变动成本实现出口二元边际的扩张。阳佳余（2012）借鉴弗洛拉·贝隆等（2009）的融资约束测度方法，在综合考虑了企业的流动性比率、资产收益率、资产规模、清偿比率等一系列能够反映企业流动性的财务指标的基础上，构建了包含企业内部融资约束、外部融资约束，以及商业信贷约束的较为综合全面的融资约束指标，并实证检验了企业面临的融资约束对出口二元边际的影响，研究结果同样支持了融资环境的改善对企业出口二元边际的扩张有着积极作用这一观点。此外，尽管我国国有企业相比于民营企业具有信贷优势，但企业间商业信用等融资途径在一定程度上能够缓解我国民营企业的融资约束，使得其出口表现并不落后于国有企业。这也从侧面反映出良好的融资环境对企业出口二元边际的重要推动作用。世界银行的投资环境报告指出，中国是全球融资环境最为艰难的国家之一，中小民营企业在尚不成熟的金融体系下更是举步维艰。与之对应的是，越来越多的研究成果证实了我国企业融资约束环境的改善对自身出口二元边际的关键推动作用（孙灵燕、李荣林，2011；陈琳等，2012；刘海洋等，2013）。蒋为和顾凌骏（2014）在划分企业出口固定成本之后的研究表明，在企业面临巨大的出口沉没成本时，融资约束限制阻碍了企业的出口参与；而对于沉没成本较小的企业，融资约束对其出口决策并未产生较为明显的影响。

除了企业内部的微观融资约束，企业所处的宏观金融环境对出口二元边际的推动作用同样不可忽视。比如，弗洛拉·贝隆等（2008）的研究认为，外部金融环境的改善能够显著地推动那些面临较高出口沉没成本的企业的出口二元边际。对于中国企业来说亦是如此，金融环境和体系的发展能够有效地缓解企业面临的融资约束对出口参与的阻碍（杨连星等，2015）。特别是对于享有贷款政策优惠的国有企业，以及对融资依赖程度较低的企业，金融体系的改善能够更加有效地实现其出口二元边际的扩张（韩剑、陈艳，2014）。

此外，还有另一种声音指出，企业出口之后反而能够改善其融资环境。如大卫·格林纳威等（David Greenaway et al.，2007）基于

1993～2003 年间，英国 9292 家制造业企业的面板数据研究结果显示，良好的融资能力是企业参与出口的结果而非动力，即新进入出口市场的企业在出口之前往往具有较差的资产流动性和较高的资产负债率，而企业进行的出口活动反过来显著地改善了企业的财务流动性和融资能力。莎拉·布里奇斯和亚历山德拉·瓜里格利亚（Sarah Bridges & Alessandra Guariglia，2008）基于英国企业的研究结果，进一步支持了大卫·格林纳威等（David Greenaway et al.，2007）的观点。对于中国企业亦是如此，周世民等（2013）运用基于倍差法的倾向得分，匹配对中国工业企业数据的实证研究结果表明，我国大中型民营企业的融资约束能够通过出口参与得到明显的缓解，而这一现象在我国小型民营企业中并不明显。韩剑和王静（2012）对企业面临的内外部融资约束与出口参与之间的互动关系进行了事前和事后效应检验，结果发现出口企业并非都具备较高的资产流动性，企业在选择出口之后能够有效地提高其银行贷款能力，但企业的内部流动性和商业信用并不能受益于出口参与。

2.2.2.2 制度因素

托尔斯滕·贝克等（Thorsten Beck et al.，2008）指出，良好的制度环境和质量能够有效地促进地区出口规模和竞争力，为此，随着异质性企业贸易理论的不断拓展，制度因素与企业出口参与的关系也逐渐得到部分学者的重视。比如，王永进（2012）考察了在我国制度尚不够成熟完善的背景下，基于声誉视角构建的"关系"与企业出口参与的理论模型及实证检验结果显示，"关系"和我国法制体系对企业出口拓展边际的影响存在明显的互补关系，而在企业出口集约边际方面，"关系"则在一定程度上替代了法制环境的影响。郭平（2015）基于世界银行投资环境数据，研究了我国政治关系和制度环境对企业出口二元边际的影响，研究结果显示，与企业之间的"关系"所扮演的角色类似，我国的政治关系作为一种非正式的制度与我国的制度环境对企业出口参与的影响存在较为明显的替代关系，均能够促进我国企业的出口参与。

此外，中国社会信用体系的缺失，以及知识产权保护力度的欠缺所造成的制度扭曲还深刻地改变了企业的出口模式和我国整体的出口结构。张杰等（2008）基于马克·梅利茨和 G – H – S 模型构建的包含制度因素的开放型经济模型显示，我国社会信用体系和知识产权保护的缺失导致规模偏小和技术水平较低的企业通过简单加工（贴牌或代工）的加工贸易模式进入出口市场；相反，规模较大和技术水平较高的企业创立的自主品牌由于受到国际众多名牌的挤压而不得不退出国际市场。这些现状长期抑制了我国企业出口竞争力的提升。

从国家层面上看，普山·杜特等（Pushan Dutt，2013）以托马斯·查尼（2008）模型为基础，构建了包含双边贸易的引力模型，并运用海关数据将 WTO 对国家贸易二元边际的影响进行了实证检验。研究结果显示，WTO 成员的身份使得出口国的拓展边际提升了 25%，而出口集约边际则受到了 WTO 协议的抑制，出现这种结果的原因可能在于 WTO 成员之间的贸易协定减少了出口固定成本。

2.2.2.3　基础设施

基础设施的完善和提高对地区经济增长的重要推动作用已得到众多学者的深入研究和证明，随着新新贸易理论对异质性企业出口参与的深入分析，近年来基础设施带来的运输成本的降低和快捷的信息网络等外部经济效应对企业出口二元边际的影响也得到了部分文献的检验和证明。比如，盛丹等（2011）基于中国工业企业数据运用 Heckman 两步法对我国企业出口二元边际与地区公路、铁路和互联网等基础设施之间的关系进行了实证检验，结果表明，我国基础设施水平的改善能够显著拓展企业的出口二元边际，且企业的出口拓展边际从基础设施中的受益更多。类似的，李坤望等（2015）以世界银行对中国企业的调查数据为样本的研究显示，信息基础设施水平的提高能够有力地促进更多的企业参与出口，并提高原有出口企业的出口规模和贸易利得。

从国家层面上看，约瑟夫·弗朗索瓦和米里亚姆·曼钦（Joseph Francois & Miriam Manchin，2007）以 1988～2002 年间的 104 个国家的贸易数据为样本进行的实证检验发现，基础设施的完善不仅能够提升一国的出口规模，还将增加其参与国际市场的可能性。劳伦斯·爱德华兹和马丁·奥登达尔（Lawrence Edwards & Martin Odendaal，2008）运用跨国样本检验分析了国家间基础设施的差异对贸易二元边际的影响。他们发现，贸易规模主要取决于贸易双方中最低水平的基础设施。

2.3 出口国内增加值率相关文献综述

在过去的 30 多年中，中国出口保持着高速增长态势，即使受到全球金融危机的巨大冲击，中国的出口规模在经历了短暂的低迷之后又迅速增长。然而，对于中国这样长期依靠"人口红利"实现经济和贸易增长的国家来说，出口规模的扩张并非意味着其全球生产价值链地位和贸易竞争力得到了提升与强化。随着全球贸易专业化分工的不断深入，越来越多的国家的生产活动逐渐成为全球生产体系中的某个具体环节，因此，各个国家开始重视其出口产品所处价值链的具体地位而非单纯的出口总量或结构。

2.3.1 出口国内增加值率的内涵

早在 19 世纪 70 年代，罗纳德·芬德利（Ronald Findlay，1978）便开始关注和探讨全球垂直专业化生产过程中的各个生产环节所处的产品价值链地位。随后，众多学者用产品价值链的切片化（Krugman，1996）、产品内的分工（Davis，1995）和外包（Grossman & Helpman，2005）等多个概念来体现产品生产过程中的垂直专业化分工，但本质目的均是想衡量一国或地区在全球生产网络中的地位及其所能够获取的实际收益。基于此,在产品内分工越来越精细化的现实背景和趋势下,仅仅从出口规模或者出口产品结构来体现一国的贸易竞争力难免会有失偏颇。近年来,出口国内增加值率则被众多学者认为是能够反映生产者在出口贸易中获取的真实利益及其所处地位的有效衡量标准,并已成为国际贸易领域的热点话题。

在全球价值链分工背景下,出口增加值的贸易统计是以生产增加值为统计基础的对贸易规模的重新测度。因此,它能够有效地提出出口产品中的国外增加值部分,较为真实地反映出口产品中由国内实现的增值。更重要的是,一国的出口增加值是国内生产要素回报的主要反映,更能够衡量和体现一国在全球生产网络中获得的实际贸易利益,以及贸易竞争力。

从贸易增加值的主体来看,包括了宏观层面的国家、中观层面的行业,以及微观层面的企业和产品。相比于传统贸易理论中假定每个国家负责产品的全部生产过程,全球价值链理论中的出口增加值的测算则放松了这一前提,认为产品的价值增值链中存在多个国家和企业参与分工。因此,出口国内增加值率的实质是一国或企业的生产要素在全球价值链中的重新整合和运用,并直观地体现在生产要素在参与国际分工过程中实现的收益,以及贸易竞争力。

2.3.2 出口国内增加值率的测度

从宏观层面上看。大卫·汉默斯等(David Hummels et al.,2001)较早地提出全球生产网络中的垂直专业化概念,并运用进口总额与出口总额的比重来衡量一国的出口国内增加值率(以下简称"HIY 方法")。但是 HIY 方法未区分一般贸易和加工贸易,在我国以从事贴牌、简单加工和组装等低端分工环节的加工贸易占据我国出口贸易的"半壁江山"。这样的背景下,直接使用 HIY 方法将会导致我国贸易增加值率的高估。随后,陈宏等(H. Chen et al.,2005)基于 4 个新兴经济体和 10 个 OECD 国家的研究表明,垂直专业化能够解释这些国家贸易发展的 30% 左右。罗伯特·库普曼等（Robert Koopman et al.，2010）将垂直专业化方法和王志等（Zhi Wang et al.，2009）的测度方法结合并纳入到一个统一的框架中，首次提出了较为明确和规范的贸易增加值测度框架：

$$EX_i = DV_i + FV_i$$

$$= V_i B_{ii} \sum_{i \neq j} Y_{ij} + V_i B_{ii} \sum_{i \neq j} A_{ij} X_{jj} + V_i B_{ii} \sum_{i \neq j} \sum_{t \neq i,j} A_{ij} X_{jt} +$$

$$V_i B_{ii} \sum_{i \neq j} A_{ij} X_{ij} + FV_i \qquad (2.5)$$

从式（2.5）可以看出，一国出口总额是由国内增加值和国外增加值两大部分构成，其中，国内增加值由式中的前 4 个部分组成，具体包括：进口国购买的最终产品中包含的国内增加值；本国向进口国出口的供其生产国内需求产品的中间产品中所包含的国内增加值；本国向进口国出口的供其生产并向第三方出口的中间产品所包含的国内增加值；本国向进口国出口的供其生产并回流本国的中间产品所包含的国内增加值；出口总额中的国外增加值部分。随后，罗伯特·库普曼等（2012）借助投入产出模型分离出贸易增加值中被重复计算的部分。国内学者也在大卫·汉默斯等（2001）基础上做了较多的补充，平新乔等（2006）运用大卫·汉默斯等（2001）的方法计算了中国对美国出口中的垂直专业化程度，其研究结果显示，1992～2003 年间我国的出口垂直专业化水平从 14% 逐步增长至 21.8%，且在中美贸易中，我国的垂直专业化水平提升更多，从 14.77% 增长至 22.94%。刘志彪和吴福象（2006）也运用类似方法研究了东亚经济体的出口竞争力。洪联英和刘解龙（2009）结合我国贸易分工特征构建了包括进口垂直分离、进口垂直内销、出口垂直分离和出口垂直增值这四个指数的垂直专业化测度体系。研究结果显示，中国所处的全球价值链地位尚处于由初级向中级过渡的阶段，且制造业的发展速度要高于服务业和农业。

随着全球投入产出数据库的公布，近年来越来越多的文献利用全球各国的投入产出数据对各国的出口进行分解和测度。主要包括前向分解法和后向分解法，前向分解法基于出口方计算一个行业的出口直接增加值和嵌入到下游行业的出口间接增加值（Daudin et al.，2011；Johnson & Noguera，2012；Koopman et al.，2014）。特别是罗伯特·库普曼等（2014）运用前向分解法将一国出口总额分解成包含了被重复计算和增加值等共 9 个部分的统计框架，能够更为精确地分辨和衡量出口增加值。相对于前向分解法，后向分解法则是基于需求方计算一个行业在出口贸易中的直接出口增加值和相应的上游行业嵌入到该行业的出口增加值（Timmer et al.，2013；Wang et al.，2013）。

近年来，国内越来越多的学者基于垂直专业化方法和贸易增加值分解法测算了我国出口贸易在全球价值链中的地位及演变。比如，王玉燕等（2014）基于我国的投入产出表和索洛残差法测算了我国 1992～2012 年 23 个行业的全球价值链嵌入程度，研究表明，我国工业行业的全球价值链地位呈明显的上升趋势，且高新技术行业的地位要远远领先传统工业行业。

张定胜等（2015）运用世界投入产出数据库，基于前向分解法和后向分解法测度和分析了我国出口在国际生产网络中的地位以及演变，研究结果与王玉燕等（2014）类似，相比加入 WTO 之前，我国在全球价值链中的地位有较大提高。此外，我国中间产品的出口国内增加值率要比最终产品更高，且这种特征在技术密集型行业更为明显。樊茂清和黄薇（2014）同样基于非竞争性投入产出表考察了我国各行业的出口国内增加值率的现状及发展趋势，研究结果显示，1995～2009 年间，我国出口贸易整体的出口国内增加值率呈现较为明显的下降趋势，从 84% 逐步下降至 76%，但分行业特征的统计结果表明这种下降趋势主要体现在初级资源，以及劳动密集型和资本密集型制造业行业，而我国技术密集型制造业及服务业的全球价值链地位则稳中有升。然而，罗长远和张军（2014）基于 OECD 和 WTO 的 TIVA 数据库的实证研究表明，我国的出口国内增加值率从 1995 年的 88% 逐渐下降至 2005 年的 64%，尽管这一比率在随后几年内有所回升，但仍处于相对较低的水平。这种现象和结果的出现可能是由产业内本地生产增加值率的下降所导致。以上关于我国出口国内增加值率的研究均忽略了我国加工贸易大量存在的事实，导致所估算的出口国内增加值率明显高于我国实际情况。为修正这种偏差，刘维林（2015）考虑了我国同时存在一般贸易和加工贸易这种二元贸易结构的特征，基于产品和功能架构的双重价值链嵌入的测算结构和改进算法，衡量了我国出口贸易的国内增加值率。研究结果显示，我国出口国内增加值率在1999～2007年间总体处于53%～56%这个区间内。

从微观层面看，高敏雪和葛金梅（2013）利用我国加工贸易企业的进口间接消耗与国内直接的中间消耗相接近这一特征和假设，巧妙地在企业的生产增加值与出口国内增加值之间搭建了桥梁。其测算结果显示，我国加工贸易的出口国内增加值率从1999年的21.1%逐步增长至2008年的24.22%，增长幅度不够明显的原因可能在于我国的加工贸易企业在设立之初便被国外投资者锁定于价值链的低端，很难通过技术溢出实现质的飞跃。除了加工贸易企业，一般贸易企业同样占据着我国出口贸易的"半壁江山"。理查德·沃德等（Richard Upward et al.，2012）在改进 HIY 的测度方法之后，测算了中国出口企业的出口国内增加值水平，其测度结果显示在2003～2006年间，中国出口国内增加值率的平均水平从53%逐步增长至60%，整体增幅明显，但加工贸易企业的平均国内增值率仅达到一般贸易企业的50%。刘维林（2015）认为这种现象可能是由于我国加工贸易所处的生产网络中国外高附加值环节占据了主导地位所致。邱露琪和唐鹤伟（Hiau Looi Keey & Heiwai Tang，2012）基于中国企业层面数据的测度结果表明，中国企业出口的国内增加值率从2000年的49%稳步增长至2006年的58%，其全球价值链地位和贸易竞争力实现了较为明显的提升。随后，张杰等（2013）运用中国海关数据库和工业企业数据库对我国制造业企业出口国内附加值率的测算结果表明，中国出口国内附加值率的平均水平大约为53%，其中加工贸易企业的出口国内增加值率要远远低于一般贸易企业。郑丹青和于津平（2014）也发现我国加工贸易企业的全球价值链地位远远低于一般贸易企业，且实证结显示，企业的出口规模、外商投资参与及所获得的政府补贴等都是影响其出口国内增加值率的关键因素。此外，他们所采用的测算方法各有千秋。张杰等（2013）虽然考虑了资本品的直接进口和间接进口，但过于严格的假设在某种程度上限制了其研究结果的应用范围。比如其假设出口企业将全部产出均用于出口、生产过程中的中间消耗则完全来自于进口等。相比之下，郑丹青和于津平（2014）在测算过程中重点考虑了出口企业进口中间品对国内增加值的影响，但是在计算企业中间品进口的投入比例时简单地将一般贸易和加工贸易一视同仁，这将容易导致我国加工贸易企业的实际出口国内增加值率的高估。

2.3.3　出口增加值率的影响因素

总体来看，目前关于出口增加值率的研究侧重于测度，其影响因素研究则相对较少。在宏观层面上，波尔·安特拉斯等（Antras et al.，2012）构建了产品上游度指数并对比分析了美国和其他 OECD 国家的出口产品在价值链中地位的典型化事实。研究结果发现，与我们直觉相反的是，熟练劳动力的增加及制度环境的改善反而进一步地将制造业生产价值链中的下游部门锁定于价值链低端，蒂鲍特·法利（Thibault Fally，2011）的研究同样得出了类似的结论。而与以上的研究结果相反的是，目前关于中国出口附加值率的影响因素研究结果均表明，技术水平是深化我国在全球价值链中地位的关键因素之一。比如，汤碧（2012）以出口产品技术复杂度衡量我国出口增加值率的研究结果显示，加强高素质劳动力配置，以及通过进口中间品提高技术模仿和吸收能力是提升我国出口附加值率的有效途径。祝坤福等（2013）指出，技术进步是我国出口国内增加值率提升的关键因素。陈仲常等（2012）以我国高新技术产业为样本的研究显示，不仅仅是技术因素，规模经济效应及外部融资环境在我国高技术产业的全球价值链地位升级过程中发挥的积极作用同样不可忽视，尤其是对于大型企业，这种促进作用更为明显。类似的还有，马风涛（2015）的实证研究表明，劳动生产率、研发强度，以及熟练劳动力投入均是影响我国制造业出口增加值率的重要因素。

在微观层面上，张杰等（2013）对我国企业出口国内增加值的变化机制的实证分析显示，我国加工贸易企业及外商投资企业出口国内增加值率的提升可能主要由外商直接投资（FDI）的持续流入有关，这反映出近年来我国出口贸易增加值率的提升并未从本质上增加我国加工贸易的实际利得。而我国一般贸易企业（特别是民营企业）的出口国内增加值率的提升主要受益于规模经济效应。随后，与之前研究结果类似，郑丹青和于津平（2014）关于我国企业出口国内增加值率的影响机制分析发现，除了 FDI 的流入、规模效应及技术水平等因素外，政府补贴也是深化我国出口企业全球价值链地位的有效手段。但值得我们注意和深思的是，持续扩张的出口规模并未带来企业出口国内增加值率的提高，反而更加牢固地将我国出口企业锁定于全球价值链的低端。

2.4　集聚与企业出口参与

通常来看，不论是对于已经进入国际市场的企业还是潜在的出口企业，它们在出口活动中都面临和承担着搜寻国际市场信息、与国外进口商建立并保持合作联系等方面的运营成本。而在区域内经济活动不断集中的过程中，出口企业及潜在的出口企业能够借助示范效应，以及信息网络共享节省其出口成本（包括进入出口市场的沉没成本及出口生产中的经营成本等），进而提高了企业参与出口的积极性（Krautheim，2010）。尤其是随着特定区域或者行业内出口企业数量和生产规模的持续扩张，将会对企业产生更为显著的出口外溢效应（Ma，2006；Kneller & Pisu，2007）。相比于国外，我国国内对企业出口二元边际与经济集聚之间关系的研究在近几年才逐渐得到学术界的关注和检验。佟家栋和刘竹青（2014）运用传统的产业集聚指数

（EG 指数）测度了行业集中水平，并基于缓解融资约束视角探讨了产业集聚对企业出口参与的影响。其研究结果表明，产业集聚能够对民营企业的出口二元边际发挥非常显著的推动作用，但这种影响在国有企业的出口参与中并不明显。出现这种现象的原因可能在于，我国大多数国有企业因依托政府扶持、垄断地位，以及规模经济而具有相对较高的出口竞争力和出口市场占有率，那些市场竞争力较弱的企业可以在经济活动的集聚过程中借助集聚带来的技术溢出等外部经济跨越出口面临的固定成本门槛，进而实现拓展边际的扩张（易靖韬，2009）。类似的研究还有，科尼格（Koening，2010）也通过理论分析阐述了经济集聚通过技术溢出等渠道提升企业参与出口的积极性的影响机制。此外，包群等（2012）借鉴显性比较优势构建了出口企业集聚所产生的出口外溢测度指标，研究结果显示，外商直接投资（FDI）引致的行业聚集，能够通过产业关联、示范效应等多种途径带动我国本土企业的出口规模。不仅如此，王永进和盛丹（2013）指出，我国企业间的商业信用能力能够通过企业分布的地理集聚得以提高，进而企业的出口二元边际能够借助融资约束状况的改善实现扩张（阳佳余，2012；Manova，2013）。值得注意的是，已有研究指出，目前我国出口企业在数量上的过度集中导致的生产要素成本上升，以及产品市场竞争过于激烈等市场拥挤效应抑制了企业出口二元边际的扩张（叶宁华等，2014）。作为空间经济学的重要概念，经济活动的空间集聚在通过技术溢出、信息共享，以及规模经济等途径提升经济和贸易活动扩张的同时，同行业或者相似产品之间的过度竞争、生产要素供不应求等拥挤效应也是不容忽视的内容。如理查德·阿诺特和马文·克劳斯（2007）、安德烈·德帕尔马和斯特夫·普鲁斯特（2006）及理查德·阿诺特（2007）基于外部经济与拥挤效应研究了区域经济活动集聚的最优水平；藤田正彦和雅克·弗朗索瓦（2003）运用动态均衡模型进一步剖析了空间集聚与企业选址、劳动力流动，以及城市发展之间关系动态演变的路径。詹马尔科·奥塔维亚诺（Gianmarco I. P. Ottaviano，2011）则基于新经济地理理论和企业异质性理论，在规模经济和垄断竞争的假设下研究了空间集聚对企业经济决策的影响。因此可以看出，不论是对于宏观经济增长还是微观企业的出口贸易，空间集聚的影响能否得以发挥主要取决于外部经济与市场拥挤二者之间此消彼长的力量对比与演变。

与此同时，部分学者已经基于企业出口贸易的视角提出了过度集聚对经济活动带来的种种不利。比如，弗朗西斯·鲁安和朱莉·萨瑟兰（Frances Ruane & Julie Sutherland，2005）对爱尔兰出口数据的实证研究结果显示，外商投资企业的过度集中，挤占和压缩了本土企业的出口空间和市场份额。类似的研究还有，玛丽安·里佐夫等（Marian Rizov et al.，2012）和劳伦斯·布罗斯玛和简·奥斯特海文（Lourens Broersma & Jan Oosterhaven，2009）以荷兰企业为研究对象的分析结果认为，在特定区域内出口企业聚集到一定程度之后，企业的出口表现便不再受到集聚经济的推动。

对于中国来说，"用工荒"现象近年来出现得越来越频繁且严重，随着我国沿海地区制造业企业生产活动的不断扩张和集中，"人口红利"的大幅降低，以及随时可能出现的"刘易斯拐点"，造成了我国出口企业生产成本的增加和获利空间的压缩（蔡昉，2010）。特别是近年来我国沿海地区出口企业在规模和数量上的快速扩张引发了各界对中国出口贸易是否受到了过度集聚抑制这一现象的关注和担忧。以2009年的中国工业企业数据库中的出口企业为例，我国沿海省份汇聚了超过90%的出口企业，比如在浙江地区，出口企业数量约占全国出口企业总数的26%，即超过1/4的出口企业集中在浙江省。我国东部地区的出口规模随着出口企业的不断集中而一路走高，但长期以来我国的出口贸易一直因"低价竞争、数量取胜"的发展模式而被诟病（施炳展等，2013）。在这种状况下，空间集聚程度的继续加深很可能引发大量出口同质或类似产品的企业由于出口市场的趋于饱和而竞相降价，最终导致企业无法获取足够的出口利润并减小出口规模，甚至逐渐退出国际市场。因此，相比于集聚带来的技术溢出、信息共享等外部经济效应，有限的空间中聚集着大量的出口企业，让我们不得不探索是否存在投入、就业、产出等经济活动过度集聚引致的生产成本上升等拥挤效应，抑制了企业的出口参与现象。

目前，关于空间集聚对企业出口行为的相关研究中，主要存在以下几方面问题：首先，目前关于空间集聚与企业出口的相关研究中，集聚指标的构建过程中所考虑的因素往往不够全面，不能较为客观地呈现地区经济活动的空间集聚水平。比如，传统的 EG 指数在测度地区内产业集中度的过程中忽略了行业之间的相关性，正如迈克尔·波特（2000）所述，经济集聚中的各个行业并非完全相互独立，中间产品的投入及专业化的供应商导致行业之间（特别是产业链上下游行业之间）往往存在着一定程度的经济联系。为此，谢丽尔·隆加和张晓波（2011）为克服上述缺陷在设计空间集聚指标中加入了行业相似度，但由于未考虑地区面积而导致与真实的经济现象与测度结果之间存在一定程度的不符。比如，根据他们的测度方法，在 2004 年，经济活动高度集中的广东省地区的空间集聚指数在全国排名仅为第 19 位，反而明显落后于经济增长水平较为落后的内蒙古自治区。类似的还有，包群等（2012）使用显性比较优势来衡量出口集聚，但由于该指标也是仅仅考虑了特定地区和行业中出口企业的数量，忽略了企业所处地区的面积，因此可能会高估地理面积较大地区的集聚程度。其次，目前国内关于企业出口二元边际与空间集聚之间关系的实证研究几乎只考虑了二者之间的线性关系，忽视了经济存在过度集聚的可能性。即便考虑，也仅仅基于比较优势视角考察了企业出口行为与地区和行业的出口外溢效应之间的非线性关系，而我国城市层面的综合经济活动是否也出现了过度集聚现象还是一个未知数。

此外，自 20 世纪 90 年代以来，关于空间集聚与产业的全球价值链地位的相关研究不断得到部分学者的探索。迈克尔·波特（Michael E. Porter，1990）指出产业活动的集中是由市场竞争所致，而集聚反过来有助于提升产业的国际竞争力。随后，大卫·奥德雷奇和玛丽安·费尔德曼（David B. Audretsch & Maryann P. Feldman，1996）和詹姆斯·马库森等（James R. Markusen et al.，1996）基于新经济地理理论的研究表明，企业的空间集聚能够通过规模报酬递增以及技术溢出提升产业的技术和创新水平，进而提高了产业在全球价值链中的地位。杨丹萍和毛江楠（2011）根据中国制造业行业面板数据的实证研究显示，产业集聚是提升我国出口比较优势的重要推动力。李翠锦和荆逢春（2015）从商业信用视角验证了空间集聚对地区出口比较优势的强化作用。然而，过去较长时间内由于我国过度依赖"人口红利"，在我国出口贸易以集群形式嵌入全球价值链的过程中，由于产品长期缺乏技术含量而难以摆脱"比较优势"陷阱。因此，需要从单一产业的集群建设逐渐转向具有综合功能的经济集群建设（刘志彪，2008）。曾咏梅（2012）的研究结果同样表明，产业集群的规模、生产要素及集群的生命周期均是影响产业所处全球价值链地位的重要因素。目前，关于空间集聚对我国贸易竞争力影响的研究相对较少，且主要基于宏观层面。然而，宏观数据由于有限的样本量，以及测量偏差往往导致实证结果的偏误。再者，由于我国出口贸易在全球价值链中的地位取决于微观企业的出口国内增加值率，因此，从微观企业层面探讨空间集聚对我国全球价值链地位的影响会更加直接和精确。

第 3 章

空间集聚与我国制造业贸易的现状分析

随着我国城镇化水平的不断提高，城市中就业、投资及生产等经济活动的密度也随之增加，因此空间集聚对出口活动的外部效应也愈发明显。同时，企业的出口参与主要包括其参与国际市场的广度和深度。其中，广度表现为出口的规模，本书以企业出口二元边际来体现，若企业的出口拓展边际和集约边际得以扩张，即企业的出口规模和进入出口市场的企业数量得以增加，则表明企业的出口参与广度实现了提升。出口参与深度则体现了企业在全球价值链中的嵌入地位，本书以企业出口国内增加值率来衡量，增加值率越大，表明企业的出口产品在生产过程中实现了被国际市场认可的较大增值，从而企业在全球价值链中的地位也越高，相应的出口参与的深度也越大。本章通过描述和分析我国空间集聚的现状、发展趋势以及区域分布，然后重点从宏观和微观两个层面分别对我国制造业出口参与广度和深度的典型化事实进行细致的描述。

3.1　中国区域空间集聚的现状分析

自从新经济地理理论提出之后，关于测度集聚程度的指标也在不断改进和完善。本小节首先展示本书中的核心解释变量——空间集聚指标的构建，指出相对于以往常常被采用的主要集聚指标，本书所构建的空间集聚指标的创新和优势之处，并根据指标构建结果对我国的经济活动的空间集聚状况进行相应的描述性统计，较为直观地展示出目前我国各地区的空间集聚水平。

3.1.1 空间集聚指标的构建

空间上的集中、经济联系密切及专业化分工是空间集聚的三个主要特征，而目前多数研究在使用集聚指标过程中基本仅反映了其中某一方面。如 EG 指数（Ellison & Glaeser，1997）虽然常被用于反映产业活动的集中度，但是由于其未考虑行业之间的关联及区域面积，导致其不能非常客观地体现出经济的空间密度。安东尼奥·西科内和罗伯特·霍尔（Antonio Ciccone & Robert E. Hall，1996）采用单位人口密度（人口/面积）来衡量经济集聚，该指标虽然消除了区域面积不同所导致的估计偏误，却未能反映出地区的专业化水平及行业之间的关联性。此外，还有一种测度集聚的指标是基于区位熵（Holmes，1999；Holmes & Stevens，2002），其包含了地区专业化水平，但该指标仍然不能有效地反映出行业间的关联度及经济密度。类似的，包群等（2012）基于显性比较优势构建的涉及行业和区域层面的出口集聚也是未能有效地体现行业关联度及地理面积对经济活动集中程度的影响。

事实上，经济活动的空间集聚包含了就业人员、中间投入和产出等诸多方面的聚集，而且在产品价值链中，处于不同行业的企业在生产过程中可能会共同使用某一行业的产品作为中间投入，甚至最终生产出相同的产品。因此，上下游行业之间及相似行业之间通常具有较为密切的经济联系。为了构建出更加能够体现城市制造业经济的空间集聚指标，本书借鉴王永进和盛丹（2013）的思路，空间集聚测度步骤如下：

（1）根据中国2001~2011年的工业企业数据库，分别按照就业、产出、资本及中间投入这四个方面将制造业企业数据加总至城市乘以行业层面，并将该数据除以企业所在城市的行政面积，得到城市 c 行

业 i 的空间密度：

$$de_{ci} = \sum_f empolyment_{fci}/area_c \tag{3.1}$$

$$do_{ci} = \sum_f output_{fci}/area_c \tag{3.2}$$

$$da_{ci} = \sum_f asset_{fci}/area_c \tag{3.3}$$

$$dm_{ci} = \sum_f median_{fci}/area_c \tag{3.4}$$

（2）计算出城市 c 中行业 i 的就业、产出、资本、中间投入所占当地的份额：

$$se_{ci} = \frac{\sum_f empolyment_{fci}}{\sum_i \sum_f empolyment_{fci}} \tag{3.5}$$

$$so_{ci} = \frac{\sum_f output_{fci}}{\sum_i \sum_f output_{fci}} \tag{3.6}$$

$$sa_{ci} = \frac{\sum_f asset_{fci}}{\sum_i \sum_f asset_{fci}} \tag{3.7}$$

$$sm_{ci} = \frac{\sum_f median_{fci}}{\sum_i \sum_f median_{fci}} \tag{3.8}$$

（3）考虑到中国工业企业数据的行业分类标准（CIC），与国际贸易标准分类（SITC）存在差异，为了能够运用大卫·豪斯曼·里卡多和克林格·贝利（Hausmann Ricardo & Klinger Bailey，2007）基于 SITC 四分位行业构造的产业相似度指数对中国工业企业数据库中的行业分类进行调整，本章节将四分位的 CIC 行业与 SITC 行业逐一对接，在剔除极少数无法准确对应的行业之后，便实现了 CIC 与 SITC 行业的对接与统一。

（4）借鉴谢丽尔·隆加和张晓波（2011）的研究方法，本章节在对城市 c 行业 i 的空间密度进行行业关联度调整时采用了产业相似度指数 $proximate_{ij}^3$，计算公式如下：

$$ade_{ci} = \sum_j (de_{ci} \times proximate_{ij}) \tag{3.9}$$

$$ado_{ci} = \sum_{j}(do_{ci} \times proximate_{ij}) \quad\quad (3.10)$$

$$ada_{ci} = \sum_{j}(da_{ci} \times proximate_{ij}) \quad\quad (3.11)$$

$$adm_{ci} = \sum_{j}(dm_{ci} \times proximate_{ij}) \quad\quad (3.12)$$

（5）最后得出每个城市制造业经济活动的空间集聚指数：

$$density\_employment_{c} = \sum_{i}(se_{ci} \times ade_{ci}) \quad\quad (3.13)$$

$$density\_output_{c} = \sum_{i}(so_{ci} \times ado_{ci}) \quad\quad (3.14)$$

$$density\_asset_{c} = \sum_{i}(sa_{ci} \times ada_{ci}) \quad\quad (3.15)$$

$$density\_median_{c} = \sum_{i}(sm_{ci} \times adm_{ci}) \quad\quad (3.16)$$

上述 4 个指数 $density\_employment_{c}$、$density\_output_{c}$、$density\_asset_{c}$ 及 $density\_median_{c}$ 分别作为城市 c 的制造业在就业、产出、资本及中间投入这四个方面的空间集聚，指标的数值越大，意味着该城市制造业的空间集聚水平就越高。可以发现，本章强调的集聚指标并非简单地体现为地理或产业集聚，而是考虑了不同制造业企业所处行业具有不同程度关联性的空间集聚，这更符合现实经济特征。

3.1.2 我国经济活动空间集聚的典型化事实描述

为了对我国各地区的空间集聚水平有一个大体的认识，本章节首先对各省（区、市）所有城市在样本期间的空间集聚指数进行了算数平均，列出了中国各省（区、市）制造业空间集聚指标在 2001 ~ 2007 年的均值及排名，结果如表 3 - 1 所示。省（区、市）层面的数据显示，上海市的制造业空间集聚水平在产出、投入、资本乃至就业等方面均处于全国首位，广东省、北京市则分别位居第 2 位和第 3 位，排在最后的几个省（区、市）则是内蒙古自治区、西藏自治区、黑龙江省等经济发展较为落后的地区。总的来说，本章节构建的地区制造业空间集聚指标的测度结果与地区经济发展水平和我们对现实经济的直觉大体相符，用其衡量各地区的空间集聚也较为合理和恰当。

表 3 - 1　　　2001～2011 年我国各省（区、市）的空间集聚指数

省（区、市）	产出集聚		投入集聚		资本集聚		就业集聚	
	均值	排名	均值	排名	均值	排名	均值	排名
上海	787.299	1	663.058	1	397.924	1	0.954	1
广东	360.294	2	299.839	2	212.903	2	0.665	2
北京	254.022	3	238.345	3	94.652	9	0.166	9
福建	253.711	4	203.630	4	105.357	7	0.306	7
天津	247.079	5	197.175	5	114.823	6	0.247	6
江苏	140.521	6	112.638	6	115.772	5	0.291	5
海南	130.928	7	99.127	8	192.341	3	0.296	3
浙江	126.959	8	107.424	7	101.371	8	0.420	8
安徽	110.704	9	73.748	9	147.065	4	0.253	4
山东	84.762	10	65.681	11	65.439	15	0.179	15
辽宁	80.074	11	66.124	10	90.214	10	0.156	10
青海	77.579	12	61.737	12	76.374	13	0.063	13
江西	76.546	13	61.126	13	86.026	11	0.131	11
河北	64.972	14	50.688	14	69.671	14	0.095	14
甘肃	64.966	15	49.702	15	85.003	12	0.145	12
河南	50.925	16	38.916	16	54.351	17	0.154	17
湖北	41.311	17	30.057	17	53.585	18	0.122	18
湖南	33.745	18	22.110	20	27.286	22	0.058	22
四川	32.621	19	22.544	19	45.113	19	0.090	19
贵州	32.216	20	19.843	21	41.582	20	0.102	20
云南	30.643	21	12.052	26	59.845	16	0.033	16
吉林	28.257	22	22.577	18	31.550	21	0.043	21
广西	19.241	23	10.051	27	17.678	26	0.042	26
陕西	18.992	24	14.769	22	27.231	23	0.065	23
山西	16.823	25	12.636	24	23.443	24	0.062	24
宁夏	15.166	26	12.507	25	22.228	25	0.049	25
黑龙江	15.125	27	13.047	23	11.610	28	0.017	28

续表

省 （区、市）	产出集聚		投入集聚		资本集聚		就业集聚	
	均值	排名	均值	排名	均值	排名	均值	排名
重庆	8.440	28	6.806	28	6.714	29	0.043	29
内蒙古	7.045	29	4.978	29	16.975	27	0.025	27
西藏	1.236	30	0.694	30	2.925	30	0.008	30

注：省份空间集聚指标通过对各省（区、市）所有城市集聚指数进行算数平均得到。
资料来源：笔者根据中国工业企业数据库（2001～2011年）数据整理所得。

与此同时，我国对外贸易的区域分布现状同样表现出非常明显的"东高西低"的非均衡特征。如表3－2所示，2001～2014年，东部地区的进出口贸易规模占全国的比重远远高于我国中西部地区。尽管近几年可能由于东部地区经济活动过度集中导致的产业转移，使得我国东部企业的贸易所占比重略有下降，但是其仍占据了我国出口总额的绝大部分。比如，我国东部地区的出口和进口占全国比重分别从2001年的92.14%和93.06%下降至2019年的81.73%和84.38%，但相对应的，我国中部和西部地区的出口比重在2019年也仅仅为9.33%和8.94%。这表明从贸易规模的分布视角来看，我国的对外贸易活动仍主要聚集于东部地区。

表3－2　　　　2001～2019年我国对外贸易比重的区域分布　　　单位：%

年份	出口比重			进口比重		
	东部地区	中部地区	西部地区	东部地区	中部地区	西部地区
2001	92.14	5.15	2.71	93.06	4.54	2.40
2002	92.25	4.84	2.91	93.48	4.38	2.14
2003	92.25	4.75	2.99	93.35	4.51	2.13
2004	92.54	4.62	2.84	93.45	4.44	2.11
2005	92.68	4.56	2.76	93.68	4.21	2.11
2006	92.29	4.79	2.92	93.55	4.36	2.09

年份	出口比重			进口比重		
	东部地区	中部地区	西部地区	东部地区	中部地区	西部地区
2007	91.64	5.16	3.20	92.74	4.89	2.38
2008	90.31	5.91	3.78	92.05	5.27	2.66
2009	91.78	4.78	3.44	91.59	5.49	2.91
2010	90.70	5.54	3.74	91.17	5.76	3.06
2011	88.87	6.34	4.78	90.10	6.58	3.31
2012	86.61	7.07	6.31	89.64	6.70	3.64
2013	84.66	7.39	7.95	88.52	6.69	4.79
2014	82.97	7.75	9.28	87.37	6.67	5.96
2015	83.74	7.82	8.43	87.21	6.88	5.91
2016	84.93	7.83	7.25	86.52	6.87	6.62
2017	84.01	8.10	7.89	85.87	7.01	7.12
2018	82.99	8.47	8.54	85.59	7.07	7.34
2019	81.73	9.33	8.94	84.38	7.53	8.10

资料来源：笔者根据历年《中国统计年鉴》整理所得。

3.2 中国制造业出口参与发展现状

在展示我国目前的空间集聚现状之后，本小节将进一步对本书的重点研究内容之一——制造业企业出口参与的现状和发展趋势进行全面翔实的典型化事实描述。本书将出口参与细分为出口参与广度和出口参与深度。在出口参与广度方面，宏观层面上，主要以出口规模以及参与出口市场的行业种类来反映我国制造业的出口参与广度，微观企业层面上，则以企业的出口二元边际（出口拓展边际与出口集约边际）来体现其出口参与的广度。在出口参与深度方面，主要以出口国内增加值率作为衡量其出口参与深度和全球价值链地位的关键指标。

3.2.1　中国制造业出口参与广度的典型化事实

在本书中，出口参与的广度主要体现在规模方面。从宏观层面上，表3-3和图3-1展示了我国1990~2019年工业制成品与初级产品进出口结构的演变。近30年以来，相对于初级产品，我国工业制成品无论在绝对规模还是相对规模方面均表现出强劲的增长趋势。特别是在中国加入WTO之后，工业制成品的出口比重更是飞速发展。比如，1990年我国的工业制成品出口规模为462亿美元，大约是初级产品的3倍。而到了2014年，二者之间的差距已扩大至20倍。即便是在2019年，工业制成品出口规模与初级产品之间的差距仍达17倍之多。从图3-1中我们可以明显地看到在加入WTO之前，我国工业制成品的出口规模以较为平稳的速度缓慢稳定地增长；而从2002年左右开始，我国工业制成品的出口绝对规模及其占出口总额中的比重开始迅速大幅提升并不断地创出新高。2009~2010年出现短期的下降可能是由于2008年全球金融危机的冲击所致。2015~2016年的短期下降，原因可能在于受到全球经济下行压力加大及世界贸易深度下滑的影响。因此，从工业制成品出口比重来看，近年来我国的出口结构在不断得到改善。

表3-3　　1990~2019年中国初级产品与工业制成品进出口结构变化

单位：亿美元

年份	初级产品		工业制成品	
	出口	进口	出口	进口
1990	158.86	98.53	462.05	434.92
1991	161.45	108.34	556.98	529.57
1992	170.04	132.55	679.36	673.30
1993	166.66	142.10	750.78	897.49
1994	197.08	164.86	1012.98	991.28

续表

年份	初级产品		工业制成品	
	出口	进口	出口	进口
1995	214.85	244.17	1272.95	1076.67
1996	219.25	254.41	1291.23	1133.92
1997	239.53	286.20	1588.39	1137.50
1998	204.89	229.49	1632.20	1172.88
1999	199.41	268.46	1749.90	1388.53
2000	254.60	467.39	2237.43	1783.55
2001	263.38	457.43	2397.60	1978.10
2002	285.40	492.71	2970.56	2458.99
2003	348.12	727.63	4034.16	3399.96
2004	405.49	1172.67	5527.77	4439.62
2005	490.37	1477.14	7129.16	5122.39
2006	529.19	1871.29	9160.17	6043.32
2007	615.09	2430.85	11562.67	7128.65
2008	779.57	3623.95	13527.36	7701.67
2009	631.12	2898.04	11384.83	7161.19
2010	816.86	4338.50	14960.69	9623.94
2011	1005.44	6042.69	17978.36	11392.15
2012	1005.58	6349.34	19481.56	11834.71
2013	1072.68	6580.81	21017.36	12919.09
2014	1126.92	6469.40	22296.01	13122.95
2015	1039.27	4720.57	21695.41	12075.07
2016	1051.87	4410.55	19924.44	11468.71
2017	1177.33	5796.38	21456.38	12641.55
2018	1349.93	7017.44	23516.89	14339.90
2019	1339.70	7299.52	23655.13	13484.57

资料来源：笔者根据历年《中国统计年鉴》整理所得。

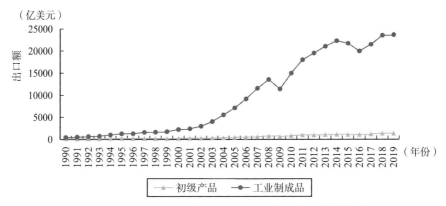

图 3 - 1　1990～2019 年中国工业制成品出口变化趋势

资料来源：笔者根据历年《中国统计年鉴》整理所得。

　　就我国制造业出口参与方面，表 3 - 4 展示了我国 2016 年制造业各行业的出口参与度（即出口交货值占工业销售产值的比重）。不难发现，近年来我国制造业总体的出口参与度相对较低，多数行业的出口倾向不足 15%。其中，在劳动密集型行业中，不同行业之间的出口参与度存在较大的差异。比如，食品加工制造、饮料制造、木材加工及石油加工等行业的出口比重均不足 6%，这表明我国这些行业的出口参与度尚处于相对较低的层次。相比之下，纺织服装、鞋、帽制造业和皮革、毛皮、羽毛（绒）及其制品业的出口参与度均超过了 20%。

　　同时，我国家具制造业、仪器仪表及文化办公用机械制造业，以及通信设备、电气机械及器材制造业这些资本技术密集型行业的出口倾向相对较高，均超过了 14%，尤其是具有较高技术含量的通信设备、计算机及其他电子设备制造业，其出口额占其销售产值的比重高达 47%。尽管这些技术密集型行业的出口总额中有相当比例是由加工贸易企业所贡献，但随着这些行业的国际市场份额的不断增加，我国本土技术密集型企业同样能够通过技术溢出和人才交流等渠道实现自身生产技术水平的改进和创新，进而能够进一步巩固和扩张我国高技术制造业行业出口参与的广度和深度。但值得注意的是，我国技术密集型行业中的医药制造业、专用设备制造业、交通运输设备制造业、石油加工及冶炼业等行业的出口参与度相对不足，均不到 10%。

在资本密集型行业中，文教体育用品制造业和橡胶制品业的出口参与度相对较高，分别为 26% 和 16%；而其他资本密集型行业的出口参与度整体偏低，比如，有色金属冶炼及压延加工业和非金属矿物制品业的出口参与度分别仅为 2.3% 和 2.8%。

表 3 – 4　　　　　　　2016 年中国制造业各行业出口参与度

行业	工业销售产值（亿元）	出口交货值（亿元）	出口参与度
农副食品加工业	68857.76	2836.34	0.0412
食品制造业	23544.40	1114.45	0.0473
饮料制造业	6593.97	100.12	0.0152
烟草制品业	8855.80	41.24	0.0047
纺织业	40287.42	3521.73	0.0874
纺织服装、鞋、帽制造业	23664.77	4748.25	0.2006
皮革、毛皮、羽毛（绒）及其制品业	15189.99	3382.59	0.2227
木材加工及木、竹、藤、棕、草制品业	15119.70	892.23	0.0590
家具制造业	8826.79	1786.33	0.2024
造纸及纸制品业	14832.74	569.82	0.0384
印刷业和记录媒介的复制	8178.51	481.31	0.0589
文教体育用品制造业	16897.37	4397.74	0.2603
石油加工、炼焦及核燃料加工业	34077.50	610.21	0.0179
化学原料及化学制品制造业	86789.56	4333.64	0.0499
医药制造业	28417.72	1460.42	0.0514
化学纤维制造业	7879.83	559.96	0.0711
橡胶制品业	9664.11	1553.64	0.1608
塑料制品业	23100.50	2189.65	0.0948
非金属矿物制品业	63057.45	1776.09	0.0282
黑色金属冶炼及压延加工业	60343.78	2320.08	0.0384
有色金属冶炼及压延加工业	48879.02	1124.06	0.0230

续表

行业	工业销售产值（亿元）	出口交货值（亿元）	出口参与度
金属制品业	39334.97	3630.42	0.0923
通用设备制造业	48337.12	4930.98	0.1020
专用设备制造业	37672.91	3024.39	0.0803
交通运输设备制造业	100733.54	6597.03	0.0655
电气机械及器材制造业	74163.80	10092.24	0.1361
通信设备、计算机及其他电子设备制造业	98457.24	47081.32	0.4782
仪器仪表及文化、办公用机械制造业	9441.41	1358.20	0.1439

资料来源：国家统计局工业司. 中国工业统计年鉴2017 ［M］. 北京：中国统计出版社，2017.

此外，在微观企业层面，进入出口市场的制造业企业数量及出口企业的出口比重等典型化事实，能够为我们更进一步了解我国制造业出口贸易的现状提供更为精细和具体的经验证据与直观感受。表 3 - 5 展示了我国 1999～2013 年间制造业企业的出口企业数量及相应的出口比重①。数据表明，我国制造业出口企业的数量比例及出口比重在 1999～2009 年这段时期内呈现明显的先上升后下降的趋势特征，并在随后 2009～2013 年期间经过短暂上升后再次下降。比如，我国制造业出口企业数量占比从 1999～2005 年一直保持着较为稳定的增长态势。根据中国工业企业数据库数据，1999 年我国制造业出口企业的数量占比为 23%，2005 年增长至 28% 左右，随后我国制造业出口企业数量比重开始下滑，2009 年我国制造业出口企业数量比重仅为 19.42%，甚至不及我国加入 WTO 之前的状态。但在 2009～2011 年间，我国制造业出口企业数量比重持续上升，并于 2011 年达到 24%，而后我国制造业出口企业数量比重开始下降，直至 2013 年降为 19.2%。

———————

① 由于2004年中国工业企业数据库未统计企业出口数据，因此2004年的出口数据以缺失值表示，下文不再赘述。

在企业的出口比重方面同样表现出类似的特征，1999 年我国制造业出口企业的平均出口比重约为 13.5%，但很快我国制造业企业出口比重便从 2005 年的 16.7% 迅速降至 2009 年的 11.4%。尤其是在 2008 年全球金融危机发生之后，我国制造业的出口企业数量及出口比例的降幅更为明显。随着 2010 年全球经济逐渐复苏，我国制造业企业出口比重上升至 14.5%，然而该比重在随后的 3 年中仍维持在 10% 左右的较低水平。

表 3 - 5　　　　　1999 ~ 2013 年中国制造业企业的出口参与广度

年份	制造业企业数量（家）	制造业出口企业数量（家）	出口企业数量占比	企业平均出口比重
1999	162032	37683	0.2326	0.1350
2000	144617	32198	0.2226	0.1427
2001	151294	35145	0.2323	0.1499
2002	159882	38947	0.2436	0.1573
2003	196206	50905	0.2594	0.1669
2004	279092	—	—	
2005	271812	75622	0.2782	0.1670
2006	301451	79243	0.2629	0.1584
2007	336768	79103	0.2349	0.1489
2008	373000	81026	0.2172	0.1334
2009	422213	81984	0.1942	0.1143
2010	436088	100395	0.2302	0.1451
2011	586535	140549	0.2396	0.0971
2012	311314	64097	0.2059	0.1092
2013	344875	66076	0.1916	0.1010

资料来源：笔者根据中国工业企业数据库（1999 ~ 2013 年）数据整理所得。

不同行业的技术水平及人力成本等多种影响企业出口参与的重要因素均大相径庭，不同行业的出口企业数量也因此而表现出巨大的差异。如图 3 - 2 所示，首先，计算机、通信和其他电子设备制造业、电气机械及器材制造业，以及专用设备制造业等技术密集型行业的出口企业数量相对较多。其次，除了服装及其他纤维制品制造业和纺织业的出口企业数量较为突出之外，我国其他劳动密集型行业的出口企业数量明显不及技术密集型行业。最后，除了通用设备制造业、金属制品业和橡胶制品业的出口企业数量较高以外，我国资本密集型行业的整体出口企业数量相对适中，其平均水平低于技术密集型且高于劳动密集型行业。在我国长期依靠"人口红利"实现贸易增长的背景下，出口企业数量的行业分布出现这种情况的原因可能在于，一方面，在加工贸易占据我国对外贸易"半壁江山"的经济背景下，我国相当一部分出口资本密集型产品的出口企业并非完全依靠自身的技术水平和产品质量，而是为制造高技术产品的外商投资企业提供贴牌、组装等简单的加工作业。因此，我国技术密集型行业的出口企业数量的突出在一定程度上是由于大量的外商直接投资所致。另一方面，我国技术密集型出口企业数量的大幅增加很大程度上也得益于我国近年来对知识产权保护力度的不断增加，以及国际市场对高品质产品需求的扩张。

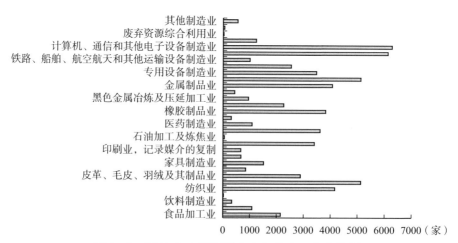

图 3 - 2　2013 年中国制造业各行业出口企业数量

资料来源：笔者根据中国工业企业数据库（2013 年）数据整理所得。

　　同时，正是由于我国沿海省份的地理区位优势，使得我国东部地区制造业企业中参与出口的企业数量更多。如图 3 - 3 所示，1999 ~ 2013 年间，我国东部地区制造业企业中的出口企业数量比例一直明显高于内陆地区。值得注意的是，2003 ~ 2005 年，我国内陆地区制造业出口企业的比例突然大幅上升，但从 2006 年开始又快速下降。出现这种现象的原因可能在于，随着我国 2001 年宣布加入 WTO，在对外开放程度突然大幅提升之后的短短几年内，我国内陆地区的制造业企业也尝试抓住机遇，争取国际市场份额。然而，由于区位劣势带来的较高的运输成本及劳动力的短缺等因素，导致很多内陆企业纷纷退出国际市场。此外，2012 年，我国东部地区和内陆地区的制造业出口企业数量比例均明显下降，企业出口面临的压力增大，包括国际贸易保护主义盛行导致我国外贸环境恶化，且国内生产成本上涨使得我国出口企业出口产品的竞争优势减弱。

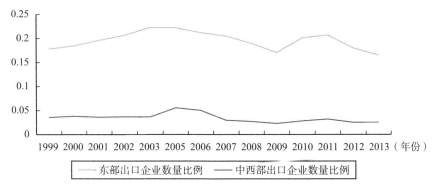

图 3 - 3　1999 ~ 2013 年我国沿海和内陆地区制造业企业出口数量比例变动趋势①

资料来源：笔者根据中国工业企业数据库（1999 ~ 2013 年）数据整理所得。

　　图 3 - 4 则展示了我国沿海省份和内陆省份制造业企业出口额占其总产值比重的平均水平。可以发现，在 1999 ~ 2003 年这段时期内，我国沿海企业和内陆企业出口额占总产值比重平均水平的差距较为稳

---

　　① 2004 年的中国工业企业数据库没有出口数据，故不做统计，下文不再赘述。

定。然而 2005 年我国内陆制造业企业出口交货比重出现大幅的下降，与东部沿海省份的出口企业的差距也随之扩大。从 2006 年开始，我国内陆企业的出口交货比重持续上升，并于 2011 年达到最高值 52% 左右，此外，东部地区制造业企业的出口交货比重在 2011 年之前一直维持在 60% 以上。2012 年随着出口环境的恶化，我国内陆企业和东部企业的出口交货比重均表现出超过 13% 的降幅。在随后的一年中，我国东部地区制造业企业出口比重恢复至 54% 左右，内陆制造业企业出口比重也上升至 42%。

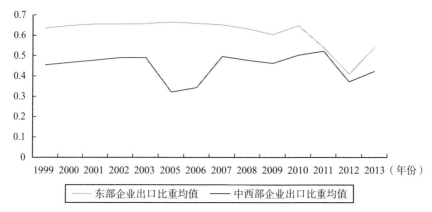

图 3 - 4　1999 ~ 2013 年我国沿海和内陆地区制造业企业出口比重变动趋势

资料来源：笔者根据中国工业企业数据库（1999 ~ 2013 年）数据整理所得。

此外，本研究根据谢建国（2003）的行业分类标准，将企业所处行业划分为劳动密集型、资本密集型和技术密集型这三大类①。在表 3 - 6

---

① 劳动密集型行业包括食品加工业、食品制造业、饮料制造业、纺织业、服装及其他纤维制品制造业、皮革皮毛羽绒及其制品业、木材加工及竹藤棕草制品业；资本密集型行业包括家具制造业、造纸及纸制品业、印刷业、文教体育用品制造业、化学原料及化学制品制造业、化学纤维制造业、橡胶制品业、塑料制品业、非金属矿物制品业、金属制品业、黑色金属冶炼及压延加工业、有色金属冶炼及压延加工业；技术密集型行业包括石油加工及冶炼业、医药制造业、普通机械制造业、专用设备制造业、交通运输设备制造业、电气机械及器材制造业、通信设备计算机及其他电子设备制造业、仪器仪表及文化办公用机械制造业、工艺品及其他制造业。

中，括号外的数字是出口企业的数量，而括号内的数字则是企业的出口交货值占总产值的比重。可以发现，在 2005 年之前，我国劳动密集型行业的出口企业数量明显多于资本密集型和技术密集型行业。然而从 2005 年开始，我国技术密集型行业的出口企业数量开始超越劳动密集型，且差距逐渐增大。比如，1999 年，我国劳动密集型制造业出口企业数量为 12718 家，同年的资本密集型和技术密集型出口企业数量分别为 10482 家和 11200 家。而在 2005 年，我国技术密集型制造业出口企业数量为 25398 家，略高于劳动密集型行业的 25358 家。截至 2013 年，技术密集型出口企业数量已达 22389 家，远远高于同年的劳动密集型的 16656 家。类似的，资本密集型制造业出口企业数量在 2012 年之前，仅在 2008 年表现出对劳动密集型出口企业数量的反超趋势。而在 2012 年，资本密集型制造业出口企业数量再次超过劳动密集型出口企业数量，并且在 2013 年资本密集型制造业出口企业数量远远超过劳动密集型出口企业数量，同时反超技术密集型出口企业数量。出现这种现象的主要原因可能在于，高技术外资企业对中国大规模的直接投资，以及中国制造业技术水平的逐渐提高。

表 3 – 6　　　1999 ~ 2013 年中国不同类型行业中出口企业数量及出口比重

单位：家

年份	劳动密集型企业	资本密集型企业	技术密集型企业
1999	12718（0.6990544）	10482（0.5720837）	11200（0.5351745）
2000	12553（0.7077183）	9646（0.5786897）	9687（0.5451082）
2001	13658（0.7138641）	10346（0.5915194）	10831（0.5603596）
2002	15433（0.7121804）	11412（0.5912079）	11800（0.5680148）
2003	18571（0.7178483）	15113（0.603324）	16908（0.5748269）
2004	—	—	—
2005	25358（0.6820671）	23628（0.5562627）	25398（0.5673095）
2006	26284（0.6802941）	24557（0.5638359）	27295（0.5664191）

续表

年份	劳动密集型企业	资本密集型企业	技术密集型企业
2007	25439（0.7166682）	24311（0.6035488）	29051（0.5831022）
2008	23889（0.7005647）	26218（0.5815632）	30566（0.5738022）
2009	24093（0.6832985）	24695（0.558608）	32977（0.5371915）
2010	34275（0.71042）	29938（0.596589）	35804（0.5816682）
2011	45618（0.3648587）	42294（0.4651153）	52156（0.3885979）
2012	16208（0.6374341）	19243（0.4937182）	28525（0.4869251）
2013	16656（0.6419491）	26914（0.4893509）	22389（0.4808108）

资料来源：笔者根据中国工业企业数据库（1999～2013 年）数据整理所得。

在企业出口交货值占总产值的比重方面，1999～2010 年间，劳动密集型企业、资本密集型企业及技术密集型企业的出口交货比重的波动较小，一直保持着较为稳定的比例。劳动密集型企业的出口交货比重为 70% 左右，明显高于资本密集型企业和技术密集型企业。这在很大程度上反映出我国在劳动密集型行业仍存在较为明显的比较优势的现状。而在 2011 年，劳动密集型企业、资本密集型企业及技术密集型企业的出口交货比重均出现较大降幅，并且在随后的两年中该比重缓慢增加。

同时，根据表 3 - 7 以及图 3 - 5 可以发现，在 1999～2013 年这段时期内，外资企业的出口交货值比重最高，其次是我国的民营企业，而国有企业的出口交货比重最低，不及民营企业的一半。此外，我国国有企业、民营企业及外资企业的出口交货比重均表现出明显的下降趋势。比如，国有企业的出口交货比重从 1999 年的 32.29% 逐渐下降至 2013 年的 18.69%。类似的，民营企业的平均出口交货比重在 1999 年高达 68%，而截至 2013 年，其出口交货比重则约为 50%，外资企业亦是如此。这表明我国制造业企业的出口集约边际整体呈现一定程度的收缩趋势。

表 3 - 7   1999 ~ 2013 年不同所有制出口企业的出口交货值比重

年份	国有企业	民营企业	外商投资企业
1999	0.3229	0.6799	0.7284
2000	0.3238	0.6927	0.7284
2001	0.3226	0.6893	0.7192
2002	0.3111	0.6641	0.7229
2003	0.2985	0.6553	0.7127
2004	—	—	—
2005	0.2311	0.5665	0.7092
2006	0.2367	0.5669	0.6988
2007	0.2620	0.6203	0.6929
2008	0.2214	0.5873	0.6759
2009	0.2206	0.5696	0.6469
2010	0.2490	0.6204	0.6915
2011	0.1955	0.2474	0.5579
2012	0.1999	0.4963	0.6012
2013	0.1869	0.4981	0.5994

资料来源：笔者根据中国工业企业数据库（1999 ~ 2013 年）数据整理所得。

相比于集约边际，我国民营企业及外资企业的出口拓展边际在 1999 ~ 2009 年间增幅明显。如图 3 - 5 所示。我国民营出口企业和外资

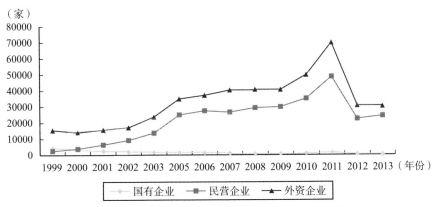

图 3 - 5   1999 ~ 2013 年我国不同所有制出口企业数量的变动趋势

资料来源：笔者根据中国工业企业数据库（1999 ~ 2013 年）数据整理所得。

出口企业的数量分别从大约 2500 家和 15000 家快速扩张至 30000 家和 40000 家左右，特别是在我国加入 WTO 之后的 3 年内，进入出口市场的民营企业和外资企业数量增幅最高。相比之下，我国国有出口企业的数量则逐年递减，数量也远远低于民营企业和外资企业，这在某种程度上反映了我国市场化程度的不断提升。

3.2.2　中国制造业出口参与深度的典型化事实

3.2.2.1　我国制造业出口参与深度的测度

企业出口参与深度主要表现为其在全球价值链中的地位，地位越高，其出口收益就越大，进而具有更高的出口参与深度。因此，本章节以企业的出口国内增加值率衡量我国制造业的出口参与深度。考虑到我国加工贸易和一般贸易企业生产投入模式的巨大差异，本章节将分别计算我国加工贸易和一般贸易企业的出口国内增加值率。

由于我国加工贸易的特殊性，本章节借鉴高敏雪和葛金梅（2013）的思路，对我国加工贸易企业的出口国内增加值率的测度方法如下：

首先，出口贸易增加值率的测算公式如式（3.17）所示：

$$贸易增加值率 = 出口贸易增加值 / 出口贸易总额$$

$$= （出口贸易总额 - 出口总额中的国外价值）/ 出口贸易总额$$

$$(3.17)$$

而出口总额中的国外价值无法直接获取，需要通过国内出口企业的生产消耗来测算，这就涉及到了出口企业增加值的计算，其测算公式如下：

$$企业生产增加值率 = （企业总产出 - 中间品投入）/ 总产出$$

$$(3.18)$$

将式（3.17）和式（3.18）联系起来则可以看出，出口贸易增加值其实就是企业生产增加值的延伸，如果企业的产出全部用于出口，同时其中间投入全部来自于进口，那么式（3.17）的贸易增加值率等价于式（3.18）的企业生产增加值率。受到数据可获性的限制，我们无法获取中国加工贸易企业的详细指标。但考虑到我国的加工贸易企业绝大部分属于全出口型这一实际情况，因此可以认为这二者之间存在很大的重合，本章节选取的全出口型企业样本可以看作是比加工贸易稍加宽泛的样本①。同时，目前我国的加工贸易企业（尤其是来料加工贸易企业）出口产品由中国国内提供的中间投入等于零，因此用全出口型企业增加值率作为加工贸易增加值率具有很大的合理性②。

关于一般贸易企业的出口国内增加值率，本章节借鉴了郑丹青和于津平（2014）的测度方法。

根据生产法，企业生产增加值为生产总额减去中间投入，即：

$$V_i = Y_i - M_i \qquad (3.19)$$

式（3.19）中，V_i 表示企业的生产增加值，Y_i 表示企业的生产总值，M_i 表示企业的中间投入合计。同时，中间投入可能来自国内，有也可能来自国外。因此，式（3.19）可进一步表达为：

$$V_i = Y_i - DM_i - FM_i \qquad (3.20)$$

式（3.20）中，DM_i 表示中间投入中来自国内的部分，FM_i 表示中间投入中来自国外的部分。

类似的，企业的生产增加值也可分为被国内吸收和出口到国外这两大部分。在很大程度上，企业的出口增加值就是企业生产增加值在国际贸易过程中的延伸（高敏雪、葛金梅，2013）。根据罗伯特·库普曼等（Robert Koopman et al.，2012），一国出口总额等于出口贸易的国内增加值、国外增加值及中间品出口中国内增值部分返回国内的

---

① 张杰、郑文平和束兰根（2013）的统计结果表明，中国纯出口企业中 79.32% 属于加工贸易企业，且纯出口企业的出口总额中的 89.53% 属于加工贸易出口，因此，我国纯出口企业在很大程度上能够代表加工贸易型企业。

② 根据测度公式可以发现计算结果可能会由于忽略了国内中间品的投入而导致贸易增加值率的低估，但是高敏雪和葛金梅（2013）认为低估程度并不高，因为来自国内的中间投入在生产过程中可能同样会涉及进口产品，严格地说，低估的部分为"国内直接的中间投入"与"进口产品的间接消耗"的差额，结合目前中国已具有较高程度的贸易开放程度这一现状，"进口的间接消耗"作为被抵消部分可能会较高，从而产生较小的低估值。

价值的总和，因此有：

$$VT_i = EX - VF - VFD \tag{3.21}$$

其中，VT 表示出口增加值，EX 表示出口总额，VF 表示出口总额中的国外增加值，VFD 表示国内增加值以中间投入产品的形式出口后再次返回国内的部分。

根据式（3.19）~式（3.21）可得：

$$VT_i = \frac{EX_i}{Y_i} \times (V_i + M_i) - VF_i - VFD_i$$

$$= \frac{EX_i}{Y_i} \times V_i + \frac{EX_i}{Y_i} \times (DM_i + FM_i) - VF_i - VFD_i \tag{3.22}$$

根据罗伯特·库普曼等（Robert Koopman et al., 2012）的研究，企业出口中的国外部分可以用国外提供的中间投入来表示。因此，式（3.22）可以进一步写为：

$$VT_i = \frac{EX_i}{Y_i} \times (V_i + DM_i) \tag{3.23}$$

因此，企业出口国内增加值率可以表示为：

$$VTR_i = \frac{VT_i}{EX_i} = \frac{V_i + DM_i}{Y_i} \tag{3.24}$$

式（3.24）的关键内容则是企业中间投入中的国内部分，借鉴平新乔等（2006）的测算方法：

$$DM_i = \lambda \times M_i \tag{3.25}$$

式（3.25）中，λ 表示企业中间投入中的国内投入的直接消耗系数。考虑到企业国内投入的直接消耗系数无法直接获得，根据同种进口品的投入比例是相同的，以及进口投入和国内投入的比例等于产成品中进口与国内生产的比例相等这种前提假设，我们可以在一定程度上认为每个行业的进口中间投入的比例 ξ 是大体一致的。因此，用列向量 $\{\xi_j\}$ 右乘直接消耗系数矩阵 A 得到中间投入的进口投入系数矩阵 A^{im}，同时根据 $A^{im} + A^{im} = A$ 这一等式，可以计算出中间投入的国内投入系数矩阵 A^{dm}。其中，行业中间投入中的进口比例 ξ = 行业的进口／（行业产出＋行业进口－行业出口）。最终，可以根据行业层面的中间投入中国内投入系数，与相对应的企业的中间投入相乘得到企业中间投入中的国内和国外部分，进而能够测得企业的出口国内增加值率。将企业出口国内增加值率加总至行业层面，便能够得到我国各行业的国内出口国内增加值率。

值得说明的是，由于我国的投入产出表是每 5 年公布一次，因此，本书分别运用 1997 年、2002 年、2007 年这 3 年的投入产出数据计算的中间品国内投入比例作为 1997～2000 年、2001～2004 年以及 2005～2007 年的国内中间投入比例。此外，尽管目前中国工业企业数据库已更新至 2009 年，但由于 2008 年和 2009 年数据样本中关键数据的缺失，导致企业的全要素生产率、生产加值等关键指标无法计算，进而无法测度企业的出口国内增加值率，因此，本章节的研究样本仅仅截至 2007 年。

3.2.2.2 我国制造业出口参与深度的典型化事实

图 3－6 展示了我国制造业企业整体平均出口国内增加值率。中国工业企业数据库数据显示，2001～2011 年，我国制造业企业的平均出口国内增加值率从 61% 增长至 75%。然而在 2010 年，我国出口国内增加值率下降至 53.22%，这可能与受到全球金融危机的影响，以及贸易保护主义冲击有关。

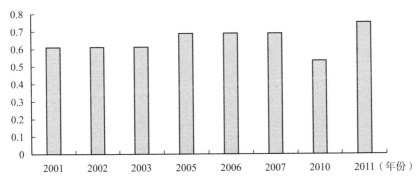

图 3－6　2001～2011 年中国制造业企业出口国内增加值率变动趋势

资料来源：笔者根据中国工业企业数据库（2001～2011 年）数据整理所得。

　　将我国制造业企业按区域划分为东中西部地区之后的出口国内增加值率的变化趋势如图3-7和表3-8所示。尽管东部地区的出口企业数量遥遥领先，但其企业出口国内增加值率的平均水平在2011年之前却低于中部地区和西部地区，且中部和西部地区制造业企业的出口国内增加值率的平均水平较为接近。样本期内，东部地区制造业企业的出口国内增加值率平均水平仅在2011年超过中部和西部地区。这种结果的出现可能是由于我国东部地区存在过多的生产增加值率较低的加工贸易企业所致。

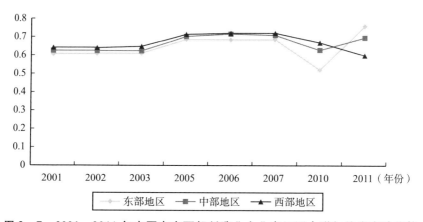

图3-7　2001～2011年中国东中西部制造业企业出口国内增加值率变动趋势

资料来源：笔者根据中国工业企业数据库（2001～2011年）数据整理所得。

表3-8　2001～2011年中国东中西部制造业企业出口国内增加值率平均水平

年份	东部地区	中部地区	西部地区
2001	0.6073	0.6251	0.6418
2002	0.6092	0.6238	0.6400
2003	0.6101	0.6229	0.6478
2004	—	—	—
2005	0.6863	0.7032	0.7147
2006	0.6855	0.7164	0.7211

年份	东部地区	中部地区	西部地区
2007	0.6871	0.7101	0.7216
2010	0.5210	0.6289	0.6699
2011	0.7584	0.6966	0.5999

资料来源：笔者根据中国工业企业数据库（2001～2011 年）数据整理所得。

与此同时，表 3-9 展示了我国制造业各行业在 2001～2011 年间的出口国内增加值率的平均水平。值得说明的是，由于中国投入产出表中的行业分类与中国工业企业数据库中的行业分类并非完全一致，因此，本章节所计算的企业出口国内增加值率尚未覆盖少数行业。根据表 3-9 中数据可知，我国行业层面的出口国内增加值率的平均水平介于 60%～83% 之间。其中技术密集型和资本密集型行业的出口国内增加值率相对较高，比如有色金属冶炼及压延加工业、塑料制品业等资本密集型行业的出口国内增加值率分别为 82.27% 和 81.83%，专用设备制造业和交通运输设备制造业等技术密集型行业的出口国内增加值率分别为 81.68% 和 71.02%。相比之下，除了烟草加工业，我国多数劳动密集型行业的出口国内增加值率明显偏低。如皮革、毛皮、羽绒及其制品业、纺织业和家具制造业，其出口国内增加值率平均水平分别为 65.96%、64.37% 和 60.86%。

表 3-9   2001～2011 年中国制造业各行业出口国内增加值率平均水平

行业	出口国内增加值率均值	观测样本（个）
烟草加工业	0.7255	270
交通运输设备制造业	0.7102	19136
专用设备制造业	0.8168	1315
石油加工及炼焦业	0.6895	834
有色金属冶炼及压延加工业	0.8227	258
其他制造业	0.6498	11014

续表

行业	出口国内增加值率均值	观测样本（个）
电气机械及器材制造业	0.8161	833
金属制品业	0.6736	5411
非金属矿物制品业	0.6495	25572
纺织业	0.6437	57964
电子及通信设备制造业	0.6810	30179
塑料制品业	0.8183	175
皮革、毛皮、羽绒及其制品业	0.6596	25311
家具制造业	0.6068	9975
文教体育用品制造业	0.6142	16749
仪器仪表及文化、办公用机械制造业	0.7025	30222

资料来源：笔者根据中国工业企业数据库（2001～2011年）数据整理所得。

本章节根据制造业各行业的要素密集特征进一步考察了劳动密集型、资本密集型和技术密集型行业的出口国内增加值率的不同水平及其变动趋势，如图3-8和表3-10所示。可以看出，技术密集型行业的出口国内增加值率平均水平最高，其次是资本密集型行业，劳动密集型行业最低。这与表3-10展示的信息基本一致。除2010年以外，不同要素密集特征的行业出口国内增加值率均有不同程度的上升。

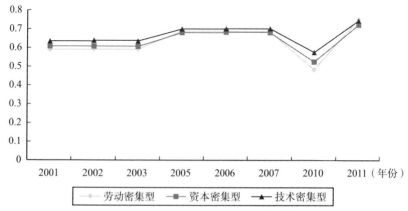

图3-8　2001～2011年中国不同要素密集型行业的出口国内增加值率的变化趋势

资料来源：笔者根据中国工业企业数据库（2001～2011年）数据整理所得。

表 3 - 10   2001~2011 年中国不同要素密集型行业的出口国内增加值率

年份	劳动密集型	资本密集型	技术密集型
2001	0.5896	0.6079	0.6349
2002	0.5914	0.6077	0.6385
2003	0.5927	0.6063	0.6352
2004	—	—	—
2005	0.6883	0.6802	0.6997
2006	0.6860	0.6826	0.7011
2007	0.6851	0.6805	0.7018
2010	0.4843	0.5248	0.5755
2011	0.7524	0.7215	0.7447

资料来源：笔者根据中国工业企业数据库（2001~2011 年）数据整理所得。

第 4 章

空间集聚对企业出口参与的影响机制分析

　　将马克·梅利茨（2003）提出的异质性企业出口行为理论作为新新贸易理论的关键内容，为我们重新审视和理解国际贸易提供了新的解释，同时也为我们从微观视角探索国际贸易提供了理论基础。新新贸易理论指出，由于出口沉没成本的存在，只有生产率达到一定水平的企业才能够跨越出口门槛，进入出口市场。与此同时，随着新经济地理和新新经济地理理论的不断拓展和深入，集聚经济的外部效应对企业出口参与的作用机制和具体影响逐渐得到越来越多的学者的关注与探讨。为此，本章节将基于新新贸易理论和新新经济地理理论，分别探讨空间集聚的外部经济效应和市场拥挤效应对企业出口参与广度（出口二元边际）和深度（全球价值链地位）的影响机制。

4.1　企业出口参与的基本理论模型

　　马克·梅利茨（2003）模型的核心内容是探讨异质性企业在面临出口固定成本时所采取的不同出口决策，其中，企业的异质性以生产率的差异来体现。作为本章节理论机制研究的基础，本小节将简要归纳和展示马克·梅利茨（2003）的理论推导和核心思想。

4.1.1　模型假设

　　马克·梅利茨（2003）模型以 D－S 垄断竞争模型为基础，假设不同企业所生产的产品均具有某种程度的差别,且生产率是完全外生的,企业在选择国内市场或是国际市场中均面临着不同程度的固定成本。消费者在购买过程中所获取的效用水平则随着产品种类的丰富而增加。消费者效用函数以 CES 函数来表示:

$$U = \left[\int_{\omega \in \Omega} q(\omega)^{\rho} \mathrm{d}\omega \right]^{1/\rho} \tag{4.1}$$

式(4.1)中,Ω 表示所有商品的集合,且产品之间存在一定程度的替代性。假设 $0 < \rho < 1$,且任意两种商品之间的替代弹性 $\sigma = 1/(1-\rho) > 1$。相应的总体价格指数为:

$$P = \left[\int_{\omega \in \Omega} p(\omega)^{1-\sigma} \mathrm{d}\omega \right]^{\frac{1}{1-\sigma}} \tag{4.2}$$

式(4.2)中,ω 表示商品种类,q 表示企业产出。企业所使用的劳动力与产出存在线性关系:$l = f + q/\varphi$。这里假设所有企业面临同样的固定成本,但各自的生产率水平 φ 大相径庭。可以看出,具有较高生产率的企业具有相对较低的边际成本;换言之,具有较高生产率的企业在相同成本下能够生产质量较高的产品。假设员工薪酬等于 1,那么企业利润为:

$$\pi(\varphi) = r(\varphi) - l(\varphi) = \frac{r(\varphi)}{\sigma} - f \tag{4.3}$$

式(4.3)中,$r(\varphi) = R(P\rho\varphi)^{\sigma-1}$ 表示企业收益,$\dfrac{r(\varphi)}{\sigma}$ 表示企业的可变利润,因此有:

$$\pi(\varphi) = \frac{R}{\sigma}(P\rho\varphi)^{\sigma-1} - f \tag{4.4}$$

另外,任何两个企业的产出比和收益比仅仅取决于二者之间的生产率水平。

$$\frac{q(\varphi_1)}{q(\varphi_2)} = \left(\frac{\varphi_1}{\varphi_2}\right)^{\sigma} \tag{4.5}$$

$$\frac{r(\varphi_1)}{r(\varphi_2)} = \left(\frac{\varphi_1}{\varphi_2}\right)^{\sigma-1} \tag{4.6}$$

马克·梅利茨(2003)基于以上模型探讨了企业的出口决策。

4.1.2 异质性企业的出口决策

为了进入国际市场，企业面临着必不可少的初始投入，即固定进入成本 $f_e > 0$。同时，企业的生产率水平服从一个共同的分布 $g(\varphi)$，$g(\varphi)$ 在（0，∞）区间内服从连续累计分布 $G(\varphi)$。假设企业价值为：

$$v(\varphi) = \max\left\{0, \sum_{t=0}^{\infty}(1-\delta)^t \pi(\varphi)\right\} = \max\left\{0, \frac{1}{\delta}\pi(\varphi)\right\}$$

$$(4.7)$$

由此可得企业的最低生产率水平需要满足 $\varphi^* = \{\varphi: v(\varphi) > 0\}$。且由于 $\pi(0) = -f$ 是负值，因此，$\pi(\varphi^*)$ 必须等于 0，任何生产率水平小于 φ^* 的企业都将立刻退出市场不再生产。因此假设后来的企业退出与生产率无关，退出市场的过程并不会影响市场均衡状态下的企业生产率分布 $\mu(\varphi)$，这个生产率分布是由能够进入国际市场的企业的初始生产率决定的。因此我们有：$\mu(\varphi)$ 是 $g(\varphi)$ 在（φ^*，∞）区间中的条件分布，如下式所示：

$$\mu(\varphi)\begin{cases} \dfrac{g(\varphi)}{1-G(\varphi^*)} & \varphi \geqslant \varphi^* \\ 0 & otherwise \end{cases}$$

$$(4.8)$$

总体生产率水平 φ^o 的函数表达式为：

$$\varphi^o(\varphi^*) = \left[\frac{1}{1-G(\varphi^*)}\int_{\varphi^*}^{\infty}\varphi^{\sigma-1}g(\varphi)\,\mathrm{d}\varphi\right]^{\frac{1}{\sigma-1}}$$

$$(4.9)$$

式（4.8）清晰地展现了与外生事前分布 $g(\varphi)$ 紧密相连的生产率均衡分布的形状，式（4.9）则展现了生产率的内生影响。

由于平均生产率水平 φ^o 完全由截断生产率水平 φ^* 所决定，因此平均利润和收益也与截断生产率水平 φ^* 息息相关：

$$r^o = r(\varphi^o) = \left[\frac{\varphi^o(\varphi^*)}{\varphi^*}\right]^{\sigma-1} r(\varphi^*)$$

$$(4.10)$$

$$\pi^o = \pi(\varphi^o) = \left[\frac{\varphi^o(\varphi^*)}{\varphi^*}\right]^{\sigma-1}\frac{r(\varphi^*)}{\sigma} - f$$

$$(4.11)$$

通过整理上述表达式，我们可以发现企业平均利润与截断生产率水平之间的关系如式（4.12）所示：

$$\pi(\varphi^*) = 0 \Leftrightarrow r(\varphi^*) = \sigma f \Leftrightarrow \pi^o = fk(\varphi^*) \qquad (4.12)$$

式（4.12）中，$k(\varphi^*) = [\varphi^o(\varphi^*)/\varphi^*]^{\sigma-1} - 1$。因为现有企业均能够获取利润，那么所有企业的平均利润水平 π^o 也是正数。事实上，对未来有盈利的预期是企业愿意为进入出口市场付出沉没成本 f_e 的唯一原因。用 v^o 表示当前所有企业平均利润的价值量为：$v^o = \sum_{t=0}^{\infty}(1-\delta)^t\pi^o = (1/\delta)\pi^o$。在所有企业成功进入国际市场的条件下，$v^o$ 也是企业价值量的平均体现：$v^o = \int_{\varphi^*}^{\infty} v(\varphi)\mu(\varphi)\,\mathrm{d}\varphi$。进一步将 v_e 定义为企业进入国际市场之后的净价值为：$v_e = p_{in}v^o - fe = \frac{1-G(\varphi^*)}{\delta}\pi^o - fe$。如果净价值为负，则没有企业愿意出口。在企业进入出口市场没有约束的条件下，净价值将由于大量企业涌入出口市场而降为零，甚至为负。

此外，在开放经济中，企业拥有进入出口市场、仅面向国内市场生产及不进行生产这三种选择。当企业进入出口市场中时，它所面临的总固定成本为：$f_x = f + f_e$。在这种条件下，存在一个生产率 $\varphi_e > \varphi^*$ 使得企业所获取的利润为 0。当企业的生产率水平高于 φ_e 时，企业便会选择进入国际市场；反之，当企业生产率水平介于 φ^* 和 φ_e 之间时，企业仅仅面向国内市场进行生产；而当企业生产率水平低于 φ^* 时，企业便会退出市场，停止生产。

综上所述，我们可以看出，在封闭经济和开放经济这两种条件下，企业进入生产领域面临一个临界生产率水平 φ^*；进入出口市场领域则面临另一个临界生产率水平 φ_e，且 $\varphi^* < \varphi_e$。任何外部冲击导致企业生产率水平以及固定成本发生变化时，企业自身生产率与临界生产率水平之间的关系可能也会发生变化，进而导致企业改变生产或出口决策。因此，马克·梅利茨（2003）理论模型的基本结论是：由于固定成本以及沉没成本的存在，只有那些生产率水平较高的企业才会选择出口，生产率水平中等的企业往往仅选择国内市场，而那些生产率水

平较低的企业则会被市场淘汰。

4.2　空间集聚对企业出口参与广度的影响机制

　　根据新经济地理学理论，区域内由集聚产生的"向心力"和"离心力"这两种对立力量互相"对抗"的结果，决定了空间集聚水平的高低及最终的净外部效应。一方面，在集聚区域内，随着市场信息搜寻成本及运输成本等生产交易成本的下降，企业的生产经营活动能够较为充分地从空间集聚的外部经济效应中受益，此时区域经济的"向心力"高于"离心力"，愈来愈多的企业向区域的经济中心聚集。另一方面，过度集聚所产生的生产要素供不应求等市场拥挤效应导致的成本上升等因素使得区域经济的"离心力"大于"向心力"，体现为空间集聚水平的下降。因此，新经济地理理论（NEG）认为，在集聚不断加强的过程中，不断扩张的市场规模及创新热情会吸引更多的企业进入到集聚区域的中心区位，进而引发更加激烈的市场竞争，市场逐渐饱和产生的过度集聚将导致企业利润的降低并迫使其离开市场中心区位去寻找和开发新的市场。结合区域经济理论，空间集聚产生的示范效应、运输成本降低以及技术溢出等外部经济影响，有助于企业参与出口的积极性得到进一步提高。而当空间集聚超过一定程度之后，市场拥挤等外部经济效应可能将提高企业生产成本、降低其生产率，进而抑制了企业的海外市场拓展行为。从我国出口企业分布现状的简单观察也可以看出，企业出口参与面临着市场拥挤的隐患。根据中国工业企业数据库数据显示，我国东部地区的工业企业数量占全国比例已从 1999 年的 60% 逐步增长至 2011 年的 71%，且在 2011 年，东部地区的出口企业数量占全国比例甚至超过 90%。随着我国东部地区工业企业集聚程度的不断加深，以及人力资本成本的大幅增加，我国企业的出口贸易规模在借助空间集聚的外部经济效应实现大幅扩张的同时，过度集聚带来的要素成本上升、产品市场过度竞争，以及环境资源的恶化和稀缺等市场拥挤效应的逐渐显现，可能抑制了企业参与出口的积极性。借鉴安东尼奥·阿切特罗（Antonio Accetturo，2010）构建的 NEGG 模型，图 4 - 1 描绘了我国制造业企业出口参与与空间集聚的关系。

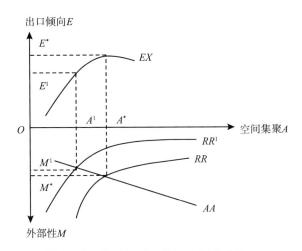

图 4 - 1　空间集聚、外部性与企业出口

资料来源：笔者基于理论分析绘制。

　　结合新新贸易理论和空间经济学理论，集聚水平在合理范围内时，空间集聚带来的技术外溢及交易成本下降等外部经济效应提升了企业的全要素生产率，缓解了企业出口所面临的成本压力，此时企业出口二元边际呈现扩张的趋势。如图 4 - 1 中 EX 曲线左半部分所示，此过程中的二者关系可以表述为：$E = E(A)$，且 $E'(A) > 0$，其中 E 表示企业的出口倾向，即对于已经参与出口的企业，表现为销售总额中出口比例的增加；对于尚未参与到出口市场的企业，表现为进入出口市场概率的提高。不仅如此，在图 4 - 1 中，均衡点 A^*，即最优集聚水平由集聚的竞争—拥挤曲线 RR 和外部经济效应曲线 AA 的交点决定。

　　集聚外部经济使得企业出口参与在一定范围内与空间集聚正相关，而过度竞争带来的市场拥挤导致企业出口倾向与空间集聚负相关，因此企业的出口参与和空间集聚之间的关系可能表现出倒 U 型特征和趋势。比如，当区域内大量企业扎堆，使得空间集聚超过图 4 - 1 中的均衡点 A^* 时，相对于最优状态，此时外部经济的积极作用会被市场拥挤效应所抵消，企业的出口参与也相应地受到了抑制。此时，如果为了缓解地区发展差距，政策制定者通过产业转移、建立区域的多中心等政策降低了区域内的空间集聚水平，引致曲线 RR 向内移动至 RR^1，相应的空间集聚水平也将由 A^* 降至 A^1。此时，空间集聚的总体外部效应相应地由 M^* 降至 M^1，其中的外部经济效应随之降低，对应的企业出口倾向也由 E^* 降至 E^1，最终体现为企业出口二元边际的收缩。

结合新新贸易理论，从企业出口理论模型来看。一般我们认为，决定企业是否进入出口市场，以及出口规模的因素主要在于，出口收益减去出口沉没成本及固定成本之后的净回报，企业出口参与的条件如下所示：

$$export_{i,t} > 0 \ if \ \pi_{e,i,t} \geq 0 \qquad (4.13)$$

$$export_{i,t} = 0 \ if \ \pi_{e,i,t} < 0 \qquad (4.14)$$

其中，$\pi_{e,i,t}$ 指代企业 i 在 t 年的出口利润。式（4.13）和式（4.14）这两式表明，企业选择进入出口市场或者扩大出口规模的前提条件是出口利润大于等于 0。从成本方面考虑，影响企业出口收益的因素主要包括进入国际市场的固定成本及出口产品的生产成本。

我们用 CES 函数形式表示消费者需求：

$$U = \left(\int_{\omega} q(\omega)^{\rho} d\omega \right)^{\frac{1}{\rho}} \qquad (4.15)$$

$$s. t. \int_{\omega} p(\omega) q(\omega) d\omega = R \qquad (4.16)$$

定义 $\sigma = \dfrac{1}{1-\rho}$，$\rho = \dfrac{\sigma-1}{\sigma}$，其中 $\rho \epsilon(0, 1)$，产品替代弹性 $\sigma \epsilon(1, \infty)$，$R$ 表示总收益，ω 表示出口产品。

令 $q(\omega)^{\rho-1} \left(\int_{\omega} q(\omega)^{\rho} d\omega \right)^{\frac{1-\rho}{\rho}} = \lambda p(\omega) \Rightarrow q(\omega)^{-\frac{1}{\sigma}} \left(\int_{\omega} q(\omega)^{\rho} d\omega \right)^{\frac{1}{\sigma-1}}$
$$= \lambda p(\omega) \Rightarrow p(\omega) q(\omega)$$

$$= \left(\int_\omega q(\omega)^\rho d\omega \right)^{\frac{\sigma}{\sigma-1}} \lambda^{-\sigma} p(\omega)^{1-\sigma} \Rightarrow R$$

$$= \left(\int_\omega q(\omega)^\rho d\omega \right)^{\frac{\sigma}{\sigma-1}} \lambda^{-\sigma} \int_\omega p(\omega)^{1-\sigma} d\omega$$

$$(4.17)$$

4.2.1 潜在出口企业的分析

企业在进入出口市场之前往往面临着技术创新以达到国际标准、海外需求信息的收集及销售渠道建立等成本，这些支出被认为是企业进入国际市场不可回避的成本。为了简化分析，本章节将企业进入出口市场时支出的一次性固定成本设为 F。企业总成本如下式所示：

$$TC = \left[F + \frac{q(\varphi)\tau}{\varphi} \right] [1 - \eta(A)] \qquad (4.18)$$

式（4.18）中，$\dfrac{q(\varphi)\tau}{\varphi}$ 表示企业生产的可变成本。企业相应的出口利润 π_i 为：

$$\pi(\varphi)_{p,q,F} = p(\varphi)q(\varphi) - \frac{q(\varphi)\tau}{\varphi} [1 - \eta(A)] - F[1 - \eta(A)] \quad (4.19)$$

在式（4.19）中，$p(\varphi)$ 和 $q(\varphi)$ 分别表示企业的产品出口价格和出口数量，φ 是企业的生产率水平。$\eta(A)$ 则表示空间集聚对当地制造业企业生产成本的综合外部影响。借鉴马克·梅利茨（2003）理论，本章节用 $\tau(\tau > 1)$ 衡量企业在出口过程中承担的冰山成本。在空间集聚达到最优水平之前，集聚所产生的技术溢出、信息共享等外部经济效应要远远高于同时期的要素成本增加和市场过度竞争等负面效应，此时 $\eta(A) > 0$。反之，若空间集聚水平过高并出现过度集聚现象，此时集聚外部性中的市场拥挤等负面效应则会明显大于正面效应，此时 $\eta(A) < 0$。

接下来，令 $\pi(\varphi)_{p,q,F} \geq 0$，即：

$$p(\varphi)q(\varphi) - \frac{q(\varphi)\tau[1-\eta(A)]}{\varphi} - F + F\eta(A) \geq 0 \qquad (4.20)$$

在空间集聚未对企业产生任何外部影响的情况下，企业所获得的出口利润如下：

$$\pi(\varphi)_{p,q,F} = p(\varphi)q(\varphi) - \frac{q(\varphi)\tau}{\varphi} - F \qquad (4.21)$$

参考马克·梅利茨（2003）理论，此时企业选择出口的条件为：

$$\pi(\varphi)_{p,q,F} = \frac{r(\varphi)}{\sigma} - F \geqslant 0 \qquad (4.22)$$

式（4.22）中，企业 $r(\varphi) = R\left(\frac{\sigma}{\sigma-1}\frac{\tau}{\varphi P}\right)^{1-\sigma}$ 表示企业的出口收益，$\sigma(\sigma>1)$ 表示出口产品之间的替代弹性，P 和 R 分别表示出口市场的价格水平和总体收益。因此，相比于式（4.19）和式（4.22），在空间集聚外部效应 $\eta(A)>0$ 的情况下，企业的出口利润如下：

$$\pi = \frac{q(\varphi)^{\rho}\left(\int_{\omega} q(\omega)^{\rho}\mathrm{d}\omega\right)^{\frac{1-\rho}{\rho}}\lambda^{-1}\tau}{[1-\eta(A)]} - \left[F + \frac{q(\varphi)\tau}{\varphi}\right][1-\eta(A)]$$

$$(4.23)$$

结合马克·梅利茨（2003），我们有：

$$q(\varphi) = \frac{R\tau}{[1-\eta(A)]P}\left(\frac{p(\varphi)}{P}\right)^{-\sigma} = \frac{R\tau}{[1-\eta(A)]P}\left(\frac{1}{P\rho\varphi}\right)^{-\sigma} = \frac{RP^{\sigma-1}(\rho\varphi)^{\sigma}\tau}{[1-\eta(A)]}$$

$$(4.24)$$

式（4.24）中，$p(\varphi) = \frac{1}{\rho\varphi}$。

$$r(\varphi) = q(\varphi)p(\varphi) = \frac{RP^{\sigma-1}(\rho\varphi)^{\sigma-1}\tau}{[1-\eta(A)]} \qquad (4.25)$$

$$\pi = r(\varphi) - TC = \frac{RP^{\sigma-1}(\rho\varphi)^{\sigma-1}\tau}{[1-\eta(A)]} - F[1-\eta(A)] - \frac{RP^{\sigma-1}(\rho\varphi)^{\sigma}\tau}{\varphi[1-\eta(A)]}$$

$$= r(\varphi) - F[1-\eta(A)] - \rho r(\varphi) = (1-\rho)r(\varphi) - F[1-\eta(A)]$$

$$= \frac{r(\varphi)}{\sigma} - F[1-\eta(A)] \qquad (4.26)$$

由此，企业的出口条件如式（4.26）所示：

$$\frac{r(\varphi)}{\sigma} - F + F\eta(A) \geqslant 0 \qquad (4.27)$$

此时，企业选择出口面临的生产率门槛得到了降低，进而提高了企业进入出口市场的可能性，即出口拓展边际实现的扩张。与此相反，当 $\eta(A) < 0$ 时，即出现集聚过度现象，企业选择出口时面临的生产率门槛提高，削弱了企业进入出口市场的积极性和可能性。

4.2.2　已进入出口市场企业的分析

对于已经参与出口的企业，企业扩张出口规模的临界条件为：

$$p(\varphi)q(\varphi) - \frac{q(\varphi)\tau}{\varphi}[1 - \eta(A)] - F[1 - \eta(A)]$$

$$= p(\varphi)q(\varphi) - \left[F + \frac{q(\varphi)\tau}{\varphi}\right][1 - \eta(A)] = 0 \qquad (4.28)$$

根 据 $p(\omega) = q(\omega)^{\rho-1}(\int_\omega q(\omega)^\rho d\omega)^{\frac{1-\rho}{\rho}}\lambda^{-1}$，其 中 $\lambda = \dfrac{q(\omega)^{\rho-1}(\int_\omega q(\omega)^\rho d\omega)^{\frac{1-\rho}{\rho}}}{p(\omega)}$。我们有：

$$\rho\tau[1 - \eta(A)]q(\varphi)^{\rho-1}\left(\int_\omega q(\omega)^\rho d\omega\right)^{\frac{1-\rho}{\rho}}\lambda^{-1} = \frac{\tau[1 - \eta(A)]}{\varphi}$$

$$(4.29)$$

进而可得企业出口价格的表达式：

$$\rho p(\varphi) = \frac{\tau}{\varphi}[1 - \eta(A)] \Rightarrow p(\varphi) = \frac{\tau}{\rho\varphi}[1 - \eta(A)] \qquad (4.30)$$

在未受到空间集聚外部性影响的条件下，即 $\eta(A) = 0$，企业的出口价格如下式所示：

$$p^*(\varphi) = \frac{\sigma\tau}{(\sigma-1)\varphi} \qquad (4.31)$$

可以看出，相比于式（4.31），在 $\eta(A) > 0$ 的情况下，即空间集聚水平处于合理范围内时，$p(\varphi) < p^*(\varphi)$，结合 $r(\varphi) = R\left(\dfrac{\sigma}{\sigma-1}\dfrac{\tau}{\varphi P}\right)^{1-\sigma}$ 可以很容易发现，企业的出口收益与出口价格呈负相关关系。这意味着在特定的生产率水平下，空间集聚通过引致企业出口价格的下降来实

现出口收益的增加，进而推动了出口企业出口集约边际的扩张。相反，如果集聚过度，导致外部效应 $\eta(A)<0$，企业出口收益的下降将会抑制出口集约边际的扩张。根据以上理论分析并结合目前东部地区经济活动高度集中的现实背景，本章节将通过实证来检验我国企业的出口二元边际与空间集聚是否存在非线性关系，并从企业出口参与广度的视角分析目前我国是否存在集聚过度现象。

4.3　空间集聚对企业出口参与深度的影响机制

图 4 - 2 展示了企业在出口生产过程中实现增值的基本流程。随着我国城市中企业的人才、投入及产出等要素的不断集中，空间集聚的外部经济效应和市场拥挤效应之间此消彼长的动态变化关系必然会影响到企业的中间产品、资本和劳动的投入成本及其总产出。因此，在企业面向出口市场的生产过程中，其出口国内增加值率不可避免地受到其所处地区空间集聚水平的影响。

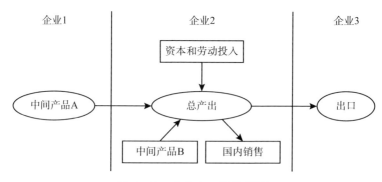

图 4 - 2　企业出口增值模型

资料来源：笔者基于理论分析绘制。

首先，根据集聚经济理论，空间集聚一般会通过哪些渠道影响企业的出口参与深度（国内增加值率）呢？本书认为，竞争效应、共享效应以及学习效应是决定企业的出口国内增加值能否从集聚外部性中获益及获益程度。首先,在竞争效应方面。有限的空间里大量企业的不断集中加剧了企业面临的市场竞争压力。特别是在我国出口贸易长期由于"低价竞争、数量取胜"而被广为诟病的背景下,大量出口同质或相似产品的企业为维持生存和发展不得不寻求新的成长动力,这其中便包括了改进产品技术含量、提高全要素生产率及改善生产经营管理模式等方式,以此逐步提高企业出口产品的价值增值及其在产品价值链中的地位。

其次,在共享效应方面,随着交通基础网络的不断完善,区域内供应商和生产商之间地理距离上的接近使得企业在生产过程中消耗的运输成本及沟通成本大大减少,借此出口企业的平均生产成本得以降低,在维持原有出口价格的情况下,这将有助于企业出口国内增加值率的提升。不仅如此,集聚程度较高的区域往往具有素质更高且种类更加丰富的人力资源,集聚带来的沟通成本的降低缓解了企业与人才之间的信息不对称程度,有助于企业雇佣到与自身生产经营状况最为匹配的人力资本,进而能够提高生产经营效率并以此实现出口过程中实际收益的增加,提高出口国内增加值率。此外,信息资源的共享所产生的积极效应同样不可忽视。伴随着集聚区内劳动力的增加,各个企业的员工面对面交流过程中蕴含的市场信息和技术信息能够迅速广泛地传播,降低了生产者与出口市场实际需求之间的信息不对称,并有助于其模仿或改进生产技术,进而有助于出口企业根据市场现状调整生产策略,以最大限度地提高出口国内增加值和收益。

最后,在学习效应方面。在高度集聚的区域中企业之间竞争的一个明显特征就是,企业的生产经营活动在很大程度上是可以被观察和模仿的,尤其是在我国知识产权保护力度相对不足的现实背景下,出口企业往往能够通过模仿和升级改造实现生产技术和出口产品价值的提升,最终实现出口国内增加值率的提高和出口参与程度的深化。

然而,空间集聚的外部效应并非一成不变,外部经济效应与市场拥挤效应往往是集聚效应这枚硬币的两面。伴随着区域内经济活动密度的持续增加，生产要素、基础设施的供不应求，以及产品市场的过度竞争等，使市场拥挤效应逐渐凸显，这将对我国企业的出口参与产生一定程度的抑制作用。沈能等（2014）及周圣强和朱卫平（2013）的研究结果显示，我国行业生产率随着产业集聚由弱变强，从而呈现出先扬后抑的倒 U 型趋势。与集聚外部经济效应相对应，市场拥挤效应主要通过要素和产品市场过度集中，以及公共资源的供不应求等途径对企业的生产成本、技术进步产生负面影响，最终降低了企业的出口国内增加值率及其出口参与的深度。一方面，在区域内生产要素供给量未能随着集聚程度的增加而保持同比例上升的情况下，随着集聚程度增加而提高的要素价格将直接增加企业的生产成本。由于我国出口企业长期处于全球价值链低端，且缺乏议价能力，在出口价格不变的情况下，出口成本的上升将导致企业出口国内增加值率受到市场拥挤的抑制。与要素市场拥挤对应的则是，产品市场过度竞争导致那些缺乏改进生产率或产品质量的出口企业不得不选择降价，甚至退出国际市场，进而损害了其在出口过程中的国内增值。另一方面，区域中经济活动的过度集中，往往导致基础设施等公共资源的供不应求，以交通拥堵和环境恶化为代表的公共资源承载力不足，将直接反映为企业生产成本的增加及生产效率的降低，出口企业实现的贸易增值自然也随之缩减。不仅如此，较高程度的空间集聚在带来显著的技术溢出的同时，创新企业获得的超额利润往往由于被大量的模仿而快速减少，甚至消失，这就抑制了企业的创新动力，进而削弱了企业提高出口产品内在价值和提升出口国内增加值率的潜力。因此，在空间集聚的外部经济效应及市场拥挤效应二者之间此消彼长的动态关系中，出口企业的出口国内增加值率可能随着其所处地区空间集聚的提升呈先扬后抑的倒 U 型趋势。

图 4-3 展示了空间集聚所带来的外部经济效应和市场拥挤效应对企业出口参与深度的作用机制。一是技术溢出。区域内同行业的企业集聚，有助于企业通过学习和模仿实现生产率的提升，以及经营策略的改进，进而能够通过提升企业的产品质量和决策效率实现出口国内

增加值率的提升。二是信息共享。生产类似或同质产品的企业往往面临相似的上游供应商以及销售和劳动力市场，专业化集聚水平的提高有助于企业获取和挖掘更多的产品和劳动力市场信息，降低企业与国际市场和人才市场之间的信息不对称程度，提升企业所处全球价值链的地位。三是吸聚效应。区域内产业规模的合理扩张在带来基础设施不断完善的同时，能够吸引更高技术水平的劳动力的流入，以及上游产品供应商的大量入驻。高技术人才的示范效应能够提升企业的整体人力资本水平，与上游供应商距离的缩短有利于企业生产成本的降低，这为企业的出口参与的深入提供了强有力的人力资源保障和市场支撑。四是竞争效应。区域内专业化集聚所带来的市场竞争有助于激发企业的创新热情，特别是在技术溢出的背景下，具有较高创新能力的企业往往能够快速对现有技术进行改进升级，实现出口竞争力的提升。同时，产业内集聚往往能够形成竞争中合作的群体，即企业之间通过联合形成更具市场竞争力的合作网络，巩固和增强了企业的出口竞争力，最终有利于企业所处全球价值链地位的提升，实现出口参与的进一步发展。

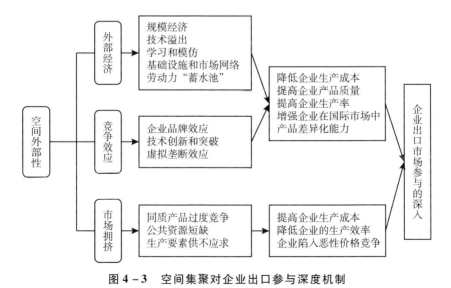

图4-3 空间集聚对企业出口参与深度机制

资料来源：笔者基于理论分析绘制。

但与此同时，随着集聚程度的持续提高，过度集聚所导致的市场拥挤效应在所难免。目前，我国知识保护体系的不够完善导致了市场中依靠"山寨"获取短期利益的企业不在少数，当具有较高市场竞争力的创新产品或技术出现之后，较低的模仿成本引发大量生产同一产品或相似产品的企业之间的激烈竞争，处于同一生产环节的企业"扎堆"所导致的上游生产要素的供不应求，加之交通拥堵所带来的通勤成本的增加，均会提高企业的生产成本。

此外，在我国知识产权保护体系尚不够成熟完善的制度背景下，企业的研发创新成果往往在短时间内就被其他众多企业模仿和销售，导致具有较高创新能力和热情的企业很难通过技术创新在较长时期内保持较高的市场竞争力，这将大大削弱企业的研发创新动力和持续性，进而导致其出口产品质量在较长时间内无法得到实质性进步，最终抑制了企业所处全球价值链地位的提升。

综上所述，正是由于空间集聚所带来的外部经济效应和市场拥挤效应二者之间此消彼长的动态关系，导致我国企业的出口参与的广度和深度与空间集聚之间并非仅呈现简单的线性关系，而是可能存在先增长后降低的倒 U 型趋势。本书将在后面的章节中，通过构建合理的计量模型对理论分析结果进行检验和分析。

第 5 章

空间集聚影响我国制造业企业出口参与广度的实证检验

本书中企业出口参与的广度以出口二元边际来体现，反映了参与出口的企业数量以及企业的出口规模。前面的章节中，在对我国制造业企业出口参与的广度和深度与空间集聚之间的关系进行了理论阐述和相关的典型化事实描述之后，本章节主要根据理论分析构建相应的计量模型并对其进行实证检验。为构建我国出口新动力研究提供更加充分和严谨的经验证据与新颖的研究视角。同时，本章节还将根据企业所处区位、所在行业的资本技术水平，以及其登记注册的所有制类型等特征进行分样本的实证检验和分析，进而能够为我国根据企业异质性特征，从空间集聚视角思考和制定更加灵活、准确的出口政策提供较为充分的现实依据。

5.1 研究问题的提出

随着我国制造业规模的飞速发展及城镇化战略的深入实施，我国经济活动的不断集中是发展过程中的明显趋势和特征。特别是我国曾在相当一段时期经历了重点发展东部地区以带动中西部地区的非均衡型经济发展战略，这便导致我国经济整体高速增长的同时，经济活动的空间分布也呈现出明显的"东高西低"的非均衡性。以中国工业企业数据为例，1999 年我国将近 60% 的工业企业分布于东部沿海地区，而截至 2009 年，这一比例已增长至 71%，并仍在不断提高。且这一特征和趋势在我国过去 30 余年的贸易实践中尤为突出，目前已有超过 90% 的制造业出口企业汇聚在东部地区①。事实上，即使从全球范围看也能够轻易发现，近 30 年来，全球总产值中超过 70% 的部分是由欧盟、北美自由贸易协定国，以及东亚地区所贡献的②，物质生产富裕的地区或国家往往都呈现较高的经济集聚现象，对于中国来说亦是如此。在 20 世纪 90 年代之前一段时期内，我国经济发展政策的重心更偏向于效率，因此，中国在相当长的一段时期内实施着以东南沿海地区为重点发展对象的非均衡型发展战略，经济活动的空间分布也因此呈现出明显的"东高西低"的特征。

与此同时，伴随着对外开放程度的不断加深，中国出口贸易不论是在规模还是结构方面均取得了显著的进步。在 2008 年全球金融危机发生之前，中国的出口贸易以 17.4% 的增长速度遥遥领先于国际平均水平（8%），即便受到全球经济低迷的冲击，中国出口贸易规模在经历了短暂的下降之后又迅速得以复苏。关于中国出口贸易迅速扩张的原因，部分学者强调了规模经济的关键作用（杨汝岱，2008；钟昌标，2007）；另一些研究则用比较优势理论解释了中国出口贸易的发展（Yue & Hua，2002；包群等，2010）。随着以马克·梅利茨（2003）为代表的新新贸易理论的兴起，以及微观企业数据的可获得性，近年来从企业层面探讨出口参与的影响因素研究也逐渐丰富起来，包括政府给予的生产性补贴（苏振东等，2012）、区域基础设施（盛丹等，2011），以及企业面临的流动性约束（阳佳余，2012；张杰等，2013；Manova et al.，2011）。此外，众多的经验证据和研究成果指出，我国出口企业和外商直接投资长期不断地向东部沿海省份汇聚，并由此逐渐形成了一定规模的产业群和城市群（Lu & Tao，2009；

---

① 资料来源：中国工业企业数据库（1999~2013 年）相关数据。
② 资料来源：WTO 数据库（2019 年）相关数据。

路江涌、陶志刚，2006）。在此过程中，企业的出口规模及生产率均
受益于地理集聚的外部经济效应，实现了明显的扩张与提升（佟家
栋、刘竹青，2014；范剑勇等，2014）。随着空间经济学理论的不断
深入，经济活动的集聚与经济增长，以及生产率之间的重要关系已经
得到了国内外众多学者的研究和证明（陆铭、陈钊，2009；刘修岩，
2014；潘文卿，2012；Dupont，2007；Cerina & Mureddu，2012）。而
作为推动中国经济增长的重要因素之一，中国的出口贸易与空间集聚
的关系具体来说，随着在新经济地理基础上考虑了企业异质性的新新
经济地理理论的提出（Ottaviano，2011），中国企业的出口行为与其所
处地区的空间集聚水平之间的内在联系也是一个值得探讨的问题。具
体来说，我们在研究我国出口贸易借助集聚经济实现快速扩张的同
时，集聚过度引发的市场拥挤效应是否已对我国制造业企业的出口参
与产生了负面冲击也是需要重点探讨的内容。为此，本章节试图从企
业出口二元边际的视角对空间集聚的外部经济和市场拥挤效应进行探
索，为更加深入和准确地理解空间集聚对我国企业出口参与的影响提
供一定的经验证据和政策启示。

5.2　计量模型与数据说明

　　虽然在过去较长一段时期内我国各地区经济增长受益于空间集聚
的外部经济而大幅增长，但近年来的部分研究指出，我国部分地区和
产业已出现过度集聚的现状和趋势。因此，从企业的出口参与视角出
发，空间集聚水平对出口参与的影响是否也存在由促进转为抑制的拐
点。为此，本章节以企业出口比重（出口集约边际）为例，分别从资
本、中间投入、产出及就业这 4 个方面展示了企业出口比重与空间集
聚之间的拟合曲线，如图 5 - 1 ~ 图 5 - 4 所示。我们可以发现，不论
是从产出或投入视角，还是从资本和就业视角，空间集聚对企业出口参
与的影响均表现出了不同程度的倒 U 型趋势和特征，这种趋势在就业

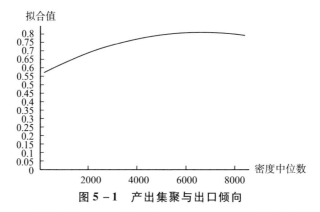

图 5 - 1　产出集聚与出口倾向

资料来源：笔者根据中国工业企业数据库（2001～2011 年）数据整理所得。

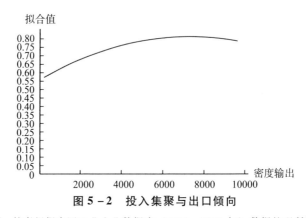

图 5 - 2　投入集聚与出口倾向

资料来源：笔者根据中国工业企业数据库（2001～2011 年）数据整理所得。

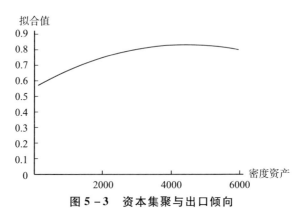

图 5 - 3　资本集聚与出口倾向

资料来源：笔者根据中国工业企业数据库（2001～2011 年）数据整理所得。

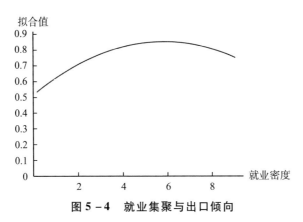

图 5 - 4   就业集聚与出口倾向

资料来源：笔者根据中国工业企业数据库（2001～2011 年）数据整理所得。

集聚方面表现得最为明显。这与理论模型的分析结果一致，表明在集聚初期，企业出口参与的广度随着集聚水平的增加而提高，但当空间集聚超过一定水平之后，过度集聚导致的市场拥挤抑制了企业的出口参与。当然，以上分析只是对空间集聚对企业出口参与的影响提供了一个较为直观的印象，为了获取更加准确和稳健的结果，本章节还需要结合其他重要的控制变量，运用更加严谨和科学的计量方法对面板样本数据进行检验和分析。

考虑到企业的出口决策与其所在城市的空间集聚之间可能存在密切联系，因此企业是否选择出口并非是完全随机的。为了避免这种非随机样本可能存在的选择性偏差，本章节运用 Heckman 两步法选择模型对其进行修正。

$$exportdummy_{i,t} = \beta_0 + \beta_1 density_{i,t} + \beta_2 density_{i,t}^2 + \gamma Z_{i,t} + \varepsilon_{i,t} \qquad (5.1)$$

$$export_{i,t} = \theta_0 + \theta_1 density_{i,t} + \theta_2 density_{i,t}^2 + \tau C_{i,t} + \xi_{i,t} \qquad (5.2)$$

式（5.1）是企业的出口选择方程，用于观察企业的出口扩展边际（进入出口市场的概率）与空间集聚之间的关系。其中，$exportdummy_{i,t}$ 是反映企业是否出口的虚拟变量，如果企业 i 在 t 年存在出口行为，则取值 1；否则取值 0。式（5.2）是企业的出口方程，其中，$export_{i,t}$ 表示企业 i 在 t 年的出口集约边际（出口比重），本章节以企业出口交货值占工业销售产值的比重来衡量。$Z_{i,t}$ 和 $C_{i,t}$ 是设定的控制变量，$\varepsilon_{i,t}$ 和 $\xi_{i,t}$ 分别表示选择方程和出口方程的随机误差项。根据詹姆斯·赫克曼（James Heckman，1979）的研究，如果 $\varepsilon_{i,t}$ 和 $\xi_{i,t}$ 之间的相关系数显著不为 0，表明估计样本存在选择性偏误，这种情况下 Heckman 两步法就是一种较为恰当和合理的修正方法，其操作原理如下：首先对式（5.1）的出口选择方程进行估计，即：

$$P(exportdummy_{i,t} = 1) = \Phi(\beta_0 + \beta_1 density_{i,t} + \beta_2 density_{i,t}^2 + \gamma Z_{i,t} + \varepsilon_{i,t})$$

$$(5.3)$$

其中 $\Phi(\cdot)$ 表示累计标准正态分布。然后利用式（5.1）的估计结果计算出逆米尔斯比率，即：

$$\hat{\lambda} = \mu(\hat{\beta}_0 + \hat{\beta}_1 density_{i,t} + \hat{\beta}_2 density_{i,t}^2 + \hat{\gamma} Z_{i,t}) /$$
$$\Phi(\hat{\beta}_0 + \hat{\beta}_1 density_{i,t} + \hat{\beta}_2 density_{i,t}^2 + \hat{\gamma} Z_{i,t}) \qquad (5.4)$$

再将该比率作为控制变量加入式（5.2）进行估计，即：

$$export_{i,t} = \theta_0 + \theta_1 density_{i,t} + \theta_2 density_{i,t}^2 + \tau C_{i,t} + \psi \hat{\lambda} \qquad (5.5)$$

空间集聚 $density_{i,t}$ 是本章节计量模型中的核心解释变量，包括了就业、资本、中间投入及产出这 4 个方面，更加全面地考察空间集聚对企业出口参与的影响。指标的具体构建过程请见本书的第 3 章，这里不再赘述。此外，詹姆斯·赫克曼（1979）指出，选择方程中的变量至少有 1 个变量不能被包含在出口方程中，因此，在式（5.1）中加入企业出口变量的滞后一期，这样同时也能够观察企业过去的出口行为对当期出口概率的影响。此时，式（5.1）又调整为：

$$exportdummy_{i,t} = \beta_0 + \beta_1 density_{i,t} + \beta_2 density_{i,t}^2 + \gamma Z_{i,t} +$$
$$\kappa exportdummy_{i,t-1} + \varepsilon_{i,t} \qquad (5.6)$$

同时，为了控制企业其他特征对出口参与的影响，本章节研究过程中加入了若干能够体现企业重要特征的控制变量：全要素生产率、资本密集度、雇员薪酬水平、企业规模及成立年限。

（1）全要素生产率（tfp）。新新贸易理论认为，由于出口固定成本的存在，只有生产率达到一定水平的企业才有能力参与出口。借鉴詹姆斯·列文森和阿米尔·佩特林（James Levinsohn & Amil Petrin，

2003）的研究结果，本章节研究采用企业的中间投入作为工具变量，运用半参数回归方法得到企业的全要素生产率①。此方法能够有效地克服传统 OLS 估计过程中的选择性偏差，以及内生性问题。具体估计方程如下：

$$v_t = \theta_l l_t + \theta_k(k_t, \ m_t) + \eta_t \tag{5.7}$$

其中，v_t 代表企业增加值，用销售收入减去中间投入来测度；l_t 代表企业的劳动力投入，用企业员工人数表示；k_t 表示资本投入，用企业固定资产表示；m_t 则是企业的中间投入。以上变量在回归过程中均以对数形式体现。

（2）资本密集度（kl）。根据要素禀赋理论，中国这样具有充裕劳动力的国家在出口劳动密集型产品方面具有明显的比较优势，因此从理论上我们初步判断企业参与出口的积极性可能与资本密集度负相关。本章采用固定资产总额除以平均从业人数来衡量该变量。

（3）雇员薪酬水平（$wage$）。一方面，薪酬水平在一定程度上体现了企业雇员的技能水平和企业的生产水平，薪酬水平越高，企业就越可能进入出口市场；但另一方面，对于以劳动密集型产品为制造业主要出口内容的中国，员工薪酬往往是多数企业的主要生产成本，较高的人力成本可能会增加企业的成本压力，进而抑制其出口规模。因此，本章节中加入企业薪酬水平来考察其对出口参与的影响，其测度公式为：（应付工资总额 + 应付福利总额）/平均从业人数。

（4）企业成立年限（age）。随着企业经营年限的增长，其生产技术、销售管理水平、经营策略乃至企业的国际声誉都可能发生较大的变化，进而导致其出口行为也会有所差异。

（5）企业规模（$size$）。根据新贸易理论，规模较大的企业更容易

---

① 目前常用来测算企业全要素生产率的方法主要有 OP（Olley & Pakes，1996）和 LP（Levinsohn & Petrin，2003）两种。一般来说，OP 的前提是生产率能够直接从企业的投资方面体现出来，而 LP 方法的核心思想是把企业的中间投入作为不可观测的代理变量。因此，对于目前中国多数企业的投资并不能够真实体现自身生产率等实际情况（范剑勇、冯猛，2013），LP 方法更适合用于测度中国企业的全要素生产率。

通过规模经济降低生产成本，进而跨越出口成本门槛。而且，相对于微小型企业，规模较大的企业在争取出口市场份额、销售网络的建立，以及品牌建设等方面均具有明显的优势。对于企业规模的测度目前主要有从业人数（Liu & Buck，2007）、销售收入（Newburry et al.，2006）及总资产（Buckley & Clegg，2007）这 3 种指标，本章节采用企业平均从业人数来反映企业规模。此外，在估计方程中还加入了年份、地区，以及行业虚拟变量以控制宏观经济环境波动、区域之间的非均衡经济发展水平及行业间的巨大差异对企业出口行为的影响。

本章节所使用的资料来源于中国工业企业数据库（2001～2011年[①]）及《中国城市统计年鉴》，保留了 286 个地级市中持续经营的企业作为研究样本。在数据处理过程中，参照会计准则，删除了出口交货值、固定资产及总资产为负的样本。上述控制变量均以自然对数的形式代入方程，以减小变量的异方差性。此外，由于解释变量对被解释变量产生作用往往具有滞后性，而且滞后项可以在一定程度上排除当期因素的影响，是外生于当期扰动项的，能够避免解释变量与被解释变量之间的反向因果关系，也就在一定程度上缓解了内生性[②]。因此，在研究过程中将各解释变量的滞后一期代入方程进行估计。

5.3 实证检验与分析

在详细阐述所设计的计量模型及相应的变量含义之后，本章节分别将就业、资本、产出与投入 4 个方面的集聚指标代入估计方程来探究空间集聚对我国企业出口二元边际的影响，这样可以在避免核心解

---

① 尽管目前中国工业企业数据库已更新至 2013 年，但由于 2012 年和 2013 年企业中间品投入数据的缺失，导致全要素生产率无法计算，故本章仅使用了 2001～2011 年的相关数据。

② 同时参考布鲁哈特和斯贝加米（Brulhart & Sbergami，2009），本章将空间集聚变量滞后一期以缓解内生性。

释变量之间的多重共线性的同时，不同方面的空间集聚指标的估计结果也能够视为相互之间的稳健性检验，增强了实证结果的有效性和稳定性。

5.3.1 空间集聚对我国制造业企业出口二元边际的总体分析

首先运用 Heckman 两步法对全样本进行估计，结果如表 5－1 所示。所有方程中的逆米尔斯比 λ 均在 1% 的水平上显著，这表明估计样本存在选择性偏差，运用 Heckman 选择模型是合理和必要的。

表 5－1 的估计结果显示，不论是选择方程还是出口方程，不同层面的空间集聚变量一次项估计系数均显著为正，而与之相对应的二次项估计系数则均为负数，并在 1% 的显著性水平上显著。以就业集聚为例，1 列和 2 列中集聚指标的一次项估计系数分别为 0.08 和 0.028，相应的平方项估计系数则分别为－0.005 和－0.001。这意味着目前我国就业、资本、投入及产出方面的空间集聚与企业出口二元边际之间的倒 U 型关系的确存在，同时也支持了前面文章中关于二者之间非线性关系的判断。即在集聚初期，信息共享、示范效应及技术溢出等外部经济作用既提高了企业选择出口的概率，同时也促进了已经参与出口企业的出口比重。但是随着地区资本、就业、产出等聚集至某一程度时，大量企业扎堆与过度竞争引发的负面效应愈发明显，最终扭曲了市场资源配置，并恶化了企业的出口环境，削弱了企业参与出口的积极性。具体来说，市场拥挤成本的主要构成与产生原因可能在于：一是要素市场的拥挤效应。随着地区空间集聚程度的不断加深，在市场供给不能保持同等比例增大的情况下，各种生产要素的价格一般会随着集聚程度的增加而上升，特别是类似土地这种供给弹性较低的生产要素。若企业生产率保持不变或增长缓慢，生产要素价格的上升将直接地表现为生产成本的增加。这将导致出口企业收益的降低并提高了非出口企业进入国际市场的门槛，最终抑制了企业出口二元边际。

表5-1 全样本估计结果

变量	就业集聚 选择方程	就业集聚 出口方程	资本集聚 选择方程	资本集聚 出口方程	产出集聚 选择方程	产出集聚 出口方程	投入集聚 选择方程	投入集聚 出口方程
$density$	0.080*** (0.014)	0.028*** (0.003)	7.91E-05** (0.000)	7.95E-05*** (0.000)	8.16E-05*** (0.000)	3.84E-05*** (0.000)	1.32E-04*** (0.000)	5.07E-05*** (0.000)
$density^2$	-0.005*** (0.002)	-0.001*** (0.000)	-1.43E-09 (0.000)	-1.35E-08*** (0.000)	-6.64E-09*** (0.000)	-3.35E-09*** (0.000)	-1.55E-08*** (0.000)	-5.65E-09*** (0.000)
$lntfp$	0.012*** (0.004)	-0.014*** (0.001)	0.012*** (0.004)	-0.014*** (0.001)	0.012*** (0.004)	-0.014*** (0.001)	0.012*** (0.004)	-0.014*** (0.001)
$lnkl$	-0.166*** (0.006)	-0.029*** (0.001)	-0.167*** (0.006)	-0.029*** (0.001)	-0.167*** (0.006)	-0.029*** (0.001)	-0.167*** (0.006)	-0.029*** (0.001)
$lnwage$	0.131*** (0.009)	-0.029*** (0.002)	0.133*** (0.009)	-0.030*** (0.002)	0.131*** (0.009)	-0.030*** (0.002)	0.131*** (0.009)	-0.030*** (0.002)
$size$	0.175*** (0.005)	-0.026*** (0.001)	0.176*** (0.005)	-0.026*** (0.001)	0.176*** (0.005)	-0.025*** (0.001)	0.176*** (0.005)	-0.025*** (0.001)
$lnage$	-0.061*** (0.006)	-0.040*** (0.002)	-0.061*** (0.006)	-0.040*** (0.002)	-0.062*** (0.006)	-0.040*** (0.002)	-0.062*** (0.006)	-0.040*** (0.002)
$L.export$	2.908*** (0.009)		2.910*** (0.009)		2.909*** (0.009)		2.909*** (0.009)	

续表

变量	就业集聚		资本集聚		产出集聚		投入集聚	
	选择方程	出口方程	选择方程	出口方程	选择方程	出口方程	选择方程	出口方程
λ		-0.128*** (0.002)		-0.128*** (0.002)		-0.128*** (0.002)		-0.128*** (0.002)
常数项	-3.606*** (0.074)	0.981*** (0.026)	-3.611*** (0.074)	0.982*** (0.026)	-3.610*** (0.074)	0.982*** (0.026)	-3.613*** (0.074)	0.981*** (0.026)
wald	40696.74***		40667.98***		40051.72***		40022.50***	
年份	控制	控制	控制	控制	控制	控制	控制	控制
地区	控制	控制	控制	控制	控制	控制	控制	控制
行业	控制	控制	控制	控制	控制	控制	控制	控制
obs	296669	296669	296669	296669	296669	296669	296669	296669

注：***、** 分别代表 1%、5% 的显著性水平，括号内数值为系数的标准差。
资料来源：笔者根据研究数据整理所得。

二是产品市场的拥挤效应。在高度集聚的地区中，企业之间竞争的一个明显特征就是企业的生产经营活动在很大程度上是可以被观察和模仿的，这将导致创新企业获得的超额利润由于被大量的模仿而快速减少甚至消失，抑制了企业的创新动力，进而削弱了企业出口竞争力。不仅如此，在我国出口产品质量普遍不高的背景下，大量生产相似产品的出口企业由于过度集聚而不得不采取低价竞争策略，导致竞争力较弱的企业逐渐退出出口市场。三是基础设施的拥挤效应。运输、通信等基础设施在达到其承载能力临界点之前，使用者获得的边际效用会随着基础设施使用人数的增加而提高，并有效地推动企业出口参与（盛丹等，2011）。然而，当经济活动集聚过度导致基础设施承载力不足时，基础设施的使用成本则随着集聚程度的增加而提高，对于企业来说，这将表现为生产成本的增加或者生产效率的降低。四是政府的引导效应。为了提升政绩，地方政府往往会通过宣传或提供投资机会、土地出让优惠政策以吸引大量企业在本地投资和经营生产，过度地招商引资可能导致区域经济活动密度过高而引发市场拥挤。

不仅如此，控制变量的估计结果也为我们提供了有价值的信息。比如，全要素生产率越高的企业，其参与出口的可能性就越大，这一结果与新新贸易理论及出口自选择效应理论一致（邱斌等，2012；孙少勤等，2014）；但与此相反的是，对于出口企业来说，生产率越高的企业，其出口比重反而降低，这种结果的出现一方面，可能是由于企业在国际市场占据一定份额之后开始表现出怠于创新和技术升级的惰性，导致随着出口的增加，其生产率却没有获得相应的提升（李春顶，2010）；另一方面，可能是出口补贴促成了我国多数企业"低价竞争、数量取胜"的出口模式（施炳展等，2013），降低了企业改进生产效率的动力，最终导致生产率低下的企业反而热衷于出口，依靠出口补贴维持生存。类似的，企业员工的薪酬水平与企业规模对出口拓展边际与集约边际的影响也是完全相反，它们促进了企业的出口概率，却抑制了出口深度。表明人力资本水平越高、规模越大的企业选择出口的可能性就越高，这与新新贸易理论的一般结论相吻合；而出口深度随着企业人力资本水平和规模的增加反而降低,这种现象反映了中国出口企业的产品内贸易与贸易成本(包括工资水平以及规模经济等)可能存在负相关关系(Hanson & Slaughter, 2004)。一方面,这一现象反映出我国出口企业在提高薪酬水平和扩张规模的同时,未能够实现生产经营效率的同步提升,结果导致了出口绩效和规模的缩减;另一方面,我国的实际情况是,出口产品利润率远低于国内市场利润率(盛丹、王永进,2012),导致我国企业的出口并不一定能够比在国内销售带来更大利润。如何克服出口活动中所需要的较高成本,仍然是我国企业出口参与过程中所面临的重要挑战。因此,对于我国出口企业来说,薪酬水平的提高所带来的生产成本的上升可能会抑制企业的出口规模。同时,这一结果也以中国数据在一定程度上支持了安德鲁·伯纳德和布拉德福德·詹森(Andrew Bernard & Bradford Jensen, 1999)等经典文献所指出的,生产率、薪酬水平及企业规模等特征更有可能影响企业的出口拓展边际而非集约边际。当然,对于高新技术企业,较高的薪酬水平可能意味着更高的生产率,进而提高了企业参与出口的可能性。此外,随着企业人均资本的深化,企业的出口概率及出口密度均呈现显著的下降趋势,作为长期依靠人口红利实现经济增长的国家,这一结果从微观层面上支持了我国在劳动密集型出口行业上具有比较优势。再者,年轻的企业更青睐出口市场。我们还可以发现,过去存在出口行为的企业更愿意选择出口。

根据表 5-1 的估计结果我们可以判断出集聚过度对企业出口行为的抑制作用,那么从目前来看,我国城市空间集聚过度是普遍现象还是仅仅只有部分地区出现了过度集聚?为此,本章节根据表 5-2 计算出了倒 U 型曲线的拐点(见表 5-2)。从企业出口二元边际视角看,仅有深圳市这一个城市表现出过度集聚的现象,与之相对应的是样本中 706 家制造业企业的出口参与受到了过度集聚的抑制,所占样本企业比重为 1.28%。这表明从促进企业的出口二元边际视角出发,我国绝大多数城市的空间集聚水平尚处于倒 U 型曲线的左侧,还有较大的成长空间。此外,这一结果在某种程度上佐证了周其仁(2015)的观点，他认为目前我国城市密度最高的是深圳市，相比之下，北京市和上海市等特大城市虽然经济总量名冠全球，但单位土地面积所承载的经济活动还远远不够。我国仍需要继续提高城市的经济和人口密度，以便更为显著地发挥集聚的空间外部性对经济和贸易的推动作用。

综上所述，不论是企业的出口拓展边际还是集约边际，尽管与其所在地区的空间集聚呈显著的倒 U 型关系，但是目前除了深圳地区，我国绝大部分城市的企业出口参与尚未受到过度集聚的负面影响，其出口二元边际尚处于随着空间集聚提升而扩张的阶段。

表 5 – 2   各类集聚的拐点测算与分析

类别	就业集聚		资本集聚		产出集聚		投入集聚	
	拓展边际	集约边际	拓展边际	集约边际	拓展边际	集约边际	拓展边际	集约边际
拐点	8	14	27600	2940	6144	5731	4258	4487
企业数	706	0	0	706	706	706	706	706
比例	1.28%	0.00%	0.00%	1.28%	1.28%	1.28%	1.28%	1.28%
城市	深圳	—	—	深圳	深圳	深圳	深圳	深圳

资料来源：笔者根据原始数据整理、计算所得。

5.3.2 空间集聚对我国不同区域制造业企业出口二元边际的影响分析

目前，中国出口贸易发展状况的一个显著特征就是，东部地区（特别是浙江省、广东省等东南沿海地区）与内陆地区之间的严重失衡。比如，截至 2009 年，我国超过 90% 的出口企业集中于东部地区。因此，不得不引人关注的一个问题就是，空间集聚对我国东部沿海地区和中西部地区中的企业出口行为的影响是否存在显著差异？或者相比于内陆地区，东部地区是否更容易出现空间过度集聚现象？为此，本章节接下来的研究将样本划分为东部地区和中西部地区①分别进行

---

① 东部地区包括：北京市、天津市、河北省、辽宁省、上海市、江苏省、浙江省、福建省、山东省、广东省和海南省，其他省份在样本中被归类为中西部地区。

检验以观察和分析企业出口行为与空间集聚之间非线性关系在区域间的差异，估计结果如表 5-3 所示。以就业集聚为例，第 1 列和第 2 列中空间集聚指标的一次项估计系数分别为 0.081 和 0.028，相应的平方项的估计系数分别为 -0.006 和 -0.001，且均通过了显著性检验；产出集聚的估计结果亦是如此。可以明显看出，我国东部地区企业出口二元边际与就业集聚和产出集聚表现出明显的倒 U 型关系，表明我国东部地区企业在经历了一段时期的空间集聚带来的信息共享、示范效应等正面影响之后，过度集聚引发的出口市场拥挤、过度竞争等负面影响在一定程度上抑制了企业的出口参与。相比之下，我国中西部地区尚未表现出明显的倒 U 型关系，比如，在企业出口拓展边际方面，尽管集聚指标的一次项估计系数为正，二次项估计系数方向与之相反，但均未通过显著性检验。不过值得注意的是，中西部地区企业出口集约边际与空间集聚的关系却表现出不同程度的正 U 型关系。比如，在就业方面，在从业人员不断集聚的初期，出口企业的出口密度反而随着集聚程度的增加而明显下降，当集聚水平达到一定程度之后，出口企业的出口密度开始逐步增加。产出集聚同样如此，尽管其估计系数并未通过显著性检验。这种情况的出现可能是由于相对于东部沿海地区，我国中西部地区的企业在出口活动中面临着更高的运输成本，因此在集聚初期，中西部地区的企业更倾向于借助集聚产生的外部经济效应面向国内市场进行生产。直至地区空间集聚水平到达一定程度，并提升了地区基础设施及融资效率等外部环境，其参与出口市场的深度才得以提升（盛丹等，2011；阳佳余，2012）。

部分控制变量的估计结果也反映出了明显的区域差异。比如，相对于东部沿海地区，我国内陆地区的全要素生产率并未对企业的出口参与发挥显著的影响，其原因可能由于距离障碍，中西部地区企业的出口意愿及出口规模都相对较低，生产率水平并未成为影响其出口决策的重要因素。同时，企业的资本密集度、员工薪酬、企业规模及企业成立年限这些变量的估计系数的方向和显著性与表 5-1 完全一致，这表明不论企业地处东部地区还是西部地区，简单劳动力仍然是推动

表5-3　　分地区的估计结果

变量	东部地区				中西部地区			
	就业集聚		产出集聚		就业集聚		产出集聚	
	选择方程	出口方程	选择方程	出口方程	选择方程	出口方程	选择方程	出口方程
$density$	0.081*** (0.015)	0.028*** (0.003)	1.04E-04*** (0.000)	3.51E-05*** (0.000)	0.097 (0.104)	-0.078*** (0.028)	1.28E-04*** (0.000)	-5.55E-05*** (0.000)
$density^2$	-0.006** (0.002)	-0.001*** (0.000)	-9.86E-09*** (0.000)	-2.96E-09*** (0.000)	-0.011 (0.044)	0.028** (0.011)	-7.15E-08*** (0.000)	2.43E-08*** (0.000)
$\ln tfp$	0.016*** (0.005)	-0.015*** (0.001)	0.016*** (0.005)	-0.015*** (0.001)	0.009 (0.010)	-0.003 (0.003)	0.009 (0.010)	-0.003 (0.003)
$\ln kl$	-0.165*** (0.007)	-0.031*** (0.002)	-0.166*** (0.007)	-0.031*** (0.002)	-0.162*** (0.014)	-0.009** (0.004)	-0.162*** (0.014)	-0.009** (0.004)
$\ln wage$	0.126*** (0.010)	-0.029*** (0.002)	0.124*** (0.010)	-0.030*** (0.002)	0.152*** (0.020)	-0.018*** (0.006)	0.152*** (0.020)	-0.019*** (0.006)
$size$	0.177*** (0.005)	-0.024*** (0.001)	0.177*** (0.005)	-0.023*** (0.001)	0.168*** (0.010)	-0.042*** (0.003)	0.168*** (0.010)	-0.042*** (0.003)
$\ln age$	-0.071*** (0.007)	-0.041*** (0.002)	-0.071*** (0.007)	-0.042*** (0.002)	-0.039*** (0.011)	-0.023*** (0.003)	-0.039*** (0.011)	-0.024*** (0.003)

续表

变量	东部地区				中西部地区			
	就业集聚		产出集聚		就业集聚		产出集聚	
	选择方程	出口方程	选择方程	出口方程	选择方程	出口方程	选择方程	出口方程
L.export	2.918*** (0.010)		2.920*** (0.010)		2.888*** (0.022)		2.887*** (0.022)	
λ		-0.137*** (0.003)		-0.138*** (0.003)		-0.084*** (0.005)		-0.084*** (0.005)
常数项	-3.849*** (0.134)	0.871*** (0.047)	-3.850*** (0.134)	0.871*** (0.047)	-3.852*** (0.110)	1.058*** (0.036)	-3.847*** (0.110)	1.053*** (0.036)
wald	29786.33***		29329.80***		6180.68***		6170.32***	
年份	控制	控制	控制	控制	控制	控制	控制	控制
地区	控制	控制	控制	控制	控制	控制	控制	控制
行业	控制	控制	控制	控制	控制	控制	控制	控制
obs	224092	224092	224092	224092	72577	72577	72577	72577

注：***、** 分别代表 1%、5% 的显著性水平，括号内数值为系数的标准差。
资料来源：笔者根据研究数据整理所得。

其进入出口市场的重要因素；成立时间较短的企业更加倾向于参与出口市场。同时，规模较大且薪酬水平较高的企业出口比重相对较小，但其相应的出口概率高于规模较小及薪酬水平较低的企业。

表 5-4 展示了资本集聚对企业出口二元边际影响的估计结果。结果显示，我国东部地区样本的估计结果与表 5-3 基本一致，互相映照。如选择方程中空间集聚指标的一次项和平方项估计系数分别为 1.82E-04 和 -3.13E-08，且均在 1% 的水平上显著。出口方程的估计结果同样如此，集聚指标的估计系数分别为 7.70E-05 和 -1.29E-08，并通过了显著性检验。这进一步表明，我国东部地区的制造业企业的出口二元边际与资本集聚之间存在先扬后抑的倒 U 型关系。相比之下，中西部地区空间集聚对企业出口二元边际的影响与东部地区截然不同。在中西部地区样本中，资本集聚指标的一次项和平方项在选择方程中分别为 -3.80E-04 和 1.48E-07，且分别在 1% 和 5% 的水平上显著。同时，出口方程中的资本集聚估计系数却未通过显著性检验。这表明在企业出口拓展边际方面，资本集聚对企业出口概率的影响呈现明显的正 U 型特征，即中西部城市的资本集聚需要达到一定程度之后，对企业出口概率的推动作用才能够逐步显现。而中西部地区的资本集聚尚未对企业的出口集约边际产生明显的影响。

表 5-4　　　　　　　　分地区的估计结果（资本集聚）

变量	东部地区		中西部地区	
	选择方程	出口方程	选择方程	出口方程
$density$	1.82E-04 *** (0.000)	7.70E-05 *** (0.000)	-3.80E-04 *** (0.000)	-4.54E-05 (0.000)
$density^2$	-3.13E-08 *** (0.000)	-1.29E-08 *** (0.000)	1.48E-07 ** (0.000)	2.16E-08 (0.000)
$\ln tfp$	0.016 *** (0.005)	-0.015 *** (0.001)	0.01 (0.010)	-0.003 (0.003)

变量	东部地区		中西部地区	
	选择方程	出口方程	选择方程	出口方程
lnkl	-0.166 *** (0.007)	-0.031 *** (0.002)	-0.162 *** (0.014)	-0.009 ** (0.004)
ln$wage$	0.125 *** (0.010)	-0.030 *** (0.002)	0.157 *** (0.020)	-0.018 *** (0.006)
$size$	0.177 *** (0.005)	-0.023 *** (0.001)	0.167 *** (0.010)	-0.042 *** (0.003)
lnage	-0.071 *** (0.007)	-0.042 *** (0.002)	-0.039 *** (0.011)	-0.024 *** (0.003)
$L.\,export$	2.920 *** (0.001)		2.288 *** (0.022)	
λ	-0.137 *** (0.003)		-0.083 *** (0.005)	
常数项	-3.852 *** (0.134)	0.871 *** (0.047)	-3.844 *** (0.110)	1.053 *** (0.036)
$wald$	29754.05 ***		6173.46 ***	
年份	控制	控制	控制	控制
地区	控制	控制	控制	控制
行业	控制	控制	控制	控制
obs	224092	224092	72577	72577

注：*** 、** 分别代表1% 、5% 的显著性水平，括号内数值为系数的标准差。
资料来源：笔者根据研究数据整理所得。

表 5-5 从中间投入层面展示了空间集聚对我国不同地区制造业企业出口二元边际的估计结果。同样，结果与表 5-4 基本一致，表现出了实证结果较强的稳定性。东部地区中间投入集聚指标的一次项和平方项的估计系数在选择方程中分别在 1% 的显著性水平上显著为正和为负，在出口方程中亦是如此，这表明我国东部地区中间投入集聚对

制造业企业出口二元边际的影响同样呈现明显的先促进后抑制的倒 U 型趋势。而在中西部地区样本中，中间投入集聚指标对企业出口拓展边际的估计系数表明，空间集聚对企业出口概率有正 U 型影响趋势，其原因可能在于中间投入集聚初期，由空间集聚的外部经济效应带来的规模经济，以及技术溢出尚不能够弥补区位劣势导致的高额出口成本。因此，中西部制造业企业在集聚初期可能更倾向于利用空间集聚的外部经济效应面向国内市场生产。直至中间投入的空间集聚达到一定程度，企业才逐渐开始借助空间外部经济效应进入出口市场。同时，中间投入的空间集聚对我国中西部地区制造业企业出口集约产生的影响，同样呈现某种程度的正 U 型特征，但是不够显著。这也在某种程度上表明了中西部地区中间投入空间集聚对企业出口参与广度的影响主要体现在出口拓展边际方面。

表 5 - 5 　　　　　　　　分地区的估计结果（中间投入集聚）

变量	东部地区		中西部地区	
	选择方程	出口方程	选择方程	出口方程
$density$	1. 52E - 04 *** (0. 000)	4. 74E - 05 *** (0. 000)	- 4. 99E - 04 * (0. 000)	- 1. 17E - 04 (0. 000)
$density^2$	- 1. 90E - 08 *** (0. 000)	- 5. 19E - 09 *** (0. 000)	5. 54E - 07 * (0. 000)	6. 55E - 08 (0. 000)
$\text{ln}tfp$	0. 016 *** (0. 005)	- 0. 015 *** (0. 001)	0. 010 (0. 010)	- 0. 003 (0. 003)
$\text{ln}kl$	- 0. 166 *** (0. 007)	- 0. 031 *** (0. 002)	- 0. 162 *** (0. 014)	- 0. 009 ** (0. 004)
$\text{ln}wage$	0. 124 *** (0. 010)	- 0. 030 *** (0. 002)	0. 155 *** (0. 020)	- 0. 018 *** (0. 006)
$size$	0. 177 *** (0. 005)	- 0. 023 *** (0. 001)	0. 167 *** (0. 010)	- 0. 042 *** (0. 003)
$\text{ln}age$	- 0. 071 *** (0. 007)	- 0. 042 *** (0. 002)	- 0. 039 *** (0. 011)	- 0. 024 *** (0. 003)

续表

变量	东部地区		中西部地区	
	选择方程	出口方程	选择方程	出口方程
$L. export$	2.920 *** (0.010)		2.888 *** (0.022)	
λ	−0.138 *** (0.003)		−0.084 *** (0.005)	
常数项	−3.852 *** (0.134)	0.871 *** (0.047)	−3.848 *** (0.110)	1.052 *** (0.036)
$wald$	29313.17 ***		6174.49 ***	
年份	控制	控制	控制	控制
地区	控制	控制	控制	控制
行业	控制	控制	控制	控制
obs	224092	224092	72577	72577

注：***、** 和 * 分别代表 1%、5% 和 10% 的显著性水平，括号内数值为系数的标准差。

资料来源：笔者根据研究数据整理所得。

5.3.3　空间集聚对我国不同行业要素密集度制造业企业出口二元边际的影响分析

除了地理区位的不同分布，行业之间由于技术含量、生产要素等方面的差异，不同行业中的企业，从空间集聚过程中获取的边际效应也存在明显差异，进而导致其出口行为受到的影响也并非一致。鉴于此，本章节研究参考谢建国（2003）的行业分类标准，将行业划分为劳动密集型、资本密集型及技术密集型三大类①，并分别检验和分析

---

① 劳动密集型行业包括：食品加工业、食品制造业、饮料制造业、纺织业、服装及其他纤维制品制造业、皮革皮毛羽绒及其制品业、木材加工及竹藤棕草制品业。资本密集型行业包括：家具制造业、造纸及纸制品业、印刷业、文教体育用品制造业、化学原料及化学制品制造业、化学纤维制造业、橡胶制品业、塑料制品业、非金属矿物制品业、金属制品业、黑色金属冶炼及压延加工业、有色金属冶炼及压延加工业。技术密集型行业包括：石油加工及冶炼业、医药制造业、普通机械制造业、专用设备制造业、交通运输设备制造业、电气机械及器材制造业、通信设备计算机及其他电子设备制造业、仪器仪表及文化办公用机械制造业、工艺品及其他制造业。

· 109 ·

了空间集聚对具有不同行业特征企业出口行为的非线性影响，就业层面的实证结果如表 5 - 6 所示。

以就业层面的空间集聚为例，估计结果显示，不论是拓展边际还是集约边际，空间集聚对企业出口行为的影响在具有不同行业特征的企业中表现出明显的差异。比如，对于劳动密集型行业，不论是企业出口的拓展边际还是集约边际，空间集聚指标的估计系数均为正数，且未通过显著性检验，这表明我国劳动密集型企业的出口参与广度仅仅在较小程度上受到空间集聚的正向影响。出现这种结果的主要原因可能在于，一方面，中国劳动密集型企业出口产品的竞争优势并非来自产品的技术含量，以及自身的生产率水平，而是由低成本劳动力带来的产品低价，因此空间集聚产生的信息共享、技术溢出等效应并不能有效地影响企业出口决策。而且从集聚指标的一次项和二次项均为正的估计系数来看，随着劳动力的不断集中，劳动密集型企业或多或少可能借助相对低廉的简单劳动力成本参与到出口市场中。另一方面，尽管中国过去具有出口比较优势的往往是劳动密集型部门，但中国的物质资本经过多年的高速积累，要素结构已经出现了根本性的转变。李钢等（2011）的测算结果显示，中国在 2008 年的资本存量是1978 年的 28 倍以上，这表明相比于劳动要素，中国的资本要素愈发充裕。伴随着生产要素结构的转变，中国近年来资本密集型行业出口比重急剧上升，劳动密集型行业出口比重则逐年下降（张相伟、陆云航，2014）。因此，在我国出口重心不断向资本和技术密集型产品转变的过程中，由经济活动的空间集聚产生的外部性可能更多的作用于资本和技术密集型行业。因此，对于劳动密集型企业，空间集聚带来的外部性并非是影响其出口参与的关键因素。相比之下，我国资本密集型企业的出口二元边际与空间集聚呈现出显著的倒 U 型关系，而技术密集型企业选择方程中集聚指标的二次项系数未通过显著性检验。出现这种结果的原因可能在于，相对于资本密集型企业，我国技术密集型企业拥有更加先进的生产技术，以及更强劲的产品竞争力，特别是对于那些潜在的出口企业，它们能够积极充分地吸收就业及产出空间集聚带来的示范效应等正面影响，并迅速地成长。因此，伴随空间集聚而出现的过度竞争、市场拥挤等负面经济效应，尚未对技术性密集型企业进入出口市场的积极性产生明显的抑制作用。从总体上看，我国制造业企业的出口二元边际与空间集聚的倒 U 型关系在资本密集型行业中表现最为明显，技术密集型行业其次，而在劳动密集型行业中尚不存在这种非线性关系。

此外，在控制变量方面，全要素生产率在劳动密集型和资本密集型企业的选择方程中的估计系数虽然为正，但未通过显著性检验。如表 5 - 6 的（1）列和（3）列所示，生产率的估计系数分别为 0.003 和 0.011，但均不显著。同时，在技术密集型企业样本中，（5）列中生产率的估计系数为 0.017，且在 5% 的显著性水平上显著。出现这种结果的原因可能在于，根据新新贸易理论，只有企业生产率达到一定水平时才能够进入出口市场。因此，对于我国以高生产率和高技术含量为主要特征的技术密集型制造业企业来说，其生产率水平的提升，能够更加有效地促进企业进入出口市场。相比之下，劳动密集型和资本密集型制造业企业的核心竞争力可能并非全要素生产率。因此，生产率对企业是否进入出口市场的决策的影响也相对较小。

表 5 - 6　　空间集聚对不同要素密集度行业的估计结果（就业集聚）

变量	劳动密集型		资本密集型		技术密集型	
	就业集聚		就业集聚		就业集聚	
	选择方程（1）	出口方程（2）	选择方程（3）	出口方程（4）	选择方程（5）	出口方程（6）
$density$	0.036 (0.026)	0.002 (0.005)	0.133*** (0.023)	0.039*** (0.005)	0.076** (0.031)	0.047*** (0.006)
$density^2$	0.003 (0.005)	2.64E - 04 (0.001)	- 0.011*** (0.004)	- 0.003*** (0.001)	- 0.007 (0.004)	- 0.003*** (0.001)
$\mathrm{ln}tfp$	0.003 (0.008)	- 0.019*** (0.002)	0.011 (0.007)	- 0.012*** (0.002)	0.017** (0.008)	- 0.005** (0.002)

续表

变量	劳动密集型		资本密集型		技术密集型	
	就业集聚		就业集聚		就业集聚	
	选择方程 （1）	出口方程 （2）	选择方程 （3）	出口方程 （4）	选择方程 （5）	出口方程 （6）
ln*kl*	− 0. 169 *** （0. 011）	− 0. 020 *** （0. 002）	− 0. 171 *** （0. 010）	− 0. 045 *** （0. 003）	− 0. 148 *** （0. 012）	− 0. 015 *** （0. 003）
ln*wage*	0. 132 *** （0. 016）	− 0. 005 （0. 004）	0. 160 *** （0. 015）	− 0. 023 *** （0. 004）	0. 108 *** （0. 017）	− 0. 062 *** （0. 004）
size	0. 141 *** （0. 009）	− 0. 038 *** （0. 002）	0. 182 *** （0. 008）	− 0. 016 *** （0. 002）	0. 201 *** （0. 009）	− 0. 025 *** （0. 002）
ln*age*	− 0. 002 （0. 011）	− 0. 013 *** （0. 003）	− 0. 084 *** （0. 010）	− 0. 039 *** （0. 003）	− 0. 074 *** （0. 010）	− 0. 058 *** （0. 003）
L. export	2. 862 *** （0. 017）		2. 967 *** （0. 016）		2. 830 *** （0. 018）	
常数项	− 2. 455 *** （0. 089）	1. 207 *** （0. 021）	− 2. 599 *** （0. 081）	1. 084 *** （0. 022）	− 3. 510 *** （0. 106）	0. 867 *** （0. 031）
wald	8902. 30 ***		13969. 80 ***		12733. 82 ***	
年份	控制	控制	控制	控制	控制	控制
地区	控制	控制	控制	控制	控制	控制
行业	控制	控制	控制	控制	控制	控制
obs	74401	74401	107108	107108	72045	72045

注：*** 、** 分别代表 1% 、5% 的显著性水平，括号内数值为系数的标准差。
资料来源：笔者根据研究数据整理所得。

　　除了就业层面的空间集聚，表 5 - 7 进一步从产出层面展示了空间集聚对我国不同要素密集度的行业估计结果。从中我们可以发现，产出层面的实证结果与就业层面基本一致，表现出了较强的稳健性。在劳动密集型行业样本中，选择方程中空间集聚指标的一次项和平方项的估计系数分别为 2.22E - 05 和 2.92E - 09，而出口方程中空间集聚指标的一次项和平方项的估计系数分别为 − 1.41E - 06 和 3.37E - 10，且空间集聚指标的一次项和平方项的估计系数均未通过显著性检验。这意味着空间集聚对我国劳动密集型企业出口参与的广度尚未产生明显的影响。相比之下，资本密集型和技术密集型样本中的估计系数表明，我国资本和技术密集型行业的制造业企业的出口二元边际随着空间集聚水平的提升，呈现明显的先扬后抑的倒 U 型趋势。比如，对于资本密集型行业，空间集聚指标一次项和平方项在选择方程中的估计系数分别为 1.30E－04 和 －1.24E－08，并在 1% 的显著性水平上显著。技术密集型样本中亦是如此，除了在选择方程中空间集聚指标平方项的估计结果未通过显著性检验，其他估计系数在方向以及显著性与资本密集型行业的样本基本一致。因此，整体来看，产出层面的结果仍然显示出，我国制造业企业出口参与的广度与空间集聚之间先上升后下降的倒 U 型关系，主要存在于资本密集型和技术密集型行业，劳动密集型制造业企业并未受到空间集聚外部性的明显影响。

表 5 - 7　　空间集聚对不同要素密集度分行业的估计结果（产出集聚）

变量	劳动密集型		资本密集型		技术密集型	
	产出集聚		产出集聚		产出集聚	
	选择方程（1）	出口方程（2）	选择方程（3）	出口方程（4）	选择方程（5）	出口方程（6）
$density$	2.22E－05 (0.000)	－1.41E－06 (0.000)	1.30E－04 *** (0.000)	3.90E－05 *** (0.000)	7.16E－05 ** (0.000)	5.51E－05 *** (0.000)
$density^2$	2.92E－09 (0.000)	3.37E－10 (0.000)	－1.24E－08 *** (0.000)	－3.62E－09 *** (0.000)	－7.71E－09 (0.000)	－5.13E－09 *** (0.000)
$\ln tfp$	0.003 (0.008)	－0.019 *** (0.002)	0.012 (0.007)	－0.012 *** (0.002)	0.017 ** (0.008)	－0.005 *** (0.002)
$\ln kl$	－0.169 *** (0.011)	－0.020 *** (0.002)	－0.173 *** (0.010)	－0.045 *** (0.003)	－0.149 *** (0.012)	－0.016 *** (0.003)
$\ln wage$	0.132 *** (0.016)	－0.005 (0.004)	0.161 *** (0.015)	－0.024 *** (0.004)	0.108 *** (0.017)	－0.062 *** (0.004)

变量	劳动密集型		资本密集型		技术密集型	
	产出集聚		产出集聚		产出集聚	
	选择方程 (1)	出口方程 (2)	选择方程 (3)	出口方程 (4)	选择方程 (5)	出口方程 (6)
size	0.141*** (0.009)	-0.038*** (0.002)	0.182*** (0.008)	-0.016*** (0.002)	0.201*** (0.009)	-0.024*** (0.002)
lnage	-0.002 (0.011)	-0.013*** (0.003)	-0.085*** (0.010)	-0.039*** (0.003)	-0.075*** (0.010)	-0.059*** (0.003)
L. export	2.863*** (0.017)		2.969*** (0.016)		2.831*** (0.018)	
常数项	-2.464*** (0.089)	1.206*** (0.021)	-2.602*** (0.081)	1.083*** (0.022)	-3.512*** (0.106)	0.869*** (0.031)
wald	8901.09***		13532.98***		12364.40***	
年份	控制	控制	控制	控制	控制	控制
地区	控制	控制	控制	控制	控制	控制
行业	控制	控制	控制	控制	控制	控制
obs	74401	74401	107108	107108	72045	72045

注: ***、**分别代表1%、5%的显著性水平, 括号内数值为系数的标准差。

资料来源: 笔者根据研究数据整理所得。

此外, 由于资本层面和中间投入层面的实证结果与表5-6和表5-7的结果基本一致, 互相映照。因此, 本章节在这里不再赘述, 其相应的估计结果请见附录。

5.3.4 空间集聚对不同技术水平制造业企业出口二元边际的影响分析

除了对不同行业要素密集度的分样本考察, 本章节还根据各行业的整体技术水平将我国制造业行业划分为低技术水平行业、中等技术水平行业，以及高技术水平行业①，并分别对其进行实证检验和差异分析，结果如表 5-8 所示。可以发现，空间集聚指标的估计系数在不同技术水平的企业样本中表现出了一定程度的差异。比如，在低技术水平行业的样本中，集聚指标的一次项在选择方程和出口方程中均在 1% 的水平上显著为正，但对应的平方项的估计系数却同样为正且没有通过显著性检验。这表明企业出口二元边际与空间集聚之间的倒 U 型关系在低技术水平行业中并不存在。相比之下，中等技术水平和高技术水平企业样本的中空间集聚指标在选择方程中的一次项的估计系数分别为 0.133 和 0.079，相应的平方项的估计系数分别为 -0.012 和 -0.005，且这些系数均通过了显著性检验。在中等技术水平和高技术水平样本的出口方程中，空间集聚指标估计系数的方向和显著性亦是如此，这表明空间集聚对我国中高技术水平制造业企业出口二元边际的影响呈现显著的先促进后抑制的倒 U 型趋势。如在表 5-8 的 (4) 列和 (6) 列中，集聚指标的一次项和平方项的估计系数分别为 0.026 和 0.041，相应的平方项的估计系数分别为 -0.002 和 -0.003，且均在 5% 和 1% 的显著性水平上显著。同时，这种结果也在某种程度上印证了本章节对不同行业要素密集度制造业企业的实证结果。

此外，相比于高技术行业，全要素生产率对中低技术行业的企业出口拓展边际的影响并不明显。这进一步表明，全要素生产率对企业进入出口市场的推动作用主要体现在以生产率和技术水平作为核心竞争力的高技术企业中。

---

① 低技术水平行业包括：其他制造业，食品加工业，食品制造业，饮料制造业，烟草加工业，纺织业，服装及其他纤维制品制造业，皮革、毛皮、羽绒及其制品业，木材加工及竹、藤、棕、草制品业，家具制造业，造纸及纸制品业，印刷业，记录媒介的复制、文教体育用品制造业。中等技术水平行业包括：橡胶制品业、塑料制品业、石油加工及炼焦业、非金属矿物制品业、黑色金属冶炼及压延加工业、有色金属冶炼及压延加工业、金属制品业。高技术行业包括：武器弹药制造业、电气机械及器材制造业、电子及通信设备制造业、仪器仪表及文化、办公用机械制造业、医药制造业、化学纤维制造业、化学原料及化学制品制造业、普通机械制造业、专用设备制造业、交通运输设备制造业。

表 5 - 8　　　　空间集聚对不同技术水平企业出口二元边际的影响（就业集聚）

变量	低技术水平		中等技术水平		高技术水平	
	就业集聚		就业集聚		就业集聚	
	选择方程（1）	出口方程（2）	选择方程（3）	出口方程（4）	选择方程（5）	出口方程（6）
density	0.053 *** （0.026）	0.014 *** （0.005）	0.133 *** （0.030）	0.026 *** （0.006）	0.079 *** （0.022）	0.041 *** （0.004）
density^2	0.001 （0.005）	4.45E - 05 （0.001）	- 0.012 *** （0.005）	- 0.002 ** （0.001）	- 0.005 *** （0.003）	- 0.003 *** （0.001）
ln*tfp*	0.007 （0.009）	- 0.017 *** （0.002）	0.010 （0.009）	- 0.010 *** （0.003）	0.014 ** （0.006）	- 0.012 *** （0.002）
ln*kl*	- 0.168 *** （0.011）	- 0.023 *** （0.003）	- 0.201 *** （0.013）	- 0.051 *** （0.003）	- 0.147 *** （0.009）	- 0.021 *** （0.002）
ln*wage*	0.158 *** （0.017）	- 0.006 （0.004）	0.162 *** （0.019）	- 0.014 *** （0.005）	0.102 *** （0.012）	- 0.048 *** （0.003）
size	0.149 *** （0.009）	- 0.036 *** （0.002）	0.193 *** （0.010）	- 0.015 *** （0.003）	0.182 *** （0.007）	- 0.023 *** （0.002）
ln*age*	- 0.009 （0.011）	- 0.013 *** （0.003）	- 0.090 *** （0.013）	- 0.036 *** （0.004）	- 0.073 *** （0.008）	- 0.055 *** （0.002）
L. export	2.822 *** （0.018）		2.986 *** （0.020）		2.907 *** （0.013）	
常数项	- 2.552 *** （0.091）	1.090 *** （0.022）	- 3.151 *** （0.122）	0.784 *** （0.037）	- 3.717 *** （0.088）	0.923 *** （0.029）
wald	9847.49 ***		7233.37 ***		21208.08 ***	
年份	控制	控制	控制	控制	控制	控制
地区	控制	控制	控制	控制	控制	控制
行业	控制	控制	控制	控制	控制	控制
obs	72474	72474	67343	67343	156852	156852

注：***、** 分别代表 1%、5% 的显著性水平，括号内数值为系数的标准差。
资料来源：笔者根据研究数据整理所得。

表 5 - 9 则从产出集聚层面考察了空间集聚对我国不同技术水平的

企业出口二元边际的影响。与就业层面的空间集聚类似，我国产出层面的空间集聚对企业出口二元边际的倒 U 型的影响趋势主要表现在中高技术水平行业。对于低技术企业，空间集聚外部效应中的市场拥挤效应并不明显，目前空间集聚对我国低技术企业出口参与的影响主要表现为明显的推动作用。比如在低技术水平企业样本中，选择方程和出口方程中空间集聚指标的一次项分别为 5.81E – 05 和 1.46E – 05，且通过了显著性检验，但其相应的平方项的估计系数虽然分别为 – 1.85E – 09 和 – 5.45E – 10，但均不显著。此外，为避免过多的重复阐述，同时考虑到资本集聚和中间投入集聚的估计结果与就业集聚和产出集聚基本一致，其相应的估计结果请见附录。

表 5 – 9　　空间集聚对不同技术水平企业出口二元边际的影响（产出集聚）

变量	低技术水平		中等技术水平		高技术水平	
	产出集聚		产出集聚		产出集聚	
	选择方程 （1）	出口方程 （2）	选择方程 （3）	出口方程 （4）	选择方程 （5）	出口方程 （6）
$density$	5.81E – 05 * (0.000)	1.46E – 05 ** (0.000)	1.22E – 04 ** (0.000)	1.76E – 05 ** (0.000)	7.60E – 05 *** (0.000)	5.83E – 05 *** (0.000)
$density^2$	– 1.85E – 09 (0.000)	– 5.45E – 10 (0.000)	– 1.26E – 08 ** (0.000)	– 1.34E – 09 (0.000)	– 6.29E – 09 *** (0.000)	– 5.68E – 09 *** (0.000)
$lntfp$	0.007 (0.009)	– 0.017 *** 0.002	0.011 0.009	– 0.010 *** 0.003	– 0.014 ** 0.006	– 0.012 *** 0.002
$lnkl$	– 0.169 *** (0.011)	– 0.023 *** (0.003)	– 0.202 *** (0.013)	– 0.051 *** (0.003)	– 0.148 *** (0.009)	– 0.022 *** (0.002)
$lnwage$	0.157 *** (0.017)	– 0.006 (0.004)	0.163 *** (0.019)	– 0.015 *** (0.005)	0.102 *** (0.012)	– 0.049 *** (0.003)
$size$	0.150 *** (0.009)	– 0.035 *** (0.002)	0.193 *** (0.010)	– 0.015 *** (0.003)	0.182 *** (0.007)	– 0.023 *** (0.002)
$lnage$	– 0.009 (0.011)	– 0.013 *** (0.003)	– 0.091 *** (0.013)	– 0.037 *** (0.004)	– 0.073 *** (0.008)	– 0.056 *** (0.002)

续表

变量	低技术水平		中等技术水平		高技术水平	
	产出集聚		产出集聚		产出集聚	
	选择方程（1）	出口方程（2）	选择方程（3）	出口方程（4）	选择方程（5）	出口方程（6）
L. exportdummy	2.824 *** (0.018)		2.989 *** (0.020)		2.908 *** (0.013)	
常数项	−2.563 *** (0.091)	1.087 *** (0.022)	−3.157 *** (0.122)	0.783 *** (0.037)	−3.719 *** (0.088)	0.965 *** (0.029)
wald	9829.03 ***		7211.04 ***		20646.63 ***	
年份	控制	控制	控制	控制	控制	控制
地区	控制	控制	控制	控制	控制	控制
行业	控制	控制	控制	控制	控制	控制
obs	72474	72474	67343	67343	156852	156852

注：*** 、** 和 * 分别代表 1%、5% 和 10% 的显著性水平，括号内数值为系数的标准差。

资料来源：笔者根据研究数据整理所得。

5.3.5 空间集聚对不同所有制类型制造业企业出口二元边际的影响分析

相比国有企业，中国民营企业由于缺乏足够的宏观政策支持，往往面临着更加严酷的市场环境，同时，也具有更为灵活的经营策略和决策系统。不仅如此，实现利润最大化是我国民营企业的唯一目标，而我国多数国有企业还承担着减少地方失业、增加地方福利等社会职能，业绩压力相对民营企业较小。此外，随着我国对外开放程度的不断加深和吸引外商投资的力度不断加大，外商投资企业也逐渐成为影响中国出口贸易发展的重要力量。不同性质的企业由于经营目标、经营方式以及运营效率的差异，可能导致其出口参与受到空间集聚的影响水平也大相径庭。为此，本章节根据企业登记注册类型将企业划分为民营企业、国有企业及外商投资企业三大类型并分别进行检验①，结果如表 5 – 10 所示。

表 5 – 10　空间集聚对不同所有制企业出口参与的估计结果（就业集聚）

变量	民营企业		外商投资企业		国有企业	
	就业集聚		就业集聚		就业集聚	
	选择方程（1）	出口方程（2）	选择方程（3）	出口方程（4）	选择方程（5）	出口方程（6）
density	0.096 *** (0.033)	– 0.020 ** (0.009)	0.068 *** (0.021)	0.028 *** (0.004)	0.003 (0.101)	– 0.001 (0.023)
$density^2$	– 0.017 * (0.009)	0.006 ** (0.002)	– 0.006 ** (0.003)	– 0.002 *** (0.000)	0.023 (0.016)	– 2.72E-04 (0.004)
ln*tfp*	0.008 (0.008)	– 0.013 *** (0.002)	– 0.013 * (0.008)	– 0.021 *** (0.002)	0.007 (0.018)	– 0.001 (0.004)
ln*kl*	– 0.218 *** (0.012)	– 0.035 *** (0.003)	– 0.173 *** (0.010)	– 0.049 *** (0.002)	– 0.178 *** (0.030)	0.027 *** (0.008)
ln*wage*	0.075 *** (0.019)	– 0.009 * (0.005)	0.073 *** (0.014)	– 0.058 *** (0.003)	0.131 *** (0.037)	– 0.028 *** (0.010)
size	0.197 *** (0.010)	– 0.037 *** (0.003)	0.157 *** (0.009)	0.004 ** (0.002)	0.181 *** (0.020)	– 0.043 *** (0.005)
ln*age*	– 0.011 (0.011)	– 0.025 *** (0.003)	– 0.006 (0.015)	– 0.007 ** (0.003)	0.016 (0.025)	– 0.014 ** (0.006)
L. *export*	2.823 *** (0.017)		2.692 *** (0.016)		2.601 *** (0.041)	
常数项	– 3.515 *** (0.212)	0.978 *** (0.093)	– 3.063 *** (0.344)	0.747 *** (0.118)	– 4.370 *** (0.232)	0.778 *** (0.066)
wald	6925.71 ***		16753.22 ***		1126.71 ***	
年份	控制	控制	控制	控制	控制	控制

① 考虑到市场环境和制度的巨大差异，样本中的外商投资企业包括中国港澳台投资企业。

续表

变量	民营企业		外商投资企业		国有企业	
	就业集聚		就业集聚		就业集聚	
	选择方程（1）	出口方程（2）	选择方程（3）	出口方程（4）	选择方程（5）	出口方程（6）
地区	控制	控制	控制	控制	控制	控制
行业	控制	控制	控制	控制	控制	控制
obs	83558	83558	79728	79728	30763	30763

注：***、**和*分别代表1%、5%和10%的显著性水平，括号内数值为系数的标准差。

资料来源：笔者根据研究数据整理所得。

从估计结果的显著性以及系数方向可以看出，空间集聚指标的估计结果在不同所有制样本中表现出明显的差异。在出口拓展边际方面，外商投资企业样本中空间集聚指标的一次项和平方项分别显著为正和显著为负，这意味着外商投资企业出口参与的概率与其所处地区的空间集聚水平表现出显著的倒 U 型关系。民营企业仅在就业集聚层面上表现出显著性相对较弱的倒 U 型关系，其原因可能在于：一方面，出口固定成本及国际市场风险等因素使得我国民营企业的出口意愿相对较弱，因此空间集聚带来的外部性并未有效地影响其出口决策；另一方面，可能是我国尚未参与出口的民营企业本身就定位于国内市场。而我国的外商投资企业往往是出口导向型企业，因此，空间集聚初期产生的外部经济效应自然会显著地推动其参与到国际市场中，过度集聚导致的要素成本上升、市场拥挤等负面效应也相应地抑制了外商投资企业参与出口的积极性。

值得注意的是，在出口集约边际方面，与外商投资企业样本中明显的倒 U 型关系相反，空间集聚对我国民营企业的出口集约边际产生了显著的正 U 型影响。这种结果产生的原因可能在于，与大量外商投资的纯出口型企业不同的是，参与出口的中国民营企业同时也在大力挖掘国内市场，且相比于国际市场，面向国内市场的生产经营可以大大减少沉没成本、交流成本等。因此，空间集聚初期产生的外部经济效应首先促进了我国民营出口企业更多地参与到国内市场中，直到集聚水平接近饱和并大大压缩了国内市场收益，民营企业才开始增加产品出口。对于国有企业来说，出口拓展边际与集约边际均未受到空间集聚的显著影响。这可能是由于我国国有企业市场化程度较低所致。黄速建和余菁（2006）指出，我国国有企业作为特殊形式的企业，承担着与普通企业不同的社会责任和特殊任务。特别是一般功能论认为，国有企业应将更多的资源运用在调节"市场失灵"方面，而非参与市场竞争。

在控制变量方面，企业全要素生产率在民营企业和国有企业样本中的选择方程的估计系数虽然为正，但未通过显著性检验，这表明生产率尚未显著地推动我国国内制造业企业的出口拓展边际。相比于市场化程度较高的民营和外资企业，资本密集度的提升反而有助于我国国有企业出口规模的扩张。此外，与国内企业相反，外商投资企业样本中的企业规模与出口集约边际之间呈现显著的正相关关系，这可能意味着外商投资企业在规模扩张的同时仍能够保持较高的生产经营效率，进而实现出口规模的持续扩张。

表 5 - 11 从产出集聚层面展示了空间集聚对我国不同所有制企业出口二元边际的影响结果。外商投资企业样本中选择方程和出口方程空间集聚指标一次项的估计系数分别为 9.54E - 05 和 2.85E - 05，相应的平方项的估计系数分别为 - 1.07E - 08 和 - 2.45E - 09，以上估计系数均在 1% 的显著性水平上显著；国有企业样本中空间集聚指标的估计系数均未通过显著性检验，此结果与就业集聚完全一致。但与就业空间集聚的估计结果不同的是，民营企业样本中选择方程空间集聚指标的一次项和平方项的估计系数未通过显著性检验。类似的，资本和中间投入空间集聚的回归结果同样显示，空间集聚尚未对我国参与出口的民营企业数量产生明显的影响①。

---

① 资本集聚和中间投入集聚的估计系数的方向和显著性与产出集聚完全一致，回归结果将在附录中展现，书中不再赘述。

表 5 – 11　　　　空间集聚对不同所有制企业出口参与的估计结果（产出集聚）

变量	民营企业		外商投资企业		国有企业	
	产出集聚		产出集聚		产出集聚	
	选择方程（1）	出口方程（2）	选择方程（3）	出口方程（4）	选择方程（5）	出口方程（6）
$density$	− 2.98E − 05 (0.000)	− 4.27E − 05 *** (0.000)	9.54E − 05 *** (0.000)	2.85E − 05 *** (0.000)	1.19E − 04 (0.000)	− 2.09E − 05 (0.000)
$density^2$	1.55E − 09 (0.000)	1.03E − 08 *** (0.000)	− 1.07E − 08 *** (0.000)	− 2.45E − 09 *** (0.000)	7.52E − 09 (0.000)	2.58E − 09 (0.000)
$\ln tfp$	0.008 (0.000)	− 0.013 *** (0.002)	− 0.013 * (0.008)	− 0.021 *** (0.002)	0.007 (0.018)	− 0.000 (0.004)
$\ln kl$	− 0.220 *** (0.012)	− 0.035 *** (0.003)	− 0.173 *** (0.010)	− 0.049 *** (0.002)	− 0.179 *** (0.030)	0.026 *** (0.008)
$\ln wage$	0.079 *** (0.019)	− 0.009 * (0.005)	0.071 *** (0.014)	− 0.058 *** (0.003)	0.128 *** (0.037)	− 0.027 *** (0.010)
$size$	0.198 *** (0.010)	− 0.037 *** (0.003)	0.157 *** (0.009)	0.004 *** (0.002)	0.182 *** (0.020)	− 0.043 *** (0.005)
$\ln age$	− 0.010 (0.011)	− 0.025 *** (0.003)	− 0.007 (0.015)	− 0.007 ** (0.003)	0.016 (0.016)	− 0.015 ** (0.006)
$L. export$	2.823 *** (0.017)		2.693 *** (0.016)		2.902 *** (0.041)	
常数项	− 3.521 *** (0.212)	0.986 *** (0.093)	− 3.054 *** (0.343)	0.751 *** (0.118)	− 4.375 *** (0.232)	0.777 *** (0.066)
$wald$	6934.66 ***		16443.73 ***		1127.68 ***	
年份	控制	控制	控制	控制	控制	控制
地区	控制	控制	控制	控制	控制	控制
行业	控制	控制	控制	控制	控制	控制
obs	83558	83558	79728	79728	30763	30763

注：***、** 和 * 分别代表 1%、5% 和 10% 的显著性水平，括号内数值为系数的标准差。

资料来源：笔者根据研究数据整理所得。

5.4 本 章 小 结

在我国人口红利对出口贸易的推动作用正逐渐消退，以及城镇化水平和经济活动密度不断提升的背景下，企业出口参与和城市经济空间集聚之间的关系可能会深刻地影响我国整体贸易的可持续增长，乃至经济增长模式的转变。为此，根据空间经济学理论，本章节通过理论分析提出企业的出口二元边际与空间集聚存在倒 U 型关系的可能性，即在集聚初期，企业出口二元边际将随着空间集聚水平的提升而扩张；但是，当空间集聚超过一定水平之后，过多的负面外部效应将抑制企业的出口参与。为检验这一判断，本章节基于 2001～2007 年中国制造业企业的面板数据，运用 Heckman 两阶段模型对 286 个城市中的企业出口参与进行了实证检验。研究发现，企业的出口参与与空间集聚之间确实存在倒 U 型关系，且测算的拐点显示，目前，我国仅深圳市出现了市场拥挤现象，而其他城市的空间集聚水平尚处于倒 U 型曲线的左侧，远远低于本书研究所构建的理论框架中测算的最适强度，我国整体的城市经济活动仍处于需要不断"加密"的阶段。同时，空间集聚对企业出口行为的影响在异质性企业中表现出明显的差异：一是从地理分布来看，我国沿海地区的企业出口二元边际与空间集聚呈现显著的倒 U 型关系。相比之下，我国内陆地区尚未表现出这种关系。二是从行业特征方面来看，与资本密集型企业和技术密集型企业出口行为的倒 U 型关系相比，空间集聚对我国劳动密集型企业的出口行为并未产生明显的影响。三是从企业技术水平方面来看，空间集聚对企业出口二元边际的倒 U 型影响趋势主要表现在中高技术水平的制造业企业中。而在低技术企业中，空间集聚外部效应中的市场拥挤效应尚未显现。四是从企业所有制类型来看，与空间集聚对外商投资企业出口二元边际的倒 U 型影响相比，我国国有企业的出口行为并未受到空间集聚的显著影响。有趣的是，空间集聚对民营企业的出口二元边际产生了截然不同的影响：出口集约边际与空间集聚表现出显著的倒 U 型关系，而在出口拓展边际方面则是不明显的正 U 型曲线。研究结果不仅揭示了我国不同区位、行业乃至所有制背景的企业出口参与对空间集聚外部性具有不同的反应，而且还表明，目前我国的城市空间集聚水平尚未促进内陆地区及技术含量和市场化程度较低的、更需借助集聚经济实现转型升级的制造业企业的对外出口。

本章节的研究结论为我们理解空间集聚对我国企业出口参与的影响提供了一定的经验证据和政策启示。首先，尽管我国空间集聚对制造业企业出口二元边际的影响呈现先扬后抑的倒 U 型趋势，但目前我国绝大多数城市的集聚程度远远低于最适强度。特别是资本和技术集中程度较高的东部地区，需要进一步为城市"加密"，以便更为充分地发挥空间外部经济效应对出口贸易的推动作用。其次，我国劳动密集型企业应逐渐摆脱对简单劳动力的过度依赖，并尝试进行技术改造升级。随着我国人口红利的不断流失，劳动密集型企业应尽可能地借助集聚的技术溢出效应进行技术模仿，以逐渐提升生产率，并借此在国内市场愈发有限的趋势下实现国际市场份额的扩张。最后，我国国有企业长期以来由于市场化程度低被广为诟病，并导致其无法有效地从空间集聚带来的外部经济中获益。结合现阶段我国愈演愈烈的国有企业改革呼声和措施，商业性国企应当加快市场化进程，深入实施创新驱动发展战略，这样既可以通过巨大的资本优势充分地利用技术溢出、规模经济及信息共享等实现出口市场规模的迅速扩张，也能够反过来进一步带动和发挥周边地区的集聚经济效应，形成良性互动。

同时，我们认为本书还有以下值得改进和进一步探索的空间：其一，虽然我国城市密度在不断提高，但绝大多数城市的空间集聚水平仍有广阔的成长空间（哪怕是对于上海市和北京市这种经济活动密度较高的城市），其原因是否在于我国作为"为全世界生产"的制造业大国，较高的国际市场需求为我国企业继续借助空间集聚的外部经济效应实现出口参与的持续深入提供了市场基础。其二，不论是集聚外部经济效应还是市场拥挤效应，其对企业出口参与的直接影响更多的是通过货币因素（要素成本、运输成本等）还是非货币因素（技术溢出、信息共享等）。其三，在一定水平的城市空间集聚下，不同行业内部的集聚程度可能存在较大差异，在考虑了行业差异的基础上探索企业出口参与和空间集聚之间的关系，有助于我们更有针对性地基于微观出口视角理解集聚收益与拥挤成本之间此消彼长的转换关系。理解上述问题最终有助于为我国借助空间外部性来构建新型出口动力（比较优势）提供更为深入的理论基础和现实依据。

第6章

空间集聚影响我国制造业企业出口 参与深度的实证检验

　　企业出口参与的深度以企业在全球价值链中的地位来体现，根据现有大量文献，本书以企业的出口国内增加值率来表示。出口国内增加值率越高，表明企业在全球价值链中的地位就越高，企业更加深入地参与至出口市场。本书在理论机制部分详细地阐述了空间集聚所带来的外部经济效应和市场拥挤效应之间此消彼长的动态关系对我国制造业企业出口参与深度的动态影响。为此，本章节将构建合理的计量模型，对空间集聚与我国制造业企业出口国内增加值率的关系进行实证检验与分析。同时，本章节还将根据企业所处区位、所在行业的资本技术水平，以及其登记注册的所有制类型等特征进行分样本的实证检验和分析，进而能够为我国根据企业异质性特征，从空间集聚视角思考和制定推动我国出口企业外贸竞争力的政策提供较为充分的现实依据。

6.1　研究问题的提出

　　随着中国对外开放的政策实施由沿海至内地的梯度式展开，以及对外开放程度的不断提升，经济活动不断向东部地区集中是我国经济发展过程中的一个显著特征（Lu & Tao，2009）。根据中国工业企业数据库，我国 1999 年大约有 60% 的工业企业位于我国东部地区，截至 2009 年，这一比例已经上升至 70.9%，且东部地区的出口企业数量占全国比例甚至超过 90%。正是由于经济集聚带来的技术溢出、资源共享等外部经济效应，使得我国制造业企业的出口规模借助集聚的外部经济实现了显著的扩张（佟家栋、刘竹青，2014；包群等，2012）。然而，对于中国这样长期依靠"人口红利"实现经济和贸易增长的国家来说，出口规模的扩张并非意味着我国全球生产价值链地位和贸易竞争力得到了提升与强化。随着全球贸易专业化分工的不断深入，越来越多的国家的生产活动逐渐成为全球生产体系中的某个具体环节。因此，各个国家开始重视其出口产品所处价值链的具体地位，而非单纯的出口总量或结构。早在 19 世纪 70 年代，就有学者关注了全球垂直专门化生产过程中与各个生产环节相对应的贸易价值链地位（Findlay，1978）。随后，众多学者用价值链的切片化（Krugman，1996）、产品内分工（Davis，1995），以及外包（Grossman & Helpman，2002）等多个概念来描述产品的垂直专业化分工，但本质内容均是一国在全球贸易价值链中的地位及其所获取的实际收益。因此，在产品内分工普遍存在的现实背景和趋势下，仅从出口总量或者结构来衡量一国的贸易竞争力，难免会产生较大的偏差与误导。出口附加值率则是能够反映企业在国际贸易中所获真实利益和所处地位的有效衡量标准，并已成为国际贸易领域的热点话题。

随着空间经济学及新新经济地理理论的兴起，空间集聚对企业生产率乃至企业出口规模的显著影响已经得到国内外众多学者的检验与证明（范剑勇等，2014；Accetturo，2010；Cerina & Mureddu，2012），而作为衡量企业在出口贸易中获取的实际收益的出口国内增加值率与空间集聚之间的关系尚未得到深入研究。特别是在我国各个城市经济活动密度不断提高，以及我国国际分工模式急需转型升级的背景和趋势下，空间集聚带来的外部性，能否推动我国制造业在全球价值链中的地位值得我们深入探讨。为此，本章节将结合空间经济学理论来检验空间集聚的外部经济效应和市场拥挤效应对我国出口企业贸易附加值率的具体影响。

6.2 计量模型与数据说明

根据前面分析，本小节计量模型设定如下：

$$vtr_{i,t} = \alpha_0 + \beta_0 density_{i,t} + \beta_1 density_{i,t}^2 + \eta Z_{i,t} + \mu_{year} + \mu_{region} + \mu_{industry} + \varepsilon_{i,t}$$

$$(6.1)$$

在式（6.1）中，$vtr_{i,t}$ 是本书所测算的企业 i 在 t 年的出口国内增加值率，其具体测算过程请见本书 3.3.2 小节"中国制造业出口参与深度的典型化事实"中"我国制造业出口参与深度的测度"。$density_{i,t}$ 是指企业 i 所在城市 t 年的空间集聚指数，$density_{i,t}^2$ 是空间集聚指标的平方项。$Z_{i,t}$ 是能够体现企业特征的主要变量，包括：

（1）全要素生产率（tfp）。生产率越高，表明企业的技术水平就越高，进而实现的产品增值就越大。本章节运用 L – P 方法测算企业的全要素生产率，此方法能够有效地克服传统 OLS 估计过程中的选择性偏差及内生性问题。具体估计方程如下：

$$v_t = \theta_l l_t + \theta_k(k_t, m_t) + \eta_t \qquad (6.2)$$

式（6.2）中，v_t 代表企业增加值，用销售收入减去中间投入来测度；l_t 代表企业的劳动力投入，用企业员工人数表示；k_t 表示资本投入，用企业固定资产表示；m_t 则是企业的中间投入。以上变量在回归过程中均以对数形式体现。

（2）资本密集度（kl）。资本密集度越高，表明企业对劳动力熟练程度的要求和技术水平也就越高，进而可能增加企业的出口国内增加值率。本章节以人均固定资产的自然对数来表示企业的资本密集度。

（3）企业规模（$size$）。对于企业规模的测度目前主要有从业人数（Liu & Buck，2007）、销售收入（Newburry et al.，2006），以及总资产（Buckley & Clegg，2007）这三种指标，本章节采用企业平均从业人数反映企业规模。

（4）员工薪酬水平（*wage*）。一方面，薪酬水平在一定程度上体现了企业雇员的技能水平和企业的生产水平，薪酬水平越高，企业的出口国内增加值率可能也会随之增长；另一方面，对于以劳动密集型产品为制造业主要出口内容的中国，员工薪酬往往是多数企业的主要生产成本，较高的人力成本可能会增加企业的成本压力，进而抑制其出口国内增加值率。因此，本章节加入企业薪酬水平来考察其对出口参与的影响，其测度公式为：（应付工资总额＋应付福利总额）/平均从业人数。

（5）企业年龄（*age*）。随着企业经营年限的增长，其生产技术、销售管理水平、经营策略乃至企业的国际声誉都可能发生较大的变化，进而导致其出口国内增加值率也会有所差异。用企业成立年限的自然对数表示。

（6）外商投资比重（*fdiratio*）。一方面，外商直接投资可能会通过技术溢出和示范效应促进企业技术水平的提高；但另一方面，目前多数外商投资主要看中的是我国较低成本的简单劳动力，这在长期中反而可能将我国出口企业锁定在全球价值链的低端。本章节以企业实收资本中外商投资所占比例来表示企业实收资本中的外商投资比重。

（7）补贴（*subsidy*）。尽管政府对企业的补贴在一定程度上能够缓解其融资约束，并提高其生产规模。但与此同时，施炳展等（2013）的研究表明，补贴通过降低我国企业出口价格实现出口数量的提升，造成了我国多数出口企业按照"低价竞争、数量取胜"的模式参与出口市场，这反而导致我国企业长期被锁定于全球价值链低端，抑制其出口参与的深度。为此，本章节加入补贴以考察其对我国企业出口参与深度的影响。此变量为虚拟变量，企业获取政府补贴，subsidy 取值 1；否则取值 0。

（8）创新（*r&d*）。从长期来看，企业在研发创新方面的投入越高，其产品的技术含量就越高，其出口国内增加值率可能也会随之提高。此变量为虚拟变量，若企业存在研发投入，取值 1；否则取值 0。

此外，本章节在估计方程中还加入了年份、地区及行业虚拟变量，以控制宏观经济环境波动、区域之间的非均衡经济发展水平，以及行业间的巨大差异对企业出口行为的影响。

同时，为了最大限度地克服出口国内增加值率与空间集聚之间的内生性，本章节选取了3个外生变量作为空间集聚指标的工具变量，具体包括：地面平均坡度、地表粗糙度及地表粗糙度的平方项①。地面平均坡度反映了地面的倾斜程度，地表粗糙度体现了地表的起伏变化。地区经济活动中的集聚水平往往与当地的地表坡度和地理粗糙度有着密切联系，但一般来说，企业出口国内增加值率与地表坡度和粗糙度并没有直接的联系。为此，本章节选取地区的地表坡度和粗糙度作为空间集聚指标的工具变量。各地区的地面坡度和粗糙度数据通过ArcGis软件处理获得。地表坡度和地表粗糙度的描述性统计如表6-1所示。

表6-1　　　　我国各省区市地表坡度和地表粗糙度平均值

省区市	地表坡度	地表粗糙度
北京	350.3700	344.9500
天津	16.0300	47.1900
河北	454.8373	216.8473
山西	1139.3900	284.2418
内蒙古	1104.0640	261.0290
辽宁	203.8393	131.9879
吉林	345.0525	102.5375
黑龙江	275.9669	124.4500
上海	6.0650	2.3650
江苏	15.2762	17.5039
浙江	249.2420	202.5940

———————

① 借鉴拉姆·查兰（Ramcharan，2009）的测度方法，本章节用地区高程数据的标准差来表示地表粗糙度；马西等（Marcy et al.，2005）指出，地表粗糙度与地区集聚呈正U型关系。因此，本章节将粗糙度的平方项也作为空间集聚的工具变量。

续表

省区市	地表坡度	地表粗糙度
安徽	169.3624	97.4482
福建	428.1378	282.8211
江西	200.0909	186.4891
山东	101.9971	78.6765
河南	225.7883	157.9522
湖北	302.2933	191.8808
湖南	332.0407	225.6629
广东	157.1486	151.7219
广西	238.9893	163.2257
海南	181.1800	196.0450
重庆	726.6900	425.1800
四川	1200.8890	434.9371
贵州	1158.6000	256.1467
云南	1806.3860	430.8644
陕西	989.2250	361.8330
甘肃	1981.3080	475.4557
青海	3657.1140	428.7125
宁夏	1481.2050	279.3525
新疆	1548.7250	901.4612

资料来源：笔者通过 ArcGis 软件处理获得。

6.3　实证检验与分析

本章节分别将就业、产出、投入及资本 4 个方面的空间集聚变量分别代入计量模型进行回归估计，这样做可以在避免变量之间多重共线性的同时，不同方面空间集聚变量的估计结果也能够视为一定程度上的稳健性检验。此外，本章节主要运用固定年份、地区及行业效应的 OLS 估计，以及为减少和克服变量之间的内生性而使用的工具变量法估计，以验证本章节研究结果的有效性和稳健性。本章节所使用的资料来源于中国工业企业数据库（2001～2011 年）。

6.3.1 空间集聚对我国制造业企业出口国内增加值率的总体分析

全样本检验结果如表 6－2 所示，其中（1）～（4）列是 OLS 估计结果，（5）～（8）列是工具变量法的估计结果。在控制了企业所在的年份、地区及行业的影响之后，未加入空间集聚指标平方项的估计结果显示，除了就业集聚的 OLS 估计系数未通过显著性检验之外，总体来看，无论是在就业层面还是产出层面，空间集聚产生的经济外部效应显著地推动了出口企业出口国内增加值率的提升。当加入集聚指标的平方项之后，不论是空间集聚变量的一次项还是二次项，其估计系数均在 1% 的水平上通过了显著性检验，且空间集聚平方项的估计系数为负。以就业层面的空间集聚为例，空间集聚指标一次项的估计系数为 0.004，相应的平方项估计系数则为 －3.97E－04。这表明在集聚初期，企业的出口国内增加值率随着区域空间集聚水平的提高而增加，在这段时期内，空间集聚对我国企业出口参与的深度产生了非常明显的推动作用。但是当空间集聚超过一定程度之后，过度集聚导致的市场拥挤效应等负外部性逐渐显现，并抑制了我国企业出口国内增加值率的提升，在这个阶段中，我国企业出口参与的深度表现为随着地区空间集聚水平的上升而下降的趋势。出现这种结果的原因可能如前面所述，在集聚初期，区域内适度的竞争效应、信息共享效应，以及学习效应能够有效地降低企业的生产成本和提升其劳动生产率。然而，随着区域内企业数量的持续增加，有限的市场中难免会出现由要素市场供不应求、企业间过度竞争，以及产出过剩等市场拥挤现象，进而可能导致企业投入成本的增加及生产率水平的下降，企业出口国内

表6-2 空间集聚对我国制造业企业出口国内增加值率的全样本估计结果（就业集聚和产出集聚）

变量	OLS				IV			
	就业集聚		产出集聚		就业集聚		产出集聚	
	(1)	(2)	(3)	(4)	(5)	(6)	(7)	(8)
$density$	0.001 (0.000)	0.004*** (0.001)	1.04E-06*** (0.000)	8.37E-06*** (0.000)	0.009*** (0.002)	0.013*** (0.002)	2.09E-05*** (0.000)	3.89E-05*** (0.000)
$density^2$		-3.97E-04*** (0.000)		-7.95E-10*** (1.10E-10)		-0.001*** (0.000)		-3.78E-09*** (0.000)
$lntfp$	0.060*** (0.000)	0.060*** (0.000)	0.060*** (0.000)	0.060*** (0.000)	0.059*** (0.001)	0.058*** (0.000)	0.060*** (0.001)	0.059*** (0.000)
$lnkl$	0.039*** (0.001)	0.039*** (0.001)	0.039*** (0.001)	0.039*** (0.001)	0.041*** (0.001)	0.040*** (0.001)	0.042*** (0.001)	0.040*** (0.001)
$size$	-0.040*** (0.001)	-0.040*** (0.001)	-0.040*** (0.001)	-0.040*** (0.001)	-0.040*** (0.001)	-0.039*** (0.001)	-0.041*** (0.001)	-0.040*** (0.001)
$wage$	-0.012*** (0.001)	-0.012*** (0.001)	-0.012*** (0.001)	-0.012*** (0.001)	-0.010*** (0.001)	-0.012*** (0.001)	-0.014*** (0.001)	-0.012*** (0.001)
$lnage$	0.010*** (0.001)	0.009*** (0.001)	0.010*** (0.001)	0.009*** (0.001)	0.010*** (0.001)	0.010*** (0.001)	0.010*** (0.001)	0.010*** (0.001)

续表

变量	OLS				IV			
	就业集聚		产出集聚		就业集聚		产出集聚	
	(1)	(2)	(3)	(4)	(5)	(6)	(7)	(8)
fdiratio	-0.021*** (0.001)	-0.021*** (0.001)	-0.021*** (0.001)	-0.021*** (0.001)	-0.023*** (0.001)	-0.024*** (0.001)	-0.022*** (0.001)	-0.024*** (0.001)
subsidy	0.005*** (0.000)	0.005*** (0.001)	0.005*** (0.001)	0.006*** (0.000)	0.006*** (0.000)	0.007*** (0.001)	0.007*** (0.001)	0.007*** (0.001)
rd	0.011*** (0.001)	0.011*** (0.001)	0.011*** (0.001)	0.011*** (0.001)	0.012*** (0.001)	0.013*** (0.001)	0.010*** (0.001)	0.012*** (0.001)
常数项	0.198*** (0.019)	0.197*** (0.019)	0.198*** (0.019)	0.198*** (0.019)	0.207*** (0.018)	0.210*** (0.018)	0.204*** (0.019)	0.204*** (0.018)
年份	控制	控制	控制	控制	控制	控制	控制	控制
行业	控制	控制	控制	控制	控制	控制	控制	控制
地区	控制	控制	控制	控制	控制	控制	控制	控制
Hausman	0.000***	0.000***	0.000***	0.000***	0.000***	0.000***	0.000***	0.000***
obs	191987	191987	191987	191987	191987	191987	191987	191987
R^2	0.255	0.255	0.255	0.255	0.255	0.256	0.241	0.254

注：***代表1%的显著性水平，括号内数值为系数的标准差。
资料来源：笔者根据研究数据整理所得。

增加值率也因此而难以增长。最终，导致我国制造业企业出口国内增加值率随着空间集聚程度的增加而呈现先扬后抑的倒 U 型趋势。此外，Hausman 检验结果显示，工具变量法的估计结果更加合理，因此，我们有理由认为，我国制造业出口企业的出口国内增加值率与空间集聚之间存在明显的先扬后抑的倒 U 型关系。

此外，控制变量的估计结果也为我们提供了有价值的信息。企业全要素生产率及人均资本的估计系数均显著为正，这意味着企业生产率的进步，以及资本的深化均能够显著地提升我国企业的出口国内增加值率，这也再次表明，技术水平是提升我国出口企业全球价值链地位关键因素。此外，企业规模的估计系数均在 1% 的水平上显著为负，这表明相比于大规模企业，小规模出口企业往往具有更高的出口国内增加值率。出现这种结果的原因可能在于我国大规模企业往往是对劳动力数量要求较高的传统劳动密集型制造业企业，相比之下，我国很多高技术企业的从业人员数量相对较小，因此，在本书以劳动力人数体现企业规模的情况下，大规模企业的出口国内增加值率总体要低于小规模企业。此外，工资水平的估计结果显示我国出口企业的增加值率反而会随着工资水平的提高表现出明显的下降趋势，出现这种结果的原因可能在于，目前我国出口企业更多的是依靠"人口红利"实现出口参与而非技术优势，因此，在技术水平进步相对缓慢的情况下，企业的出口收益随着劳动力成本的上升而下降。企业成立年龄的估计系数表明了经营时间越长的企业往往具有更高的出口国内增加值率，其原因可能在于企业的生产效率及技术积累等特征均会随着经营时间的延长而提高，进而提升了其出口国内增加值率。值得注意的是，外商投资参与反而抑制了企业的出口国内增加值率，这可能是由于外商企业入驻中国主要是为了追逐廉价的劳动力和环境成本而长期将中国企业锁定在价值链低端所致。与施炳展等（2013）研究结果不同的是，本书的实证结果显示，补贴能够提升我国企业的出口国内增加值率，推动其出口参与的深度。而研发投入的增加则能够有效地促进企业出口国内增加值率的提升。

　　与此同时，表 6 - 3 从资本和中间投入层面展示了空间集聚对我国制造业企业出口参与深度的实证结果。同样，不论是 OLS 估计还是工具变量法估计，实证结果均显示出我国企业的出口国内增加值率随着空间集聚先上升后下降的趋势。以资本集聚为例，（1）列和（5）列中空间集聚指标一次项的估计系数分别显著为 1.77E - 06 和 3.55E - 05，在加入平方项之后，集聚指标一次项在保持显著为正的同时，其平方项的估计系数分别为（2）列和（6）列的 - 1.87E - 09 和 - 9.15E - 09，且在1% 的显著性水平上显著。同时，控制变量估计系数的正负方向和显著性与表 6 - 2 基本一致，这里便不再赘述。Hausman 的检验结果也显示出工具变量选取的有效性。

　　因此，总体来看，不论是就业层面、产出层面的空间集聚，抑或是资本层面和中间投入层面的空间集聚，本章节的实证结果均显示出我国空间集聚对企业出口参与深度的影响呈现显著的先促进后抑制的倒 U 型趋势。

　　既然我国企业的出口国内增加值率与空间集聚表现出显著的倒 U 型关系，那么从企业出口参与的深度视角来看，我国有哪些城市出现了过度集聚现象？基于此，本章节根据实证结果计算了空间集聚对企业出口国内增加值率由促进转为抑制的转折点，计算结果如表 6 - 4 所示。结果显示，目前我国仅深圳市出现了过度集聚的现象。以就业集聚为例，相对应大约有 2.39% 的制造业出口企业的出口国内增加值率受到了市场拥挤的负面影响，而我国绝大部分制造业企业尚处于倒 U 型曲线的左侧，即大多数制造业企业的出口收益处于集聚经济的阶段。在产出和中间投入层面，样本中大约有 3.45% 的制造业企业面临着过度集聚的情况，从资本聚集视角来看，样本中则有大约 2.39% 的制造业企业所处城市出现了市场拥挤这一现象，深圳市在产出和中间投入方面从 2005 年便出现了市场拥挤现象，相比之下，其就业和资本方面的空间集聚则是从 2006 年开始出现过度集聚现象。这一结论在一定程度上支持了周其仁（2015）的观点，他认为尽管目前我国北京市和上海市在经济总量方面名冠全国，但在单位经济活动密度方面远远

表6-3　空间集聚对我国制造业企业出口国内增加值率的全样本估计结果（资本集聚和中间投入集聚）

变量	OLS				IV			
	资本集聚		投入集聚		资本集聚		投入集聚	
	(1)	(2)	(3)	(4)	(5)	(6)	(7)	(8)
$density$	1.77E-06*** (0.000)	1.30E-05*** (0.000)	1.32E-06*** (0.000)	9.42E-06*** (0.000)	3.55E-05*** (0.000)	6.07E-04*** (0.000)	2.44E-05*** (0.000)	4.43E-05*** (0.000)
$density^2$		-1.87E-09*** (0.000)		-1.01E-09*** (0.000)		-9.15E-09*** (0.000)		-5.26E-09*** (0.000)
$\ln tfp$	0.060*** (0.000)	0.060*** (0.000)	0.060*** (0.000)	0.060*** (0.000)	0.059*** (0.001)	0.056*** (0.001)	0.060*** (0.001)	0.059*** (0.000)
$\ln kl$	0.039*** (0.001)	0.039*** (0.001)	0.039*** (0.001)	0.039*** (0.001)	0.042*** (0.001)	0.040*** (0.001)	0.042*** (0.001)	0.040*** (0.001)
$size$	-0.040*** (0.001)	-0.040*** (0.001)	-0.040*** (0.001)	-0.040*** (0.001)	-0.040*** (0.001)	-0.039*** (0.001)	-0.041*** (0.001)	-0.040*** (0.001)
$wage$	-0.011*** (0.001)	-0.011*** (0.001)	-0.011*** (0.001)	-0.011*** (0.001)	-0.014*** (0.001)	-0.011*** (0.001)	-0.013*** (0.001)	-0.011*** (0.001)
$\ln age$	0.010*** (0.001)	0.010*** (0.001)	0.010*** (0.001)	0.010*** (0.001)	0.011*** (0.001)	0.011*** (0.001)	0.010*** (0.001)	0.010*** (0.001)

续表

变量	OLS				IV			
	资本集聚		投入集聚		资本集聚		投入集聚	
	(1)	(2)	(3)	(4)	(5)	(6)	(7)	(8)
$fdiratio$	-0.021*** (0.001)	-0.021*** (0.001)	-0.021*** (0.001)	-0.021*** (0.001)	-0.023*** (0.001)	-0.026*** (0.001)	-0.022*** (0.001)	-0.024*** (0.001)
$subsidy$	0.005*** (0.001)	0.006*** (0.001)	0.005*** (0.001)	0.006*** (0.001)	0.007*** (0.001)	0.009*** (0.001)	0.007*** (0.001)	0.007*** (0.001)
rd	0.011*** (0.001)	0.011*** (0.001)	0.011*** (0.001)	0.011*** (0.001)	0.011*** (0.001)	0.015*** (0.001)	0.010*** (0.001)	0.012*** (0.001)
常数项	0.202*** (0.020)	0.203*** (0.020)	0.202*** (0.020)	0.201*** (0.020)	0.217*** (0.019)	0.227*** (0.018)	0.206*** (0.019)	0.205*** (0.019)
年份	控制	控制	控制	控制	控制	控制	控制	控制
行业	控制	控制	控制	控制	控制	控制	控制	控制
地区	控制	控制	控制	控制	控制	控制	控制	控制
Hausman	0.000***	0.000***	0.000***	0.000***	0.000***	0.000***	0.000***	0.000***
obs	191987	191987	191987	191987	191987	191987	191987	191987
R^2	0.128	0.128	0.128	0.128	0.113	0.121	0.116	0.122

注：***代表1%的显著性水平，括号内数值为系数的标准差。
资料来源：笔者根据研究数据整理所得。

不及深圳市。总体上，我国仍需要继续提高城市的经济和人口密度，以便更为显著地发挥集聚的空间外部性对经济和贸易的推动作用。

表 6 - 4　　　　　　　　2005 ~ 2007 年出现过度集聚的样本

样本	就业集聚	产出集聚	资本集聚	投入集聚
拐点	6.5	5145.503	3297.530	4490.566
城市	深圳	深圳	深圳	深圳
比例	2.39%	3.45%	2.39%	3.45%
年份	2006 ~ 2007	2005 ~ 2007	2006 ~ 2007	2005 ~ 2007

资料来源：笔者计算整理所得。

6.3.2　空间集聚对我国不同区域制造业企业出口参与深度的影响分析

目前，中国出口贸易发展状况的一个显著特征就是东部地区（特别是浙江省、广东省等东南沿海地区）与内陆地区之间的严重失衡。比如截至 2009 年，我国超过 90% 的出口企业集中于东部地区。因此，不得不引人关注的一个问题就是，空间集聚对我国东部地区和内陆地区制造业企业的出口国内增加值率的影响是否存在差异？分地区的估计结果如表 6 - 5 所示[①]。从表 6 - 5 中可以看出，空间集聚对不同区位的企业出口国内增加值率产生了截然不同的影响。对于东部地区的制造业企业，不论是就业集聚还是产出集聚，其一次项和二次项的估计系数分别为正和为负。如（1）列和（3）列中，空间集聚指标的一次项估计系数分别为 0.012 和 1.67E - 05，而在加入集聚指标平方项之后，一次项系数在保持显著为正的情况下，（2）列和（4）列中集聚指标平方项的估计系数则分别为 - 0.002 和 - 4.50E - 09，且以上估计系数均通过了显著性检验，这表明东部地区的企业出口国内增加

---

① 考虑到 Hausman 检验结果支持 IV 估计，因此，本章节在正文中仅展示了 IV 估计结果。

表6-5　　分地区的工具变量法估计结果（就业集聚和产出集聚）

变量	东部地区				中西部地区			
	就业集聚		产出集聚		就业集聚		产出集聚	
	(1)	(2)	(3)	(4)	(5)	(6)	(7)	(8)
$density$	0.012*** (0.001)	0.017*** (0.002)	1.67E-05*** (0.000)	4.60E-05*** (0.000)	-0.247*** (0.061)	-0.313*** (0.085)	-3.22E-04*** (0.000)	-4.22E-04*** (0.000)
$density^2$		-0.002*** (0.000)		-4.50E-09*** (0.000)		0.133*** (0.036)		2.10E-07*** (0.000)
$lntfp$	0.063*** (0.001)	0.060*** (0.001)	0.063*** (0.001)	0.062*** (0.001)	0.046*** (0.001)	0.047*** (0.001)	0.046*** (0.001)	0.047*** (0.001)
$lnkl$	0.043*** (0.001)	0.041*** (0.001)	0.043*** (0.001)	0.042*** (0.001)	0.027*** (0.001)	0.027*** (0.001)	0.028*** (0.001)	0.027*** (0.001)
$size$	-0.042*** (0.001)	-0.041*** (0.001)	-0.043*** (0.001)	-0.042*** (0.001)	-0.028*** (0.001)	-0.029*** (0.001)	-0.028*** (0.001)	-0.029*** (0.001)
$wage$	-0.013*** (0.001)	-0.012*** (0.001)	-0.014*** (0.001)	-0.012*** (0.001)	-0.009*** (0.002)	-0.010*** (0.002)	-0.011*** (0.002)	-0.010*** (0.002)
$lnage$	0.011*** (0.001)	0.011*** (0.001)	0.011*** (0.001)	0.010*** (0.001)	0.007*** (0.001)	0.007*** (0.001)	0.007*** (0.001)	0.007*** (0.001)

续表

变量	东部地区				中西部地区			
	就业集聚		产出集聚		就业集聚		产出集聚	
	(1)	(2)	(3)	(4)	(5)	(6)	(7)	(8)
$fdiratio$	-0.022*** (0.001)	-0.024*** (0.001)	-0.021*** (0.001)	-0.023*** (0.001)	-0.027*** (0.005)	-0.027*** (0.005)	-0.031*** (0.005)	-0.028*** (0.005)
$subsidy$	0.007*** (0.001)	0.008*** (0.001)	0.007*** (0.001)	0.008*** (0.001)	-0.002 (0.002)	-0.003 (0.002)	-0.001 (0.002)	-0.003 (0.002)
rd	0.012*** (0.001)	0.014*** (0.001)	0.011*** (0.001)	0.013*** (0.001)	0.006*** (0.002)	0.006*** (0.002)	0.005*** (0.002)	0.005** (0.002)
常数项	0.257*** (0.031)	0.263*** (0.029)	0.250*** (0.031)	0.248*** (0.031)	0.277*** (0.020)	0.275*** (0.019)	0.260*** (0.020)	0.260*** (0.019)
年份	控制	控制	控制	控制	控制	控制	控制	控制
地区	控制	控制	控制	控制	控制	控制	控制	控制
行业	控制	控制	控制	控制	控制	控制	控制	控制
obs	171870	171870	171870	171870	20117	20117	20117	20117
R^2	0.210	0.216	0.206	0.211	0.318	0.345	0.335	0.36

注：***、**分别代表1%、5%的显著性水平，括号内数值为系数的标准差。
资料来源：笔者根据研究数据整理所得。

值率随着地区空间集聚水平的提高呈现先上升后下降的趋势。而这种关系在中西部地区完全相反，表现为显著的先下降后上升趋势。出现这种结果的原因可能在于，我国中西部地区的经济集聚程度较低，由此其产生的技术溢出、信息共享等经济外部性也相对较弱，在较高的运输成本存在的前提下，中西部地区企业的出口实际收益在集聚初期并未从集聚经济中获益；随着集聚水平不断提高至一定程度之后，规模经济、示范效应，以及技术溢出等经济外部性对企业出口的正面影响开始逐渐显现，从而逐渐提升我国中西部地区企业的出口国内增加值率。

此外，在控制变量方面。补贴在东部地区企业样本中的估计系数在1%的水平上显著为正；相比之下，补贴在中西部地区企业样本中的回归系数则为负数，且未通过显著性检验，这种结果出现的原因可能在于，我国东部地区制造业企业聚集程度和市场竞争程度均远远高于中西部地区，因此，东部地区的企业能够更加积极高效地运用补贴资金，以最大限度地实现生产率的提高和出口国内增加值率的增长。同时，全要素生产率、资本密集度、企业规模及员工薪酬水平等变量的估计系数的方向和显著性与全样本估计结果完全一致。

表6-6则从资本集聚和中间投入集聚这两个层面展示了我国不同地区制造业企业出口参与的深度与空间集聚之间的关系。在（1）列和（3）列中，空间集聚指标一次项的估计系数分别为 3.45E-05 和 2.10E-05，并通过了显著性检验；在（2）列和（4）列中，资本集聚和投入集聚指标平方项的估计系数分别为 -1.14E-08 和 -6.40E-09，同样在1%的显著性水平上显著。这表明我国东部地区制造业企业出口参与的深度与资本和中间投入层面的空间集聚之间也存在显著的倒U型关系。与表6-5结果类似，中西部地区制造业企业的出口参与深度却随着空间集聚水平的提高而出现先下降后增长的正U型趋势。如（5）列和（7）列所示，资本集聚和投入集聚一次项的回归系数分别为 -1.83E-04 和 -2.50E-04；（6）列和（8）列中，集聚指标平方项的回归系数则均显著为负。

表 6-6　空间集聚对我国不同区域企业出口国内增加率的影响（资本集聚和中间投入集聚）

变量	东部地区				中西部地区			
	资本集聚		投入集聚		资本集聚		投入集聚	
	(1)	(2)	(3)	(4)	(5)	(6)	(7)	(8)
$density$	3.45E-05 *** (0.000)	7.78E-05 *** (0.000)	2.10E-05 *** (0.000)	5.80E-05 *** (0.000)	-1.83E-04 *** (0.000)	-3.02E-04 *** (0.000)	-2.50E-04 * (0.000)	-5.80E-04 *** (0.000)
$density^2$		-1.14E-08 *** (0.000)		-6.40E-09 *** (0.000)		1.70E-07 *** (0.000)		3.60E-07 *** (0.000)
$lntfp$	0.063 *** (0.001)	0.062 *** (0.001)	0.063 *** (0.001)	0.062 *** (0.001)	0.046 *** (0.001)	0.046 *** (0.001)	0.045 *** (0.001)	0.046 *** (0.001)
$lnkl$	0.044 *** (0.001)	0.042 *** (0.001)	0.043 *** (0.001)	0.042 *** (0.001)	0.026 *** (0.001)	0.026 *** (0.001)	0.026 *** (0.001)	0.025 *** (0.001)
$size$	-0.043 *** (0.001)	-0.042 *** (0.001)	-0.043 *** (0.001)	-0.042 *** (0.001)	-0.028 *** (0.001)	-0.028 *** (0.001)	-0.027 *** (0.001)	-0.027 *** (0.001)
$wage$	-0.015 *** (0.001)	-0.012 *** (0.001)	-0.014 *** (0.001)	-0.011 *** (0.001)	-0.009 *** (0.002)	-0.008 *** (0.002)	-0.009 *** (0.002)	-0.008 *** (0.002)
age	0.011 *** (0.001)	0.010 *** (0.001)	0.011 *** (0.001)	0.010 *** (0.001)	0.007 *** (0.001)	0.007 *** (0.001)	0.006 *** (0.001)	0.007 *** (0.001)

续表

变量	东部地区				中西部地区			
	资本集聚		投入集聚		资本集聚		投入集聚	
	(1)	(2)	(3)	(4)	(5)	(6)	(7)	(8)
fdiratio	-0.020*** (0.001)	-0.022*** (0.001)	-0.020*** (0.001)	-0.023*** (0.001)	-0.029*** (0.005)	-0.026*** (0.005)	-0.032*** (0.005)	-0.028*** (0.005)
subsidy	0.007*** (0.001)	0.008*** (0.001)	0.007*** (0.001)	0.008*** (0.001)	-0.001 (0.002)	-0.002 (0.002)	-0.001 (0.002)	-0.002 (0.002)
rd	0.011*** (0.001)	0.013*** (0.001)	0.011*** (0.001)	0.012*** (0.001)	0.005** (0.002)	0.005** (0.002)	0.005** (0.003)	0.004* (0.003)
常数项	0.255*** (0.031)	0.260*** (0.031)	0.249*** (0.031)	0.247*** (0.031)	0.280*** (0.021)	0.281*** (0.021)	0.278*** (0.021)	0.271*** (0.021)
年份	控制	控制	控制	控制	控制	控制	控制	控制
地区	控制	控制	控制	控制	控制	控制	控制	控制
行业	控制	控制	控制	控制	控制	控制	控制	控制
Obs	171870	171870	171870	171870	20117	20117	20117	20117
R^2	0.202	0.209	0.204	0.209	0.35	0.362	0.354	0.358

注：***、**和*分别代表1%、5%和10%的显著性水平，括号内数值为系数的标准差。
资料来源：笔者根据研究数据整理所得。

6.3.3 空间集聚对我国不同行业制造业企业出口参与深度的影响分析

除了所处地理区位的不同，行业之间由于技术水平、生产要素密集度等方面的差异，不同行业中的企业从空间集聚过程中获取的边际效应可能存在明显差异，进而导致其出口收益受到的影响也并非一致。鉴于此，本书参考谢建国（2003）的行业分类标准，将行业划分为劳动密集型、资本密集型，以及技术密集型三大类，并分别检验和分析空间集聚对具有不同行业特征的企业出口国内增加值率的影响，实证结果如表 6 - 7 所示。

表 6 - 7 分行业要素密集度的工具变量法估计结果（就业集聚）

变量	劳动密集型		资本密集型		技术密集型	
	就业集聚		就业集聚		就业集聚	
	（1）	（2）	（3）	（4）	（5）	（6）
density	0.026 *** (0.002)	0.037 *** (0.003)	0.008 *** (0.003)	0.012 *** (0.004)	− 0.010 *** (0.003)	− 0.017 *** (0.004)
density^2		− 0.004 *** (0.000)		− 0.001 *** (0.000)		0.002 *** (0.000)
ln*tfp*	0.051 *** (0.001)	0.050 *** (0.001)	0.067 *** (0.001)	0.066 *** (0.001)	0.053 *** (0.001)	0.052 *** (0.001)
ln*kl*	0.040 *** (0.001)	0.038 *** (0.001)	0.042 *** (0.001)	0.041 *** (0.001)	0.035 *** (0.001)	0.036 *** (0.001)
size	− 0.025 *** (0.001)	− 0.024 *** (0.001)	− 0.044 *** (0.001)	− 0.043 *** (0.001)	− 0.041 *** (0.001)	− 0.040 *** (0.001)
wage	− 0.014 *** (0.001)	− 0.013 *** (0.001)	− 0.014 *** (0.001)	− 0.013 *** (0.001)	− 0.007 *** (0.001)	− 0.008 *** (0.001)
ln*age*	0.010 *** (0.001)	0.009 *** (0.001)	0.007 *** (0.001)	0.007 *** (0.001)	0.011 *** (0.001)	0.012 *** (0.001)

变量	劳动密集型		资本密集型		技术密集型	
	就业集聚		就业集聚		就业集聚	
	（1）	（2）	（3）	（4）	（5）	（6）
fdiratio	− 0.027 *** （0.003）	− 0.028 *** （0.003）	− 0.020 *** （0.002）	− 0.020 *** （0.002）	− 0.023 *** （0.002）	− 0.024 *** （0.002）
subsidy	0.012 *** （0.002）	0.012 *** （0.002）	0.005 *** （0.000）	0.005 *** （0.002）	0.007 *** （0.000）	0.009 *** （0.000）
rd	0.012 *** （0.003）	0.012 *** （0.003）	0.011 *** （0.002）	0.011 *** （0.002）	0.016 *** （0.002）	0.017 *** （0.002）
常数项	0.146 *** （0.019）	0.146 *** （0.019）	0.208 *** （0.012）	0.207 *** （0.012）	0.349 *** （0.014）	0.357 *** （0.013）
年份	控制	控制	控制	控制	控制	控制
地区	控制	控制	控制	控制	控制	控制
行业	控制	控制	控制	控制	控制	控制
obs	54845	54845	71551	71551	65591	65591
R^2	0.215	0.22	0.232	0.232	0.302	0.31
Hausman	0.000 ***		0.000 ***		0.000 ***	

注：*** 代表1%的显著性水平，括号内数值为系数的标准差。
资料来源：笔者根据研究数据整理所得。

结果显示，空间集聚对我国劳动密集型和资本密集型企业的出口国内增加值率的影响表现出显著的先促进后抑制的倒 U 型趋势。以就业集聚为例，其一次项的估计系数在劳动密集型和资本密集型企业样本中分别为 0.037 和 0.012，对应的二次项系数分别为 − 0.004 和 − 0.001，均通过了显著性检验。相比之下，技术密集型企业的出口国内增加值率受到的影响则完全相反，与空间集聚之间呈显著的正 U 型关系，这表明直至地区的空间集聚水平达到一定程度之后，由集聚经济产生的外部经济效应对企业出口国内增加值率的积极作用才逐渐显现。出现这种结果的原因可能在于对于技术密集型企业来说，在集聚初期，出口企业常常会严格保护自身的技术及销售渠道等信息，以保持自身的竞争优势，但同时也无法通过信息共享、模仿效应及规模效应实现出口收益的有效提升；直到集聚达到一定程度之后，技术型企业往往能够在密集的市场中获得更为先进的技术水平、更加成熟的管理经验和销售渠道，以及规模经济。因此，对于主要依靠技术来推动自身发展的出口企业来说，集聚经济是提升其出口国内增加值率、推动全球价值链地位深入的重要因素。而对于主要依靠"人口红利"和低廉的生产成本的劳动密集型和资本密集型出口企业来说，在集聚初期，随着劳动力、资本及其他各种生产要素的逐渐集中，企业往往能够通过规模效应实现平均生产成本的下降，从而提升出口收益；当集聚程度 超过一定水平并产生市场拥挤时，过度的市场竞争导致的生产要素的供不应求，使企业的生产成本提高，进而抑制了企业的出口国内增加值率。

在控制变量中，与前面章节的论证结果类似，全要素生产率、资本密集度、企业成立年限、补贴和研发投入均是推动我国企业出口参与深度的重要因素，而员工薪酬水平、外商投资占比等反而抑制了我国企业出口国内增加值率的增长。

表 6-8 从产出层面展示了空间集聚对我国具有不同行业特征的企业出口国内增加值率的影响估计结果。对于劳动密集型和资本密集型行业的制造业企业，表 6-8 的（1）列和（3）列中，空间集聚一次项的估计系数分别为 $1.38\text{E}-04$ 和 $1.37\text{E}-05$，且均在 1% 的水平上显著。（2）列和（4）列中空间集聚指标平方项的估计系数分别为 $-1.91\text{E}-08$ 和 $-2.70\text{E}-09$，同样在 1% 的水平上通过了显著性检验。这表明，我国劳动密集型和资本密集型制造业企业的出口参与深度与其所处城市的空间集聚水平之间存在明显的先扬后抑的倒 U 型关系。相比之下，与表 6-5 类似，空间集聚对我国技术密集型制造业企业出口参与深度的影响出现了截然不同的结果。（5）列中空间集聚指标一次项的估计系数为 $-1.68\text{E}-05$；同时，（6）列中空间集聚指标的平方项的估计结果则显著为正，这意味着我国技术密集型制造业企业出口参与的深度与其所处城市的空间集聚水平之间呈正 U 型关系，

即直至空间集聚达到一定程度之后，其对技术密集型企业出口国内增加值率的推动作用才能够逐渐显现。为了避免过多的重复阐述，资本集聚和中间投入集聚的相关估计结果请见附录。

表6-8　　分行业要素密集度的工具变量法估计结果（产出集聚）

变量	劳动密集型		资本密集型		技术密集型	
	产出集聚		产出集聚		产出集聚	
	（1）	（2）	（3）	（4）	（5）	（6）
$density$	1.38E - 04 ***	1.87E - 04 ***	1.37E - 05 **	2.91E - 05 ***	- 1.68E - 05 ***	- 3.42E - 05 ***
	（0.000）	（0.000）	（0.000）	（0.000）	（0.000）	（0.000）
$density^2$		- 1.91E - 08 ***		- 2.70E - 09 ***		3.25E - 09 ***
		（0.000）		（0.000）		（0.000）
lntfp	0.063 ***	0.060 ***	0.067 ***	0.066 ***	0.053 ***	0.053 ***
	（0.001）	（0.001）	（0.001）	（0.001）	（0.001）	（0.001）
lnkl	0.046 ***	0.041 ***	0.043 ***	0.042 ***	0.034 ***	0.036 ***
	（0.002）	（0.001）	（0.001）	（0.001）	（0.001）	（0.001）
$size$	- 0.036 ***	- 0.033 ***	- 0.044 ***	- 0.044 ***	- 0.041 ***	- 0.041 ***
	（0.002）	（0.001）	（0.001）	（0.001）	（0.001）	（0.001）
$wage$	- 0.020 ***	- 0.015 ***	- 0.014 ***	- 0.013 ***	- 0.006 ***	- 0.009 ***
	（0.002）	（0.002）	（0.001）	（0.001）	（0.002）	（0.001）
lnage	0.007 ***	0.006 ***	0.007 ***	0.007 ***	0.011 ***	0.012 ***
	（0.001）	（0.001）	（0.001）	（0.001）	（0.001）	（0.001）
$fdiratio$	- 0.018 ***	- 0.024 ***	- 0.019 ***	- 0.020 ***	- 0.024 ***	- 0.024 ***
	（0.003）	（0.003）	（0.002）	（0.002）	（0.002）	（0.002）
$subsidy$	0.007 ***	0.007 ***	0.005 ***	0.005 ***	0.007 ***	0.008 ***
	（0.002）	（0.002）	（0.002）	（0.002）	（0.002）	（0.002）
rd	0.005 *	0.006 **	0.010 ***	0.011 ***	0.017 ***	0.017 ***
	（0.003）	（0.003）	（0.002）	（0.002）	（0.002）	（0.002）
常数项	0.071 ***	0.069 ***	0.205 ***	0.203 ***	0.353 ***	0.362 ***
	（0.026）	（0.024）	（0.012）	（0.012）	（0.014）	（0.013）

变量	劳动密集型		资本密集型		技术密集型	
	产出集聚		产出集聚		产出集聚	
	（1）	（2）	（3）	（4）	（5）	（6）
年份	控制	控制	控制	控制	控制	控制
地区	控制	控制	控制	控制	控制	控制
行业	控制	控制	控制	控制	控制	控制
obs	54845	54845	71551	71551	65591	65591
R^2	0.106	0.190	0.229	0.232	0.287	0.304
Hausman	0.000 ***		0.000 ***		0.000 ***	

注：***、**和*分别代表1%、5%和10%的显著性水平，括号内数值为系数的标准差。

资料来源：笔者根据研究数据整理所得。

6.3.4　空间集聚对我国不同所有制类型制造业企业出口参与深度的影响分析

相比于国有企业，中国民营企业由于缺乏足够的地方政府政策支持，往往面临着更加严酷的市场环境，同时具有更为灵活的经营策略和决策系统。不仅如此，实现利润最大化是我国民营企业的唯一目标，而我国多数国有企业还承担着减少地方失业、增加地方福利等社会职能，业绩压力相对民营企业较小。此外，随着我国对外开放程度的不断加深和吸引外资的力度不断加大，外商投资企业也逐渐成为影响中国出口贸易发展的重要力量。不同性质的企业由于经营目标、经营方式及运营效率的差异，可能导致出口收益受到空间集聚的影响水平也大相径庭。因此，本章节根据企业登记注册类型将企业划分为民营企业、国有企业以及外商投资企业三大类型①，并分别进行检验，结果如表6-9所示。

---

① 考虑到市场环境和制度的巨大差异，本样本中的外商投资企业包括港澳台投资企业。

表 6 - 9 　　　　**空间集聚对我国不同所有制类型制造业企业**

出口参与深度的估计结果（就业集聚）

变量	民营企业		国有企业		外商投资企业	
	就业集聚		就业集聚		就业集聚	
	（1）	（2）	（3）	（4）	（5）	（6）
$density$	0.025 *** (0.003)	0.033 *** (0.004)	-0.005 (0.024)	-0.048 (0.061)	0.003 * (0.002)	0.006 ** (0.003)
$density^2$		-0.003 *** (0.000)		0.006 (0.007)		-0.001 *** (0.000)
lntfp	0.051 *** (0.001)	0.050 *** (0.001)	0.044 *** (0.002)	0.045 *** (0.002)	0.068 *** (0.001)	0.067 *** (0.001)
lnkl	0.031 *** (0.001)	0.030 *** (0.001)	0.027 *** (0.003)	0.028 *** (0.003)	0.048 *** (0.001)	0.047 *** (0.001)
$size$	-0.021 *** (0.001)	-0.020 *** (0.001)	-0.031 *** (0.003)	-0.033 *** (0.002)	-0.052 *** (0.001)	-0.051 *** (0.001)
$wage$	-0.009 *** (0.002)	-0.008 *** (0.002)	-0.017 *** (0.003)	-0.018 *** (0.003)	-0.012 *** (0.001)	-0.011 *** (0.001)
lnage	0.005 *** (0.001)	0.005 *** (0.001)	0.007 *** (0.002)	0.007 *** (0.002)	0.009 *** (0.001)	0.009 *** (0.001)
$fdiratio$	-0.026 ** (0.013)	-0.027 ** (0.013)	-0.108 *** (0.040)	-0.099 *** (0.035)	-0.011 *** (0.002)	-0.012 *** (0.002)
$subsidy$	0.004 *** (0.002)	0.004 *** (0.002)	-0.003 (0.004)	-0.003 (0.004)	0.006 *** (0.002)	0.006 *** (0.002)
rd	0.007 *** (0.002)	0.008 *** (0.002)	0.000 (0.004)	0.001 (0.004)	0.012 *** (0.002)	0.012 *** (0.002)
常数项	-0.006 (0.154)	-0.012 (0.154)	0.450 *** (0.026)	0.442 *** (0.027)	0.287 *** (0.075)	0.288 *** (0.076)
年份	控制	控制	控制	控制	控制	控制
地区	控制	控制	控制	控制	控制	控制
行业	控制	控制	控制	控制	控制	控制

续表

变量	民营企业		国有企业		外商投资企业	
	就业集聚		就业集聚		就业集聚	
	(1)	(2)	(3)	(4)	(5)	(6)
obs	59144	59144	4390	4390	93623	93623
R^2	0.270	0.275	0.320	0.316	0.229	0.229
Hausman	0.000 ***		0.000 ***		0.000 ***	

注：***、** 和 * 分别代表 1%、5% 和 10% 的显著性水平，括号内数值为系数的标准差。

资料来源：笔者根据研究数据整理所得。

从表 6-9 中可以发现，空间集聚对企业出口国内增加值率的影响在不同所有制企业样本中存在明显的差异。以就业集聚为例，在民营企业样本中，(1) 列集聚指标的估计系数为 0.025，并在 1% 的显著性水平上显著。加入集聚指标的平方项之后，其一次项和平方项估计系数分别为 0.033 和 -0.003，且仍具有较高的显著性。这表明对于我国民营企业，其所处地区的空间集聚水平对出口国内增加值率的影响呈现显著的先促进后抑制的特征。在外资企业样本中得到了类似的结果，见 (5) 列和 (6) 列，但是集聚指标估计系数主要在 5% 和 10% 的水平上显著，其显著性明显低于民营企业样本。相比之下，在我国国有企业样本中，空间集聚指标的一次项和平方项均未通过显著性检验，这表明，空间集聚尚未对国有企业的出口国内增加值率产生明显的影响。出现这种结果的原因可能在于相对于国有企业，民营和外商投资企业的市场化程度更深，其面临的市场竞争也较为激烈，尤其是对于我国民营企业。而其出口国内增加值率受到空间集聚的外部性也较为明显。

另外，在控制变量方面，相比民营和外商投资企业，补贴和研发投入尚未对国有企业的出口国内增加值率产生明显的影响，这可能是由于国有企业的市场化程度相对较低，导致其缺乏合理高效地运用补贴以及提升自身技术的积极性。而我国民营企业和外商投资企业由于受到经济绩效的压力，补贴和研发投入均能够明显地改善其出口国内增加值率。

表 6 - 10 从产出层面展示了空间集聚对我国不同所有制类型制造业企业出口参与深度的实证结果。在（1）列和（5）列中，民营企业和外商投资企业样本中空间集聚指标一次项的估计系数分别为 7.83E - 05 和 8.37E - 06，并通过了显著性检验。与之对应的是，集聚指标的平方项在民营和外商投资企业样本中分别为 - 1.35E - 08 和 - 1.63E - 09，同样通过了显著性检验。与表 6 - 9 结果类似，这意味着我国市场化程度较高的民营企业和外商投资企业的出口参与深度与其所处城市的产出空间集聚之间的关系也存在着先增长后下降的倒 U 型趋势。而在国有企业样本中，空间集聚指标的一次项和平方项的估计系数均未通过显著性检验，这表明空间集聚的外部效应对国有企业出口参与深度的影响尚不明显。

表 6 - 10　　　　空间集聚对我国不同所有制类型制造业企业出口
参与深度的估计结果（产出集聚）

变量	民营企业		国有企业		外商投资企业	
	产出集聚		产出集聚		产出集聚	
	（1）	（2）	（3）	（4）	（5）	（6）
$density$	7.83E - 05 *** (0.000)	1.39E - 04 *** (0.000)	1.59E - 05 (0.000)	1.03E - 04 (0.000)	8.37E - 06 ** (0.000)	1.49E - 05 * (0.000)
$density^2$		- 1.35E - 08 *** (0.000)		1.20E - 08 (0.000)		- 1.63E - 09 ** (0.000)
lntfp	0.054 *** (0.001)	0.051 *** (0.001)	0.039 *** (0.002)	0.045 *** (0.002)	0.068 *** (0.001)	0.068 *** (0.001)
lnkl	0.036 *** (0.002)	0.031 *** (0.001)	0.023 *** (0.003)	0.028 *** (0.003)	0.049 *** (0.001)	0.048 *** (0.001)
$size$	- 0.026 *** (0.002)	- 0.022 *** (0.001)	- 0.028 *** (0.002)	- 0.033 *** (0.002)	- 0.052 *** (0.001)	- 0.051 *** (0.001)

续表

变量	民营企业		国有企业		外商投资企业	
	产出集聚		产出集聚		产出集聚	
	（1）	（2）	（3）	（4）	（5）	（6）
wage	− 0.012 *** （0.002）	− 0.009 *** （0.002）	− 0.014 *** （0.003）	− 0.018 *** （0.003）	− 0.012 *** （0.001）	− 0.011 *** （0.001）
ln*age*	0.007 *** （0.001）	0.005 *** （0.001）	0.008 *** （0.002）	0.007 *** （0.002）	0.010 *** （0.001）	0.009 *** （0.001）
fdiratio	− 0.026 * （0.014）	− 0.035 *** （0.013）	− 0.132 *** （0.038）	− 0.100 *** （0.036）	− 0.011 *** （0.002）	− 0.012 *** （0.002）
subsidy	0.003 （0.002）	0.005 *** （0.002）	− 0.001 （0.004）	− 0.003 （0.004）	0.006 *** （0.002）	0.006 *** （0.002）
rd	0.001 （0.002）	0.009 *** （0.002）	− 0.001 （0.004）	0.001 （0.004）	0.012 *** （0.002）	0.012 *** （0.002）
常数项	− 0.013 （0.168）	− 0.047 （0.156）	0.482 *** （0.023）	0.456 *** （0.028）	0.284 *** （0.075）	0.284 *** （0.076）
年份	控制	控制	控制	控制	控制	控制
地区	控制	控制	控制	控制	控制	控制
行业	控制	控制	控制	控制	控制	控制
obs	59144	59144	4390	4390	93623	93623
R^2	0.188	0.260	0.309	0.301	0.226	0.229
Hausman	0.000 ***		0.000 ***		0.000 ***	

注：***、** 和 * 分别代表 1%、5% 和 10% 的显著性水平，括号内数值为系数的标准差。

资料来源：笔者根据研究数据整理所得。

此外，回归结果表明，补贴和研发投入对我国国有企业的出口参与不仅没有发挥足够的促进作用，反而在某种程度上削弱了国有企业的出口竞争力。与前面章节论证结果类似，资本和中间投入集聚的估计结果请见附录。

6.3.5 空间集聚对我国不同贸易模式制造业企业出口参与深度的影响分析

一般来说，纯出口企业完全面向海外市场进行生产和出口，而非纯出口企业的市场份额则有国内市场和国际市场两大部分构成。两种不同贸易模式的出口企业面临的市场竞争力及市场定位可能存在较大的差异，进而其出口收益受到的空间集聚外部效应的影响可能也大相径庭。为此，本章节将样本中的出口企业划分为纯出口企业和非纯出口企业，以检验和分析空间集聚对两种不同贸易模式企业的出口国内增加值率的影响差异。

实证结果如表6－11所示。我们可以发现，以就业集聚和产出集聚为例，空间集聚对纯出口企业出口国内增加值率的影响非常显著；相比之下，空间集聚指标的估计系数在非纯出口企业样本中尚未通过显著性检验。在纯出口企业样本中，（1）列和（3）列的空间集聚指标一次项的估计结果分别为0.002和3.29E－06，并分别在5%和10%的显著性水平上显著。在加入集聚指标的平方项之后，（2）列和（4）列的空间集聚指标的一次项和平方项分别显著为正和显著为负。这表明我国纯出口企业出口参与的深度随着其所处城市空间集聚程度的提高而呈现先扬后抑的倒U型趋势。在非纯出口企业样本中，尽管空间集聚指标的一次项和平方项的估计系数分别为正和为负，如（6）列和（8）列所示，但均未通过显著性检验，这意味着空间集聚对我国非纯出口企业出口参与深度的影响并不显著，倒U型的影响特征也不够明显。空间集聚对企业出口参与深度的影响在纯出口企业和非纯出口企业两组样本之间出现大相径庭的原因可能在于，在对产品质量要求较高的国际市场中，纯出口企业面临更为激烈的竞争。相比之下，非纯出口企业同时具有不同程度的国内市场和国际市场份额，在出口竞争力未能实现提升的时候，非纯出口企业可以面向国内市场进行生产经营。因此，在对出口竞争力要求较高的国际市场中，纯出口企业的出口参与深度受到空间集聚外部效应的影响更为显著。

表6－12则从资本和中间投入层面展示了空间集聚对不同贸易模式企业出口参与深度的实证结果。

表 6 – 11　空间集聚对我国不同贸易模式企业出口参与深度的估计结果（就业集聚和产出集聚）

变量	纯出口企业				非纯出口企业			
	就业集聚		产出集聚		就业集聚		产出集聚	
	(1)	(2)	(3)	(4)	(5)	(6)	(7)	(8)
$density$	0.002** (0.001)	0.008*** (0.001)	3.29E-06* (0.000)	1.60E-05** (0.000)	2.65E-04 (0.001)	0.001 (0.001)	-6.82E-07 (0.000)	1.02E-07 (0.000)
$density^2$		-0.001*** (0.000)		-3.56E-09** (0.000)		-4.79E-04 (0.000)		-2.78E-11 (0.000)
$\ln tfp$	0.050*** (0.001)	0.050*** (0.001)	0.050*** (0.001)	0.049*** (0.001)	0.030*** (0.000)	0.027*** (0.000)	0.030*** (0.000)	0.028*** (0.000)
$\ln kl$	0.010*** (0.001)	0.009*** (0.001)	0.009*** (0.001)	0.008*** (0.001)	0.015*** (0.000)	0.013*** (0.000)	0.015*** (0.000)	0.014*** (0.000)
$size$	-0.025*** (0.001)	-0.024*** (0.001)	-0.024*** (0.001)	-0.023 (0.001)	-0.024*** (0.000)	-0.022*** (0.000)	-0.024*** (0.000)	-0.023*** (0.000)
$wage$	-0.022*** (0.001)	-0.021*** (0.001)	-0.021*** (0.001)	-0.018*** (0.001)	-0.008*** (0.000)	-0.007*** (0.000)	-0.008*** (0.000)	-0.007*** (0.000)
age	0.008*** (0.001)	0.008*** (0.001)	0.009*** (0.001)	0.008*** (0.001)	0.004*** (0.000)	0.005*** (0.000)	0.004*** (0.000)	0.004*** (0.000)

续表

变量	纯出口企业				非纯出口企业			
	就业集聚		产出集聚		就业集聚		产出集聚	
	(1)	(2)	(3)	(4)	(5)	(6)	(7)	(8)
$fdiratio$	-0.001 (0.001)	-0.002 (0.001)	-0.001 (0.001)	-0.003* (0.002)	1.18E-04 (0.001)	1.86E-04 (0.001)	1.67E-04 (0.001)	5.50E-07 (0.001)
$subsidy$	-0.007*** (0.002)	-0.007*** (0.002)	-0.008*** (0.002)	-0.008*** (0.002)	-0.002*** (0.000)	-0.002*** (0.000)	-0.002*** (0.000)	-0.002*** (0.000)
rd	0.017*** (0.002)	0.016*** (0.002)	0.017*** (0.002)	0.014*** (0.002)	-0.002*** (0.000)	-0.001*** (0.000)	-0.002*** (0.001)	-0.002*** (0.000)
常数项	0.083 (0.060)	0.078 (0.060)	0.077 (0.060)	0.075 (0.060)	0.529*** (0.005)	0.553*** (0.005)	0.525*** (0.006)	0.538*** (0.005)
年份	控制	控制	控制	控制	控制	控制	控制	控制
地区	控制	控制	控制	控制	控制	控制	控制	控制
行业	控制	控制	控制	控制	控制	控制	控制	控制
obs	62552	62552	62552	62552	129435	129435	129435	129435
R^2	0.161	0.17	0.167	0.162	0.459	0.461	0.458	0.460

注: ***、 ** 和 * 分别代表 1% 、 5% 和 10% 的显著性水平, 括号内数值为系数的标准差。
资料来源: 笔者根据研究数据整理所得。

表6-12　空间集聚对我国不同贸易模式企业出口参与深度的估计结果（资本集聚和中间投入集聚）

变量	纯出口企业				非纯出口企业			
	资本集聚		投入集聚		资本集聚		投入集聚	
	(1)	(2)	(3)	(4)	(5)	(6)	(7)	(8)
$density$	-3.52E-06 (0.000)	2.03E-05** (0.000)	3.97E-06* (0.000)	1.47E-05* (0.000)	1.89E-07 (0.000)	6.60E-07 (0.000)	-8.81E-07 (0.000)	3.01E-06 (0.000)
$density^2$		-4.01E-09*** (0.000)		-3.98E-09*** (0.000)		-1.10E-10 (0.000)		-7.25E-10 (0.000)
$lntfp$	0.050*** (0.001)	0.075*** (0.001)	0.050*** (0.001)	0.049*** (0.001)	0.027*** (0.000)	0.027*** (0.000)	0.031*** (0.000)	0.027*** (0.000)
$lnkl$	0.009*** (0.001)	0.029*** (0.001)	0.009*** (0.001)	0.008*** (0.001)	0.013*** (0.000)	0.013*** (0.000)	0.015*** (0.000)	0.013*** (0.000)
$size$	-0.024*** (0.001)	-0.045*** (0.001)	-0.024*** (0.001)	-0.023*** (0.001)	-0.022*** (0.000)	-0.022*** (0.000)	-0.024*** (0.000)	-0.022*** (0.000)
$wage$	-0.021*** (0.001)	-0.023*** (0.001)	-0.021*** (0.001)	-0.019*** (0.002)	-0.007*** (0.000)	-0.007*** (0.000)	-0.008*** (0.000)	-0.006*** (0.001)
age	0.009*** (0.001)	0.005*** (0.001)	0.009*** (0.001)	0.008*** (0.001)	0.004*** (0.000)	0.004*** (0.000)	0.004*** (0.000)	0.004*** (0.000)

续表

变量	纯出口企业				非纯出口企业			
	资本集聚		投入集聚		资本集聚		投入集聚	
	(1)	(2)	(3)	(4)	(5)	(6)	(7)	(8)
fdiratio	-0.001 (0.001)	-0.007* (0.002)	-0.001 (0.001)	-0.002 (0.002)	-0.000 (0.001)	0.000 (0.001)	-0.000 (0.001)	-0.000 (0.001)
subsidy	-0.007*** (0.002)	-0.004*** (0.002)	-0.008*** (0.002)	-0.008*** (0.002)	-0.002*** (0.000)	-0.002*** (0.000)	-0.002*** (0.000)	-0.002*** (0.000)
rd	0.017*** (0.002)	0.009*** (0.002)	0.017*** (0.002)	0.014*** (0.002)	-0.001*** (0.001)	-0.001*** (0.001)	-0.002*** (0.001)	-0.001*** (0.001)
常数项	0.078 (0.060)	0.159 (0.077)	0.077 (0.060)	0.067 (0.060)	0.553*** (0.005)	0.553*** (0.005)	0.521*** (0.006)	0.553*** (0.005)
年份	控制	控制	控制	控制	控制	控制	控制	控制
地区	控制	控制	控制	控制	控制	控制	控制	控制
行业	控制	控制	控制	控制	控制	控制	控制	控制
obs	62552	62552	62552	62552	129435	129435	129435	129435
R^2	0.165	0.147	0.167	0.165	0.461	0.461	0.458	0.460

注：***、**和*分别代表1%、5%和10%的显著性水平，括号内数值为系数的标准差。
资料来源：笔者根据研究数据整理所得。

在控制变量方面，研发投入的提高能够有效地提高我国纯出口企业的出口国内增加值率，推动其出口参与的深度。而在非纯出口企业样本中，研发投入反而抑制了企业出口参与的深度。这种结果的出现可能是由于不同贸易模式的企业面临的市场竞争，以及经营目标的不同而导致研发投入的利用效率存在较大的差异。此外，企业的全要素生产率、资本密集度、企业规模以及员工薪酬水平等其他控制变量的回归系数的方向和显著性与前面章节的论证结果完全一致，这样便不赘述。

在表 6 - 12 的第（1）列和第（3）列中，资本集聚和中间投入空间集聚指标一次项的估计系数分别为 - 3.52E - 06 和 3.97E - 06，但资本集聚的估计系数未通过显著性检验。而在加入平方项之后，不论是资本集聚还是中间投入层面的空间集聚，指标的一次项和平方项估计系数分别显著为正和显著为负，这再次表明，我国制造业企业出口参与深度与空间集聚之间存在显著的倒 U 型关系。相比之下，在非纯出口企业样本中，资本集聚和中间投入集聚指标的估计系数均不够显著，我国非纯出口制造业企业出口参与的深度尚未受到集聚外部性较为明显的影响。

6.4　本章小结

根据空间经济学理论，本章首先通过理论分析判断企业的出口国内增加值率与空间集聚存在倒 U 型关系，即在集聚初期，企业出口国内增加值率将随着空间集聚水平的提升而扩张；但是当空间集聚超过一定水平之后，由拥挤效应导致的过多负面外部效应将抑制企业的出口收益。为检验这一判断，本章基于 2001 ~ 2007 年中国制造业企业的非平衡面板数据，运用工具变量法进行了实证检验。研究发现，企业的出口国内增加值率与空间集聚之间确实存在先扬后抑的倒 U 型关系，只是目前除了深圳市，我国其他城市的空间集聚水平尚处于倒 U

型曲线的左侧。此外，空间集聚对企业出口国内增加值率的影响在异质性企业中表现出明显的差异：一是我国东部地区的空间集聚对企业出口国内增加值率的作用表现出明显的先促进后抑制的趋势，相比之下，我国西部地区企业的出口国内增加值率与空间集聚之间呈现显著的正 U 型关系。二是劳动密集型和资本密集型企业的出口国内增加值率与空间集聚之间呈显著的倒 U 型关系，而对于技术密集型企业来说，二者之间则存在明显的正 U 型关系。三是根据企业所有制性质的分样本检验结果显示，外商投资企业与民营企业的出口国内增加值率随着空间集聚水平的提升表现出明显的先上升后下降的倒 U 型趋势，相比之下，国有企业的出口国内增加值率尚未受到空间集聚的明显影响。四是将企业按照贸易模式划分为纯出口企业和非纯出口企业之后，我们发现，我国制造业纯出口企业的出口参与深度与空间集聚之间存在明显的先增长后下降的倒 U 型特征，而这种关系在我国的非纯出口企业样本中并不显著。

　　本章的研究结论为我们理解空间集聚对我国企业出口国内增加值率的影响提供一定的经验证据和政策启示。长期以来，出口贸易作为影响我国经济增长的关键因素，出口企业的全球价值链地位与空间集聚之间的关系可能会深刻地影响到我国对外贸易的可持续增长，乃至经济增长模式的转变。虽然样本时期内，我国绝大部分城市尚未出现过度集聚现象，但随着我国东部地区经济活动的日趋集中，未来过度集聚和拥挤的市场将会削弱出口企业，乃至我国整体的出口发展潜力。因此，结合我国对战略性新兴产业转移的支持，以及对内陆市场的大力开发，部分高新技术、节能环保及新能源等行业的企业可以逐步向中西部地区转移，既能够避免市场过度集聚的隐患，也提升了资源利用的边际效率，最终能够最大限度地使企业的出口参与深度受益于空间集聚的外部性。

第 7 章

空间集聚影响企业出口参与的
稳健性检验

——基于城市夜间灯光视角

　　随着我国城市经济活动的发展节奏不断加快，加之人为统计数据可能带来的误差，传统的经济统计数据在某种程度上并不能够完全、及时、有效地反映一个地区经济活动的分布和空间集聚状况。近年来，得益于遥感技术的快速发展，夜间灯光数据（DMSP/OLS）为衡量经济发展水平、经济活动和人口分布、能源利用等方面提供了更加客观、准确的数据和研究视角。美国军事气象卫星 DMSP 所搭载的 OLS 传感器采集的是夜间灯光和火光等光源发出的辐射信号，包括城市灯光甚至车流和居民活动区发出的低强度灯光，能够区别乡村黑暗的光线背景，较为逼真地展现城市经济活动的景观，因此受到国内外学者的广泛关注和应用（陈晋等，2003；杨洋等，2015；Croft，1978；Elvidge et al.，1997b）。为此，本章节以我国各地级市的夜间灯光亮度作为衡量其空间集聚水平的替代变量，对我国制造业企业出口参与的广度和深度与空间集聚之间的关系再次进行检验和分析，以考察本书结果的稳健性和有效性。

7.1　夜间灯光数据应用的文献综述

　　随着我国基础设施的不断完善，夜间灯光数据（DMSP/OLS）愈发能够准确地体现出人类活动的空间布局。因此，夜间灯光强度与各区域人口密度、生产总值、能源消费及城镇化水平等多种城市经济发展评估指标之间存在明显的相关性，DMSP/OLS 也因此成为形式简单却内涵丰富的测度指标。根据目前关于城市夜间灯光数据应用的研究进展，本章节将基于中国工业企业数据库和夜间灯光数据库数据，分别从城镇化建设、社会经济因子评估、能源消耗这三大方面进行研究。

7.1.1　基于夜间灯光数据的城镇化评估

在 DMSP/OLS 普及之前，基于遥感影像分辨率的不同，可将城镇数据的提取和评估分为两种类型：一种是基于较高分辨率的遥感数据。该数据时间跨度较大，主要来自中巴地球资源二号卫星的 CCD 或者 Landsat TM/ETM + 影像获取和整理我国城镇空间的发展现状，并以此探索其变化趋势和规律（Liu et al.，2009；王雷等，2012）。但这种研究同时存在着高质量影像获取成本较高、处理较为低效等问题。另一种是基于分辨率较低的 EOS/MODIS、SPOTVGT、NOAA/AVHRR 等数据对土地覆盖物分类并提取其中的城镇信息和数据（Friedl，2002；陈佑启、杨鹏，2001；徐文婷等，2005）。这种数据土地利用模式、地面建筑密度，以及绿化程度的复杂性导致影响光谱不够稳定，加之分辨率较低，导致容易混淆城镇区域和非城镇区域，大大降低了数据的准确性（Lovdand，2000）。

相比以上遥感数据，DMSP/OLS 所捕获的夜间灯光数据能够较为清晰地将城镇和乡村划分并避免光谱混淆等问题，因此，自 20 世纪 80 年代以来，DMSP/OLS 在评估城市经济活动方面得到越来越多的应用（Elividge et al.，1997；Milesi et al.，2003；Matsuoka，2007）。托马斯·克罗夫特（Thomas A. Croft，1978）首次运用 DMSP/OLS 评估了城镇建设用地。随后，夜间灯光数据在更大范围内的区域和国家层面得到了更多的研究（Zhang & Seto，2011；Zhou et al.，2014）。如马克·伊姆霍夫等（Marc L. Imhoff et al.，1997）根据城市面积将夜间灯光阈值确定为89%，根据该阈值换算的美国城市面积与1990年统计数据相比仅有5%的差异。克里斯蒂娜·米莱西等（Cristina Milesi et al.，2003）对美国部分城市的研究结果进一步表明，将阈值设定为50时，运用夜间灯光数据测度城市信息具有更高的精度。陆德宏等（Lu et al.，2008）将DMSP/OLS、MODIS NDVI最大值数据及ETM＋影像相结合，运用回归模型测度居民点，并通过构建人群居民点指数改进了居民点的空间布局。随后，杜立民等（Liu et al.，2012）构建的新的影像校正方法降低了DMSP/OLS夜间灯光影像由于传感器的不同产生的误差，提高了夜间灯光数据的精度。

在运用城市夜间灯光数据评估我国城市空间结构方面，卓莉等（2003）较早地运用DMSP/OLS构造了我国城市化指数。随后，何春阳等（2006）借助夜间灯光数据统计我国城镇用地的变化历程，并重构了我国20世纪90年代的城镇居民和经济活动的集聚历程。廖兵等（2012）基于夜间灯光数据对江西省的城镇化分析结果也表明，城市中的居民活动日趋复杂和集聚。类似的，王翠平（2012）借鉴经验阈值法统计了我国长三角地区、珠三角地区，以及京津冀城市群的城镇建设用地信息，并在此基础上描述分析了我国城市经济活动的演变规律和特征。王跃云等（2010）运用最佳拟合阈值大于等于8，借助DMSP/OLS统计分析了江苏省的城镇建设用地状况，并通过构建增长类型判别系数评估和描述了江苏省城镇化的空间布局。范俊甫等（2013）进一步运用克里斯托弗·埃尔维奇等（Christopher D. Elvidge et al.，1999）二次多项式模型重新估算和校正了我国城市夜间灯光数据，并在此基础上评估和测算了我国环渤海城市群的城镇建设用地信息。刘修岩等（2016）的研究结果也表明，基于DMSP/OLS评估我国城市空间结构是有效可行的。

7.1.2 基于夜间灯光数据的社会因子评估

克里斯托弗·埃尔维奇等（Christopher D. Elvidge et al.，1997a）

率先证明了 DMSP/OLS 能够在很大程度上反映地区经济增长、电力消耗等社会经济现象。随后，克里斯托弗·埃尔维奇等（1999）、克里斯托弗·埃尔维奇等（Christopher D. Elvidge et al.，2001），以及克里斯托弗·埃尔维奇等（Christopher D. Elvidge et al.，2010）的研究结果表明，城市人口密度、气体排放及能源消耗均与夜间灯光数据之间存在紧密的联系。同样，保罗·萨顿等（Paul C. Sutton et al.，2001）和保罗·萨顿（Paul C. Sutton，2003）的研究结果显示，DMSP/OLS夜间灯光强度与地区人口密度之间存在明显的线性关系，尤其是在人口数量大于 50000 人的地区，夜间灯光强度与人口规模之间存在更加紧密的相关性。因此，夜间灯光数据能够较为有效地评估地区的人口密度和分布。在这之后，夜间灯光数据在人口密度方面的应用和研究成果也越来越多。如曹丽琴等（2009）基于城市夜间灯光强度模拟了湖北省 2000 年各县的城镇人口密度，其测度精度高达 99%。克里斯托弗·埃尔维奇等（Christopher D. Elvidge et al.，2009）借助夜间灯光数据对世界贫困人口的预测结果仅仅稍低于现实情况。

除了对人口密度和分布的模拟，部分学者指出，夜间灯光强度可以作为衡量地区经济活动表现的一个有效替代变量，较亮的地区往往对应着较高水平的地区生产总值（Chen & Nordhaus，2011；Henderson et al.，2012）。比如，韩向娣等（2012）基于栅格单元，用夜间灯光数据模拟和描绘了我国的国内生产总值（GDP）分布。何洋等（2014）提取了我国 2000~2009 年间各省份的夜间灯光强度，并在此数据基础上建立了省级层面的地区生产总值评估模型。

7.1.3　基于夜间灯光数据的能源消耗评估

目前来看，夜间灯光数据对能源消耗的测度主要集中在电力消耗和碳排放这两大方面。在电力消耗方面，韦尔奇（Welch，1980）率先根据美国城市夜间灯光数据建立了城市面积、人口与电力消耗之间的关系，并以美国东部地区的 18 个城市为样本，证明了运用城市夜间灯光数据评估电力消耗的可行性。基兰·钱德·图马蒂等（Kiran Chand Thumaty et al.，2009）对印度电力消耗的模拟结果同样表明了夜间灯光数据与电力消耗之间存在非常紧密的联系。随后，胡斯·勒图等（Husi Letu et al.，2010）运用校正之后的夜间灯光数据重新估算了包括中国、日本在内的 12 个亚洲国家的能源消耗，并取得了较高的模拟精度。李通等（2011）借助城市夜间灯光数据模拟和展现了我国 1995 ～ 2008 年的电力消耗的规模和结构。

在碳排放的评估方面克里斯托弗·埃尔维奇等（Christopher D. Elvidge et al.，1997c）率先提出夜间灯光亮度与碳排放量之间的相关性。克里斯托弗·多尔等（Christopher N. H. Doll et al.，2000）以全球 46 个国家为样本，首次构建了碳排放和夜间灯光强度之间的量化关系，并证明了夜间灯光强度是评估碳排放的一个有效指标。劳帕赫等（Raupach et al.，2010）及蒂洛塔马·戈什等（Tilottama Ghosh et al.，2010）进一步验证了夜间灯光亮度与地区碳排放之间存在较为明显的线性关系。

根据上述内容我们可以发现，DMSP/OLS 是一种能够较为准确地反映人类社会经济活动（城镇化、人口密度、能源消耗等）的良好指标。同时，城市中经济活动的空间集聚与人类活动息息相关，因此，DMSP/OLS 不失为体现城市空间集聚水平的一个有效替代变量。接下来，本章节将基于城市夜间灯光视角，检验和分析空间集聚对我国制造业企业出口参与广度和深度的影响。

7.2 空间集聚影响企业出口参与广度的稳健性检验

在将夜间灯光作为衡量集聚的有效性的基础上，本小节将以城市夜间灯光强度作为空间集聚的替代变量，从企业出口参与广度视角考察其对企业出口二元边际的影响，以检验本书实证结果的稳健性和有效性。

7.2.1 城市夜间灯光数据描述性统计

为了进一步保证空间集聚的外部效应对我国企业出口国内增加值率先扬后抑的倒 U 型估计结果的稳健性，本书以我国城市灯光数据作为城市空间集聚水平的替代变量带入计量方程，并进行实证检验和分析。

$$exportdummy_{i,t} = \beta_0 + \beta_1 light_{i,t} + \beta_2 light_{i,t}^2 + \gamma Z_{i,t} + \varepsilon_{i,t} \qquad (7.1)$$

$$export_{i,t} = \theta_0 + \theta_1 light_{i,t} + \theta_2 light_{i,t}^2 + \tau C_{i,t} + L. export_{i,t} + \xi_{i,t} \qquad (7.2)$$

$light_{i,t}$ 表示城市夜间灯光强度，考虑到空间集聚对企业出口可能存在的非线性影响，本章节设置了城市夜间灯光强度的平方项 $light_{i,t}^2$。与第 5 章计量模型的控制变量相同，本章节计量模型中的控制变量 $Z_{i,t}$ 和 $C_{i,t}$ 包含了企业全要素生产率、资本密集度、员工薪酬水平、企业规模、企业成立年限。$L. export_{i,t}$ 表示企业出口的滞后一期。

其中，城市夜间灯光数据来源于美国国家海洋和大气管理局网站。该数据库展示了地球上每个栅格单元（大约 1 平方公里）上的灯光强度，其值介于 0 ~ 63。本章节采用 Arcgis 软件截取研究样本中我国各年份各城市的夜间灯光数据，并对每个城市区域内栅格中的灯光数值进行加总，以此作为该城市的夜间灯光强度，数值越高，表明该地区灯光亮度越强。为了对我国各地区夜间灯光强度有一个直观的感受，表 7 - 1 展示了我国各省区市 2001 ~ 2007 年间的夜间灯光强度。可以发现，我国夜间灯光强度的区域分布呈现东部最强、中部次之、西部最弱的格局。经济发达的地区往往具有较高水平的夜间灯光强度，如北京市、天津市、上海市、广东省等地区，其夜间灯光强度均高于 10。其中，上海地区的夜间灯光强度最高，最高达到 39。中部地区的安徽省、河南省、湖南省及湖北省等地区的夜间灯光强度则明显落后于东部地区。而内蒙古自治区、甘肃省、青海省等西部地区省份的夜间灯光亮度最低。此外，从发展趋势来看，我国各地区的城市夜间灯光亮度呈现较为明显的上升趋势，如北京市从 2001 年的 13.79 增长至 2007 年的 14.45，2004 年一度高达 15.56；上海市从 2001 年的 29.21 大幅提高到 2007 年的 36.05。即使对于经济发展较为落后的中西部地区亦是如此。这也反映出我国城市经济活动的空间集聚水平在不断增加这一事实。

表 7-1　　　2001~2007 年我国各省（区、市）夜间灯光强度

省（区、市）	2001 年	2002 年	2003 年	2004 年	2005 年	2006 年	2007 年
北京	13.79	15.05	12.53	15.56	14.38	15.72	14.45
天津	13.87	15.37	12.89	16.72	15.53	17.54	17.03
河北	3.74	4.19	3.07	4.84	4.31	4.94	4.65
山西	2.69	3.02	2.31	3.69	3.16	3.65	2.86
内蒙古	0.91	1.06	1.13	1.80	1.58	1.59	1.44
辽宁	2.94	3.01	2.46	3.28	3.16	3.43	3.57
吉林	0.98	1.06	0.89	1.32	1.23	1.25	1.46
黑龙江	1.02	1.14	0.88	1.39	1.16	1.15	1.25
上海	29.21	33.13	30.99	36.03	34.95	38.76	36.05
江苏	5.51	7.89	7.44	9.53	8.77	10.84	10.33
浙江	4.86	6.48	5.95	7.39	6.51	8.16	7.88
安徽	1.77	2.50	2.05	2.81	2.55	3.24	3.16
福建	4.48	4.67	4.14	5.20	4.73	5.51	5.52
江西	0.69	1.08	1.25	1.81	1.23	1.36	1.50
山东	4.41	5.28	4.26	6.30	5.78	7.02	6.07
河南	2.91	3.81	2.71	4.01	3.66	4.92	4.01
湖北	1.40	1.78	1.41	2.01	1.65	2.01	1.98
湖南	0.71	0.97	0.85	1.36	1.00	1.16	1.19
广东	11.65	12.71	11.79	13.89	11.76	12.97	12.49
广西	0.99	1.16	1.13	1.62	1.25	1.45	1.60
海南	12.65	14.32	14.27	15.79	13.66	15.35	13.27

省（区、市）	2001 年	2002 年	2003 年	2004 年	2005 年	2006 年	2007 年
四川	0.89	1.25	0.97	1.49	1.18	1.48	1.26
重庆	0.86	1.18	0.98	1.35	1.25	1.46	1.30
贵州	0.71	0.88	0.80	1.06	0.90	1.00	0.87
云南	0.73	0.77	0.66	0.91	0.85	0.91	0.86
西藏	0.08	0.09	0.09	0.10	0.09	0.09	0.11
陕西	1.54	1.76	1.26	2.05	1.83	2.29	1.94
甘肃	0.76	0.89	0.70	1.01	0.87	1.02	0.90
青海	0.58	0.63	0.54	0.72	0.65	0.73	0.65
宁夏	1.95	2.21	2.34	3.21	2.94	3.49	3.03
新疆	1.48	1.66	1.53	1.74	1.60	1.73	1.84

注：各省（区、市）的夜间灯光强度为该省（区、市）各城市夜间灯光强度的平均值。
资料来源：笔者根据 DMSP/OLS 整理所得。

7.2.2　全样本稳健性检验

表 7-2 展示了基于我国城市夜间灯光视角的空间集聚对制造业企业出口二元边际全样本的实证结果。根据（1）列和（2）列的结果我们可以发现，灯光变量的估计系数在 1% 的水平上均显著为正，这表明我国制造业企业出口二元边际随着城市夜间灯光强度的提高而呈现显著的扩张趋势。同时，加入灯光变量平方项的估计结果如（3）列和（4）列所示。灯光指标的一次项仍显著为正，但其平方项的估计系数则分别为 -1.80E-04 和 -7.38E-05，并通过了显著性检验。这表明我国制造业企业出口二元边际与其所处地区的夜间灯光强度之间存在显著的倒 U 型关系。即再次验证了空间集聚的外部经济效应和市场拥挤效应对我国制造业企业出口参与广度的影响存在明显的先促进后抑制的特征。

表 7 - 2　基于夜间灯光视角的空间集聚对企业出口参与广度全样本估计结果

变量	选择方程 （1）	出口方程 （2）	选择方程 （3）	出口方程 （4）
$lights$	0.002 *** （0.000）	0.004 *** （0.000）	0.010 *** （0.001）	0.001 * （0.000）
$lights^2$			$-1.80\text{E}-04$ *** （0.000）	$-7.38\text{E}-05$ *** （0.000）
lntfp	0.006 * （0.003）	-0.030 *** （0.001）	0.005 （0.003）	-0.030 *** （0.001）
lnkl	-0.133 *** （0.004）	-0.078 *** （0.001）	-0.136 *** （0.004）	-0.077 *** （0.001）
ln$wage$	0.151 *** （0.006）	-0.029 *** （0.002）	0.141 *** （0.007）	-0.024 *** （0.002）
$size$	0.087 *** （0.004）	-0.014 *** （0.001）	0.090 *** （0.004）	-0.015 *** （0.001）
lnage	-0.075 *** （0.005）	-0.068 *** （0.002）	-0.074 *** （0.005）	-0.068 *** （0.002）
$L.\,export$	2.473 *** （0.007）		2.470 *** （0.007）	
常数项	-2.370 *** （0.024）	1.470 *** （0.008）	-2.407 *** （0.024）	1.485 *** （0.009）
λ	-0.144 *** （0.002）		-0.144 *** （0.002）	
$wald$	22719.06 ***		22719.06 ***	
年份	控制	控制	控制	控制
地区	控制	控制	控制	控制
行业	控制	控制	控制	控制
obs	283262	283262	283262	283262

注：*** 和 * 分别代表 1% 和 10% 的显著性水平，括号内数值为系数的标准差。
资料来源：笔者根据研究数据整理所得。

控制变量的估计系数的方向和显著性也与前面章节的论证结果大

体一致。比如，全要素生产率的估计系数在选择方程中为正，而在出口方程中则为负数。企业的资本深化明显抑制了企业的出口二元边际的扩张。较高的员工薪酬水平促进了企业进入出口市场的概率，但同时也抑制了原有出口企业的出口规模。类似的，大规模企业更有可能选择出口，但对于已经出口的企业来说，其出口规模反而随着规模的扩张而减少。相比成立较久的企业，年轻的企业进入出口市场的概率及出口规模相对更高。此外，逆米尔斯比率的估计系数也表明本书运用 Heckman 两步法是合理和有效的。

7.2.3　分地区稳健性检验

考虑到我国东部沿海省份与内陆省份在集聚程度上的巨大差异，本章节将研究样本划分为沿海地区和内陆地区分别进行检验，并进行比较和分析。结果如表 7 - 3 所示，我们可以发现，基于城市夜间灯光数据的实证结果显示，空间集聚对我国东部沿海地区和中西部地区制造业企业出口参与广度的影响截然不同。具体来看，在东部沿海地区样本中，（1）列和（2）列中，灯光估计系数分别为 0.001 和 0.003，并通过了显著性检验。在加入灯光指标的平方项之后，（3）列选择方程中灯光指标一次项和平方项的估计系数分别为 0.001 和 -2.47E-05，并在 1% 的水平上显著；类似的，（4）列出口方程中灯光指标的一次项和平方项的估计系数同样分别显著为正和显著为负。这意味着我国东部地区制造业企业的出口参与广度随着地区空间集聚水平的不断增加而呈现先上升后下降的倒 U 型趋势。相比之下，在中西部地区样本中，（5）列和（6）列中灯光指标的估计系数分别为 -0.012 和 -0.013，加入灯光指标的平方项之后，灯光指标平方项的估计系数则为正数，但（7）列选择方程中灯光指标平方的估计系数未通过显著性检验。这些结果表明，我国中西部地区制造业企业出口规模的影响呈现明显的抑制后促进的正 U 型特征，而在影响新企业进入出口市场方面，我国中西部地区的空间集聚则更多地表现出一定程度的抑制作用。

表 7 - 3 　基于夜间灯光视角的空间集聚对企业出口参与广度分地区的估计结果

变量	东部地区				中西部地区			
	选择方程 (1)	出口方程 (2)	选择方程 (3)	出口方程 (4)	选择方程 (5)	出口方程 (6)	选择方程 (7)	出口方程 (8)
$lights$	0.001** (0.000)	0.003*** (0.000)	0.001*** (0.001)	0.005*** (0.000)	-0.012*** (0.003)	-0.013*** (0.001)	-0.018** (0.008)	-0.007** (0.003)
$lights^2$			-2.47E-05*** (0.000)	-1.64E-04*** (0.000)			4.33E-04 (0.001)	0.001*** (0.000)
$\ln tfp$	0.006 (0.004)	-0.029*** (0.001)	0.006 (0.004)	-0.028*** (0.001)	0.022** (0.008)	-0.016*** (0.003)	0.021** (0.008)	-0.014*** (0.003)
$\ln kl$	-0.137*** (0.005)	-0.080*** (0.002)	-0.137*** (0.005)	-0.079*** (0.002)	-0.148*** (0.012)	-0.049*** (0.004)	-0.149*** (0.012)	-0.048*** (0.004)
$\ln wage$	0.146*** (0.007)	-0.044*** (0.002)	0.145*** (0.007)	-0.033*** (0.002)	0.096*** (0.017)	-0.011* (0.006)	0.097*** (0.017)	-0.012** (0.006)
$size$	0.094*** (0.004)	-0.008*** (0.001)	0.094*** (0.004)	-0.010*** (0.001)	0.106*** (0.008)	-0.030*** (0.003)	0.106*** (0.008)	-0.032*** (0.003)
$\ln age$	-0.066*** (0.005)	-0.061*** (0.002)	-0.066*** (0.005)	-0.061*** (0.002)	-0.066*** (0.011)	-0.046*** (0.004)	-0.066*** (0.011)	-0.046*** (0.004)

续表

变量	东部地区				中西部地区			
	选择方程（1）	出口方程（2）	选择方程（3）	出口方程（4）	选择方程（5）	出口方程（6）	选择方程（7）	出口方程（8）
L. export	2.419***(0.008)		2.419***(0.008)		2.615***(0.019)		2.614***(0.019)	
常数项	-2.317***(0.026)	1.485***(0.009)	-2.322***(0.027)	1.511***(0.009)	-2.703***(0.057)	1.143***(0.021)	-2.696***(0.058)	1.123***(0.021)
λ		-0.155***(0.003)		-0.153***(0.003)		-0.064***(0.006)		-0.066***(0.006)
Wald	18166.57***		18823.92***		2309.20***		2377.58***	
年份	控制	控制	控制	控制	控制	控制	控制	控制
地区	控制	控制	控制	控制	控制	控制	控制	控制
行业	控制	控制	控制	控制	控制	控制	控制	控制
obs	224092	224092	224092	224092	72577	72577	72577	72577

注：***、**和*分别代表1%、5%和10%的显著性水平，括号内数值为系数的标准差。
资料来源：笔者根据研究数据整理所得。

在控制变量方面，相比于中西部地区，全要素生产率对东部地区制造业企业出口拓展边际的影响虽然为正，但并不够显著。其他控制变量估计系数的方向和显著性与前面论证结果基本一致，这里便不赘述。

7.2.4　分行业稳健性检验

表 7 - 4 展示了基于我国城市夜间灯光视角的空间集聚，对我国不同要素密集度行业制造业企业出口参与广度的估计结果。我们可以发现，空间集聚对我国资本和技术密集型制造业企业的出口二元边际影响呈现显著的先促进后抑制的倒 U 型趋势。如在资本密集型企业样本中，（3）列选择方程中，灯光指标的一次项和平方项的估计系数分别为 0. 009 和 - 1. 33E - 04，并在 1% 的显著性水平上显著；（4）列出口方程中，灯光指标的一次项和平方项的估计系数分别为 0. 003 和 - 1. 47E - 04，同样通过了显著性检验。类似的，在技术密集型企业样本中，（5）列和（6）列中，灯光指标的一次项和平方项的估计系数分别显著为正和显著为负。而在劳动密集企业样本中，灯光指标的估计系数均未通过显著性检验。因此，基于夜间灯光视角的分行业的检验结果表现出了明显的稳健性，即我国资本和技术密集型制造业企业的出口参与广度与空间集聚之间存在显著的先扬后抑的倒 U 型关系，而劳动密集型企业的出口参与广度尚未明显受到空间集聚外部效应的影响。

表 7 - 4　基于夜间灯光视角的空间集聚对企业出口参与广度分行业的估计结果

变量	劳动密集型		资本密集型		技术密集型	
	选择方程	出口方程	选择方程	出口方程	选择方程	出口方程
	（1）	（2）	（3）	（4）	（5）	（6）
lights	0. 001 （0. 003）	- 0. 001 （0. 001）	0. 009 *** （0. 002）	0. 003 *** （0. 001）	0. 003 * （0. 002）	0. 001 *** （0. 000）
lights^2	4. 45E - 05 （0. 000）	2. 74E - 05 （0. 000）	- 1. 33E - 04 *** （0. 000）	- 1. 47E - 04 *** （0. 000）	- 8. 47E - 05 ** （0. 000）	- 9. 98E - 05 *** （0. 000）

变量	劳动密集型		资本密集型		技术密集型	
	选择方程	出口方程	选择方程	出口方程	选择方程	出口方程
	（1）	（2）	（3）	（4）	（5）	（6）
ln*tfp*	0.009 (0.008)	−0.025 *** (0.002)	0.006 (0.006)	−0.040 *** (0.002)	0.005 (0.007)	−0.005 ** (0.002)
ln*kl*	−0.194 *** (0.011)	−0.023 *** (0.002)	−0.134 *** (0.008)	−0.100 *** (0.003)	−0.169 *** (0.012)	−0.016 *** (0.003)
ln*wage*	0.143 *** (0.016)	−0.004 (0.004)	0.171 *** (0.012)	−0.010 ** (0.004)	0.131 *** (0.017)	−0.061 *** (0.004)
size	0.155 *** (0.009)	−0.035 *** (0.002)	0.109 *** (0.006)	0.003 (0.002)	0.219 *** (0.010)	−0.024 *** (0.002)
ln*age*	0.001 (0.012)	−0.019 *** (0.003)	−0.073 *** (0.009)	−0.070 *** (0.003)	−0.091 *** (0.011)	−0.061 *** (0.003)
L. export	2.857 *** (0.017)		2.503 *** (0.012)		2.830 *** (0.018)	
常数项	−2.546 *** (0.093)	1.257 *** (0.022)	−2.708 *** (0.043)	1.372 *** (0.015)	−3.623 *** (0.114)	1.499 *** (0.016)
λ	−0.137 *** (0.004)		−0.128 *** (0.004)		−0.120 *** (0.004)	
wald	8985.07 ***		8022.28 ***		12718.34 ***	
年份	控制	控制	控制	控制	控制	控制
地区	控制	控制	控制	控制	控制	控制
行业	控制	控制	控制	控制	控制	控制
obs	74401	74401	107108	107108	72045	72045

注：*** 、** 和 * 分别代表 1%、5% 和 10% 的显著性水平，括号内数值为系数的标准差。

资料来源：笔者根据研究数据整理所得。

7.2.5 分所有制类型稳健性检验

本小节最后基于夜间灯光视角展示了空间集聚对我国不同所有制

类型的制造业企业出口参与广度的估计结果,如表 7 - 5 所示。总体来看,空间集聚带来的外部经济效应,对企业出口二元边际的推动作用和市场拥挤效应,对企业出口二元边际的抑制作用主要体现在民营企业和外商投资企业中,相比之下,国有企业的出口二元边际尚未明显受到空间集聚的影响。具体来看,在民营企业样本中,(1)列和(2)列灯光指标的一次项估计系数分别为 0.008 和 0.001,相应的平方项的估计系数则为 - 2.05E - 04 和 - 4.05E - 05,且均通过了显著性检验。类似的,在外商投资企业样本中,(3)列和(4)列中灯光指标的一次项估计系数均为 0.005,相应的平方项估计系数分别为 - 1.15E - 04 和 - 1.35E - 04,均在 1% 的显著性水平上显著。这些结果再一次表明,空间集聚对我国民营企业和外商投资企业出口二元边际的影响呈现先扬后抑的倒 U 型趋势。而在国有企业样本中,不论是选择方程还是出口方程,灯光指标的一次项估计系数均为负数,相应的平方项估计系数则为正;但与此同时,国有企业样本中灯光指标的估计系数均未通过显著性检验。因此,基于城市夜间灯光数据的实证结果与前面章节论证的相应的估计结果基本一致,相互映照,表现出了较高的稳健性。

表 7 - 5　　　　　基于夜间灯光视角的空间集聚对企业出口

参与广度分所有制类型的估计结果

变量	民营企业		外商投资企业		国有企业	
	选择方程	出口方程	选择方程	出口方程	选择方程	出口方程
	(1)	(2)	(3)	(4)	(5)	(6)
$lights$	0.008 ** (0.003)	0.001 * (0.001)	0.005 *** (0.001)	0.005 *** (0.000)	- 0.008 (0.009)	- 0.001 (0.002)
$lights^2$	- 2.05E - 04 *** (0.000)	- 4.05E - 05 * (0.000)	- 1.15E - 04 *** (0.000)	- 1.35E - 04 *** (0.000)	3.37E - 04 (0.000)	2.11E - 05 (0.000)
lntfp	0.001 (0.009)	- 0.017 *** (0.003)	- 0.006 (0.006)	- 0.034 *** (0.002)	0.056 *** (0.019)	0.004 (0.005)
lnkl	- 0.255 *** (0.012)	- 0.032 *** (0.003)	- 0.109 *** (0.007)	- 0.093 *** (0.002)	- 0.184 *** (0.031)	0.025 *** (0.008)

续表

变量	民营企业		外商投资企业		国有企业	
	选择方程	出口方程	选择方程	出口方程	选择方程	出口方程
	（1）	（2）	（3）	（4）	（5）	（6）
lnwage	0.143*** (0.019)	-0.002 (0.006)	0.093*** (0.010)	-0.077*** (0.003)	0.098** (0.039)	-0.031*** (0.010)
size	0.223*** (0.010)	-0.041*** (0.003)	0.062*** (0.006)	0.022*** (0.002)	0.181*** (0.021)	-0.042*** (0.005)
lnage	-0.017 (0.013)	-0.030*** (0.004)	0.041*** (0.011)	-0.007** (0.003)	-0.005 (0.027)	-0.014** (0.007)
L. export	2.815*** (0.018)		2.107*** (0.013)		2.902*** (0.042)	
常数项	-3.812*** (0.223)	1.417*** (0.022)	-1.826*** (0.044)	1.386*** (0.013)	-4.529*** (0.252)	0.772*** (0.070)
λ	-0.128*** (0.004)		-0.147*** (0.005)		-0.040*** (0.008)	
wald	7180.50***		11709.16***		1101.13***	
年份	控制	控制	控制	控制	控制	控制
地区	控制	控制	控制	控制	控制	控制
行业	控制	控制	控制	控制	控制	控制
obs	83558	83558	79728	79728	30763	30763

注：***、**和*分别代表1%、5%和10%的显著性水平，括号内数值为系数的标准差。

资料来源：笔者根据研究数据整理所得。

7.3　空间集聚影响企业出口参与深度的稳健性检验

在企业出口参与广度层面验证了本书研究结论的稳健性之后，本小节将继续运用灯光数据作为空间集聚的替代变量，从企业出口国内增加值率视角考察空间集聚对我国制造业企业出口参与深度影响的稳健性。

7.3.1 全样本稳健性检验

根据前面分析，本书稳健性检验的计量模型设定如下：

$$vtr_{i,t} = \alpha_0 + \beta_0 light_{i,t} + \beta_1 lights_{i,t}^2 + \eta Z_{i,t} + \mu_{year} + \mu_{region} + \mu_{industry} + \varepsilon_{i,t}$$

$$(7.3)$$

其中，$light_{i,t}$ 表示城市夜间灯光强度，$lights_{i,t}^2$ 表示城市夜间灯光强度的平方。$Z_{i,t}$ 代表控制变量，与第 6 章中计量模型中的控制变量相同，包括全要素生产率、资本密集度、企业规模、工资水平、企业成立年限、外商投资比重、补贴收入，以及企业的研发投入。μ_{year}、μ_{region} 和 $\mu_{industry}$ 分别表示企业所在年份、地区及行业的虚拟变量；$\varepsilon_{i,t}$ 表示残差项。

表 7 - 6 展示了基于夜间灯光视角的空间集聚对企业出口参与深度的全样本估计结果。其中，（1）列、（2）列是 OLS 估计结果，（3）列、（4）列是工具变量法估计结果，与第 6 章相同，本章所使用的工具变量为我国各城市的地表粗糙度、地表粗糙度的平方及地表坡度。我们发现，夜间灯光强度对我国制造业企业出口国内增加值率的影响呈现显著的先扬后抑的倒 U 型特征。比如在（1）列和（3）列中，运用 OLS 和工具变量法得到的灯光指标一次项的估计系数分别为 1.31E - 04 和 0.001，且在 1% 的显著性水平上显著。而在（2）列和（4）列中，在灯光指标一次项估计系数均显著为正的同时，其相应的平方项的估计系数分别为 - 8.92E - 05 和 - 9.66E - 05，同样通过了显著性检验。这表明，基于城市夜间灯光视角的实证结果进一步验证了我国制造业企业出口参与深度与空间集聚之间显著的倒 U 型关系，体现了本书研究结果的稳健性。

表7-6 　　　基于夜间灯光视角的空间集聚对企业出口
参与深度的全样本估计结果

变量	OLS 估计		IV 估计	
	（1）	（2）	（3）	（4）
lights	1.31E-04*** (0.000)	0.004*** (0.000)	0.001*** (0.000)	0.005*** (0.001)
lights²		-8.92E-05*** (0.000)		-9.66E-05*** (0.000)
lntfp	0.060*** (0.000)	0.060*** (0.000)	0.060*** (0.000)	0.060*** (0.000)
lnkl	0.039*** (0.001)	0.038*** (0.001)	0.040*** (0.001)	0.038*** (0.001)
size	-0.039*** (0.001)	-0.039*** (0.001)	-0.040*** (0.001)	-0.039*** (0.001)
wage	-0.011*** (0.001)	-0.012*** (0.001)	-0.012*** (0.001)	-0.013*** (0.001)
lnage	0.010*** (0.001)	0.010*** (0.001)	0.010*** (0.001)	0.010*** (0.001)
fdiratio	-0.021*** (0.001)	-0.022*** (0.001)	-0.022*** (0.001)	-0.022*** (0.001)
subsidy	0.005*** (0.001)	0.005*** (0.001)	0.006*** (0.001)	0.005*** (0.001)
rd	0.011*** (0.001)	0.011*** (0.001)	0.011*** (0.001)	0.011*** (0.001)
常数项	0.202*** (0.020)	0.166*** (0.020)	0.196*** (0.020)	0.162*** (0.020)
年份	控制	控制	控制	控制
行业	控制	控制	控制	控制
地区	控制	控制	控制	控制
R²	0.253	0.259	0.251	0.259
obs	188148	188148	188148	188148

注：***代表1%的显著性水平，括号内数值为系数的标准差。
资料来源：笔者根据研究数据整理所得。

同时，控制变量的估计结果也与第 6 章的估计结果基本一致，相互映照。比如全要素生产率的进步能够有力地推动我国制造业企业出口参与的深度和其在全球价值链中的地位。同时，随着企业人均资本的不断增加以及经营经验的持续积累，企业的出口参与深度也将随之增加。获取政府补贴以及进行研发投入的出口企业往往具有更高的出口国内增加值率和出口参与深度。此外，可能是由于我国制造业企业的技术水平和生产率的进步滞后于其规模的快速扩张，企业规模与出口参与深度之间存在明显的负相关关系。类似的，人力资本成本的提高也抑制了我国制造业企业出口参与深度的进步。外商投资指标估计系数显著为负的结果意味着：目前外商投资的目的可能在于获取中国的廉价劳动力和环境资源，进而将我国制造业企业牢牢锁定于全球价值链的低端，抑制了我国制造业出口企业的国际竞争力和出口参与深度。

7.3.2　分地区稳健性检验

此外，表 7 - 7 展示了基于夜间灯光视角的空间集聚对我国东部和中西部地区制造业企业出口参与深度的估计结果。不论是 OLS 估计还是工具变量法估计结果，我们可以非常明显地看出，我国东部地区制造业企业的出口国内增加值率与夜间灯光强度之间的关系存在显著的先扬后抑的倒 U 型特征，相比之下，这二者之间的关系在我国中西部地区却呈现先抑后扬的正 U 型趋势。比如，在东部地区样本中，（1）列和（3）列中，灯光指标的一次项的估计系数均为正数（尽管 OLS 的估计结果未通过显著性检验），而在加入灯光指标的平方项之后，（2）列和（4）列中，灯光指标一次项的估计结果分别为 0.005 和 0.006，相应的平方项的估计系数分别为 - 1.00E - 04 和 - 1.21E - 04，且均在 1% 的显著性水平上显著。这再次表明了我国东部地区空间集聚对制造业企业出口参与深度的影响呈现先促进后抑制的倒 U 型趋势。而在中西部地区样本中，（5）列和（7）列中，灯光指标一次项的估计系数

分别为 -0.003 和 -0.006，（6）列和（8）列中灯光指标平方项的估计系数则分别为 $1.49E-04$ 和 0.001，且以上估计结果同样通过了显著性检验。因此，本章节基于夜间灯光视角的估计结果与第 6 章相应结果基本一致，体现了本书实证结果的稳健性和有效性。

此外，不论是 OLS 估计还是工具变量估计，补贴的估计系数在我国中西部地区制造业企业样本中未通过显著性检验，并均为负数。相比之下，东部地区制造业企业出口参与的深度受到了政府补贴明显的推动。与之类似，研发投入对中西部制造业企业出口参与深度的影响程度也明显低于东部地区。出现这种结果的原因可能还是在于我国中西部地区的企业技术基础和运营效率相对薄弱，导致资金利用效率较低。

7.3.3　分行业稳健性检验

除了分地区的稳健性检验，本书根据行业要素密集度的稳健性结果如表 7-8 所示。空间集聚对企业出口参与深度的倒 U 型影响特征主要存在于劳动密集型和资本密集型企业中。比如（1）列和（3）列中，灯光指标的一次项估计系数分别为 0.003 和 0.001；在加入其平方项之后，（2）列和（4）列中，灯光指标在保持显著为正的同时，其平方项的估计系数分别为 $-1.83E-04$ 和 $-1.15E-04$，以上估计系数均在 1% 的显著性水平上显著。这表明我国劳动密集型和资本密集型制造业企业的出口国内增加值率与其所处城市的夜间灯光强度之间存在显著的先增后减的倒 U 型关系。而在技术密集型企业样本中，灯光指标的一次项和平方项的估计系数均为负数。因此，总体来看，本章节基于城市夜间灯光视角的空间集聚对我国不同行业密集度的制造业企业出口参与深度的实证结果与上述章节基本一致，体现了本研究实证结果高度的稳健性。为避免不必要的重复，OLS 估计结果在附录中展现，下同。

表 7 - 7　基于夜间灯光视角的空间集聚对企业出口参与与深度的分地区估计结果

变量	东部地区				中西部地区			
	OLS 估计		IV 估计		OLS 估计		IV 估计	
	(1)	(2)	(3)	(4)	(5)	(6)	(7)	(8)
$lights$	8.55E-05 (0.000)	0.005*** (0.000)	0.001*** (0.000)	0.006*** (0.000)	-0.003*** (0.000)	-0.005*** (0.001)	-0.006*** (0.002)	-0.020*** (0.005)
$lights^2$		-1.00E-04*** (0.000)		-1.21E-04*** (0.000)		1.49E-04** (0.000)		0.001*** (0.000)
$\ln tfp$	0.062*** (0.001)	0.062*** (0.001)	0.062*** (0.001)	0.062*** (0.001)	0.047*** (0.001)	0.047*** (0.001)	0.047*** (0.001)	0.047*** (0.001)
$\ln kl$	0.041*** (0.001)	0.040*** (0.001)	0.041*** (0.001)	0.040*** (0.001)	0.026*** (0.001)	0.026*** (0.001)	0.027*** (0.001)	0.027*** (0.001)
$size$	-0.041*** (0.001)	-0.041*** (0.001)	-0.042*** (0.001)	-0.041*** (0.001)	-0.028*** (0.001)	-0.028*** (0.001)	-0.029*** (0.001)	-0.029*** (0.001)
$wage$	-0.011*** (0.001)	-0.013*** (0.001)	-0.012*** (0.001)	-0.013*** (0.001)	-0.009*** (0.002)	-0.009*** (0.002)	-0.009*** (0.002)	-0.007*** (0.002)
$\ln age$	0.010*** (0.001)	0.010*** (0.001)	0.010*** (0.001)	0.011*** (0.001)	0.006*** (0.001)	0.006*** (0.001)	0.007*** (0.001)	0.007*** (0.001)

续表

变量	东部地区				中西部地区			
	OLS 估计		IV 估计		OLS 估计		IV 估计	
	(1)	(2)	(3)	(4)	(5)	(6)	(7)	(8)
$fdiratio$	-0.020*** (0.001)	-0.022*** (0.001)	-0.022*** (0.001)	-0.022*** (0.001)	-0.028*** (0.005)	-0.027*** (0.005)	-0.026*** (0.005)	-0.024*** (0.005)
$subsidy$	0.006*** (0.001)	0.005*** (0.001)	0.007*** (0.001)	0.005*** (0.001)	-0.002 (0.002)	-0.001 (0.002)	-0.002 (0.002)	-0.001 (0.002)
rd	0.012*** (0.001)	0.012*** (0.001)	0.013*** (0.001)	0.012*** (0.001)	0.005** (0.002)	0.005** (0.002)	0.005* (0.002)	0.005* (0.002)
常数项	0.246*** (0.031)	0.206*** (0.031)	0.242*** (0.031)	0.198*** (0.031)	0.264*** (0.026)	0.285*** (0.029)	0.290*** (0.022)	0.325*** (0.025)
年份	控制	控制	控制	控制	控制	控制	控制	控制
行业	控制	控制	控制	控制	控制	控制	控制	控制
地区	控制	控制	控制	控制	控制	控制	控制	控制
R^2	0.215	0.223	0.211	0.224	0.371	0.371	0.367	0.359
obs	170310	170310	170310	170310	17838	17838	17838	17838

注：***、**和*分别代表1%、5%和10%的显著性水平，括号内数值为系数的标准差。
资料来源：笔者根据研究数据整理所得。

表 7 - 8　　　　　　基于夜间灯光视角的空间集聚对企业出口
参与深度的分行业估计结果

变量	劳动密集型		资本密集型		技术密集型	
	（1）	（2）	（3）	（4）	（5）	（6）
lights	0.003 *** (0.000)	0.010 *** (0.001)	0.001 *** (0.000)	0.006 *** (0.001)	− 0.001 *** (0.000)	− 0.001 (0.001)
$lights^2$		− 1.83E − 04 *** (0.000)		− 1.15E − 04 *** (0.000)		− 8.11E − 06 (0.000)
ln*tfp*	0.058 *** (0.001)	0.060 *** (0.001)	0.066 *** (0.001)	0.066 *** (0.001)	0.055 *** (0.001)	0.055 *** (0.001)
ln*kl*	0.040 *** (0.001)	0.037 *** (0.001)	0.041 *** (0.001)	0.040 *** (0.001)	0.035 *** (0.001)	0.035 *** (0.001)
size	− 0.030 *** (0.001)	− 0.029 *** (0.001)	− 0.043 *** (0.001)	− 0.042 *** (0.001)	− 0.042 *** (0.001)	− 0.042 *** (0.001)
wage	− 0.014 *** (0.002)	− 0.015 *** (0.002)	− 0.013 *** (0.001)	− 0.014 *** (0.001)	− 0.008 *** (0.001)	− 0.009 *** (0.001)
ln*age*	0.008 *** (0.001)	0.007 *** (0.001)	0.007 *** (0.001)	0.008 *** (0.001)	0.011 *** (0.001)	0.011 *** (0.001)
fdiratio	− 0.023 *** (0.003)	− 0.020 *** (0.003)	− 0.020 *** (0.002)	− 0.020 *** (0.002)	− 0.021 *** (0.002)	− 0.022 *** (0.002)
subsidy	0.005 ** (0.002)	0.001 (0.002)	0.004 ** (0.002)	0.003 * (0.002)	0.007 *** (0.002)	0.007 *** (0.002)
rd	0.007 ** (0.003)	0.004 (0.003)	0.012 *** (0.002)	0.011 *** (0.002)	0.014 *** (0.002)	0.014 *** (0.002)
常数项	0.064 *** (0.023)	− 0.004 (0.026)	0.194 *** (0.012)	0.153 *** (0.013)	0.357 *** (0.014)	0.353 *** (0.016)
年份	控制	控制	控制	控制	控制	控制
地区	控制	控制	控制	控制	控制	控制
行业	控制	控制	控制	控制	控制	控制
obs	53707	53707	70038	70038	64403	64403
R^2	0.196	0.206	0.229	0.241	0.305	0.301
Hausman	0.000 ***		0.000 ***		0.000 ***	

注：*** 、** 和 * 分别代表 1% 、5% 和 10% 的显著性水平，括号内数值为系数的标准差。

资料来源：笔者根据研究数据整理所得。

7.3.4 分所有制类型稳健性检验

在根据企业所有制类型将样本划分为民营企业、外商投资企业和国有企业之后，工具变量法估计结果如表 7-9 所示。在民营企业和外商投资企业样本中，（1）列和（3）列的灯光指标一次项的估计结果均为正数。在加入其平方项的估计结果显示，灯光指标的一次项均显著为正，而相应的平方项的估计系数却显著为负，分别为 -4.52E-04 和 -8.81E-05。因此，我们可以再次判断空间集聚对我国民营企业和外商投资企业出口参与深度的先促进后抑制的倒 U 型特征和趋势，这同时也再次表明企业能够从集聚中受益的前提之一是，存在较高程度的市场化。在我国国有企业样本中，一方面，灯光指标一次项的估计系数均为负数，而相应的平方项估计系数则为正数；另一方面，灯光指标的估计系数均未通过显著性检验。这表明灯光强度与我国国有企业出口国内增加值率之间并不存在先扬后抑的倒 U 型关系，空间集聚对我国国有企业出口参与深度的影响反而可能存在一定程度的先抑制后促进的正 U 型趋势。这种现象的出现可能在于，我国国有企业由于在追求经济绩效的同时，还承担着地方就业、福利等社会责任，因此其市场化程度相对较低。因此，在集聚初期，空间集聚对企业出口参与深度的外部经济效应主要在对市场反应敏锐的民营企业和外商投资企业中体现，在这过程中，国有企业的出口国内增加值率也由于民营和外商投资企业的市场竞争力而受到一定程度的抑制。而随着城市空间集聚程度的持续提高，过度集聚带来的市场拥挤在抑制民营和外商投资制造业企业出口收益的同时，国有企业由于政策支持、资金充裕，以及规模庞大而能够抵消空间集聚的负外部效应，并能够通过规模经济、人才流动等外部经济效应实现出口国内增加值率的提升。结合上面可以看出，本章节基于夜间灯光视角的空间集聚对我国制造业企业出口参与深度的实证结果体现了本书研究结果的稳健性。

表 7 – 9 　　　　基于夜间灯光视角的空间集聚对企业出口

参与深度的分所有制估计结果

变量	民营企业		外商投资企业		国有企业	
	（1）	（2）	（3）	（4）	（5）	（6）
$lights$	0.003 *** (0.000)	0.004 *** (0.001)	2.26E – 04 (0.000)	0.004 *** (0.001)	– 0.001 (0.002)	– 0.005 (0.005)
$lights^2$		– 4.52E – 04 *** (0.000)		– 8.81E – 05 *** (0.000)		1.19E – 04 (0.000)
lntfp	0.050 *** (0.001)	0.050 *** (0.001)	0.068 *** (0.001)	0.068 *** (0.001)	0.046 *** (0.002)	0.046 *** (0.002)
lnkl	0.030 *** (0.001)	0.030 *** (0.001)	0.048 *** (0.001)	0.046 *** (0.001)	0.030 *** (0.003)	0.030 *** (0.003)
$size$	– 0.020 *** (0.001)	– 0.019 *** (0.001)	– 0.052 *** (0.001)	– 0.051 *** (0.001)	– 0.034 *** (0.003)	– 0.034 *** (0.003)
$wage$	– 0.008 *** (0.002)	– 0.008 *** (0.002)	– 0.011 *** (0.001)	– 0.012 *** (0.001)	– 0.018 *** (0.004)	– 0.017 *** (0.004)
lnage	0.005 *** (0.001)	0.004 *** (0.001)	0.009 *** (0.001)	0.009 *** (0.001)	0.007 *** (0.002)	0.008 *** (0.002)
$fdiratio$	– 0.028 ** (0.013)	– 0.028 ** (0.013)	– 0.011 *** (0.002)	– 0.011 *** (0.002)	– 0.096 *** (0.035)	– 0.102 *** (0.034)
$subsidy$	0.003 * (0.002)	0.003 * (0.002)	0.006 *** (0.002)	0.005 *** (0.002)	– 0.004 (0.004)	– 0.004 (0.004)
rd	0.009 *** (0.002)	0.009 *** (0.002)	0.012 *** (0.002)	0.011 *** (0.002)	0.001 (0.004)	0.001 (0.004)
常数项	– 0.046 (0.154)	– 0.061 (0.155)	0.281 *** (0.077)	0.247 *** (0.077)	0.446 *** (0.036)	0.476 *** (0.050)
年份	控制	控制	控制	控制	控制	控制
地区	控制	控制	控制	控制	控制	控制
行业	控制	控制	控制	控制	控制	控制
R^2	0.273	0.273	0.228	0.236	0.309	0.302
obs	57239	57239	92935	92935	4174	4174
Hausman	0.000 ***		0.000 ***		0.000 ***	

注：*** 、** 和 * 分别代表 1% 、5% 和 10% 的显著性水平，括号内数值为系数的标准差。

资料来源：笔者根据研究数据整理所得。

此外，在控制变量中，相对于民营企业和外商投资企业，补贴和研发投入对国有企业出口参与深度的影响并不明显，这可能还是由于我国国有企业市场化程度不够高以及其较为特殊的政策背景所致。

7.3.5 分出口模式稳健性检验

将出口企业划分为纯出口企业和非纯出口企业之后的工具变量法实证结果如表 7 – 10 所示，我们可以发现，夜间灯光强度与企业出口国内增加值率的关系，在纯出口企业和非纯出口企业中呈现完全相反的趋势。在纯出口企业样本中，第（2）列的灯光指标一次项和平方项的估计系数分别为 0.001 和 – 3.57E – 05；在非纯出口企业中，第（4）列的灯光指标一次项和平方项的估计系数分别为 – 0.001 和 1.68E – 05，以上估计系数均通过了显著性检验。这表明，空间集聚对我国纯出口企业出口参与深度的影响呈现显著的倒 U 型特征，而这种影响在非纯出口企业中表现为明显的正 U 型特征。与上述章节相应内容相比，空间集聚对企业出口参与深度的影响在纯出口企业样本中表现出明显的稳健性。

表 7 – 10　　基于夜间灯光视角的空间集聚对企业出口参与深度的分所有制估计结果

变量	纯出口企业		非纯出口企业	
	（1）	（2）	（3）	（4）
lights	2.84E – 04 *** (0.000)	0.001 *** (0.000)	– 1.29E – 05 (0.000)	– 0.001 *** (0.000)
lights^2		– 3.57E – 05 *** (0.000)		1.68E – 05 *** (0.000)
lntfp	0.070 *** (0.001)	0.074 *** (0.001)	0.038 *** (0.000)	0.038 *** (0.000)
lnkl	0.026 *** (0.001)	0.029 *** (0.001)	0.020 *** (0.000)	0.020 *** (0.000)

续表

变量	纯出口企业		非纯出口企业	
	（1）	（2）	（3）	（4）
size	- 0. 042 *** (0. 001)	- 0. 045 *** (0. 001)	- 0. 030 *** (0. 000)	- 0. 030 *** (0. 000)
wage	- 0. 024 *** (0. 001)	- 0. 023 *** (0. 001)	- 0. 010 *** (0. 000)	- 0. 010 *** (0. 000)
lnage	0. 006 *** (0. 001)	0. 005 *** (0. 001)	0. 004 *** (0. 000)	0. 004 *** (0. 000)
fdiratio	- 0. 002 (0. 001)	- 0. 002 (0. 001)	- 0. 001 (0. 001)	- 0. 001 (0. 001)
subsidy	- 0. 005 *** (0. 002)	- 0. 004 ** (0. 002)	- 0. 002 *** (0. 000)	- 0. 002 *** (0. 000)
rd	- 0. 010 *** (0. 002)	- 0. 009 *** (0. 002)	- 0. 003 *** (0. 000)	- 0. 003 *** (0. 000)
常数项	0. 028 (0. 073)	0. 035 (0. 076)	0. 467 *** (0. 007)	0. 473 *** (0. 007)
年份	控制	控制	控制	控制
行业	控制	控制	控制	控制
地区	控制	控制	控制	控制
R^2	0. 150	0. 150	0. 444	0. 444
obs	58711	58711	129435	129435
Hausman	0. 000 ***	0. 000 ***	0. 000 ***	0. 000 ***

注： ***、**分别代表1%、5%的显著性水平，括号内数值为系数的标准差。
资料来源：笔者根据研究数据整理所得。

　　综上所述，本章以城市夜间灯光强度作为空间集聚的替代变量，对我国制造业企业出口参与深度与空间集聚之间先增长后下降的倒 U 型关系进行了稳健性检验。研究结果发现：①我国制造业企业出口国内增加值率与其所处的城市夜间灯光强度之间存在显著的倒 U 型关系。②根据企业所处区位将样本划分为东部和中西部之后发现，相比东部企业出口国内增加值率与夜间灯光强度之间的倒 U 型关系，中西部地区企业的出口国内增加值率与夜间灯光强度之间的关系却呈现完全相反的特征，即先抑后扬的正 U 型趋势。③将企业按照所处行业的要素密集度划分为劳动密集型、资本密集型和技术密集型之后发现，我国企业出口国内增加值率与夜间灯光强度之间的倒 U 型关系主要体现在劳动密集型和资本密集型企业中，而在技术密集型企业样本中，这种关系并不存在。④相比市场化程度较高的民营和外商投资企业，我国国有企业的出口国内增加值率与夜间灯光强度之间并不存在显著的关系。⑤对于纯出口企业，出口国内增加值率与夜间灯光强度之间存在明显的倒 U 型关系。

基于以上分析，我们可以明显地看出，以城市夜间灯光强度作为城市经济活动的空间集聚水平的替代变量所得出的实证结果保持了较高的稳定性。

第 8 章

生产性服务业集聚对企业出口
二元边际的影响分析

8.1 问题的提出

自 20 世纪 70 年代以来，生产性服务业逐步取代工业制造业，成为推动经济增长的最主要动力，是发达国家和地区经济发展过程的重要特征之一（Bayson，1997）。近年来，伴随着我国工业化进程的不断发展和深入，生产性服务业迅速成长，并主要集中分布在发达地区的大中型城市中，同时在地理空间上形成对工业制造业的挤出，促使我国越来越多的城市逐渐形成生产性服务业聚集于市中心、制造业分布在市区外围的"新中心—边缘"的结构（Qi & Liu，2015）。预计到 2030 年，我国将形成以服务业为主导的经济形态，服务业比重届时将会高达 65% ~ 70% 左右（胡鞍钢等，2016）。此外，《国务院关于加快发展生产性服务业促进产业结构调整升级的指导意见》中强调，根据中国特色因地制宜地引导和推动生产性服务业在中心城市及有条件的城镇地区集聚，这从政策上显示了我国未来通过依托生产性服务业集聚推进城镇化和产业结构转型升级的发展理念和长期战略。与此同时，在我国各地区经济密度持续提高的趋势下，我国制造业的出口规模借助集聚经济的空间溢出，实现了显著的扩张（陈旭等，2016；佟家栋、刘竹青，2014）。结合党的十九大提出的"拓展对外贸易、培育贸易新业态新模式，推进贸易强国建设"这一外贸发展目标，为我国从推动生产性服务业集聚视角促进出口发展提供了契机。

目前，我国的服务业增长速度已完全超越制造业，而其中发展势头最为强劲、增长空间最为广阔的则当属生产性服务业。作为知识和技术密集型高端行业，生产性服务业正逐步渗透至制造业全部生产网络中的各个环节，其与经济增长和生产效率提升的关系近年来也得到了越来越多的关注和研究（Wood，2006；宣烨、余永泽，2017）。众所周知，长期以来制造业出口贸易一直扮演着推动我国经济持续稳定增长的关键力量。在制造业生产活动与生产性服务业之间的紧密联系已被证实的基础上，我们不禁从出口贸易这一层面思考，生产性服务业的快速集聚是否有助于我国制造业企业的出口扩张？是否存在生产性服务业的过度集聚抑制了制造业企业的出口活动这一现象？如何通过生产性服务业集聚形成我国制造业对外贸易增长的新源泉便成为值得我们思考和探索的问题。为此，本章试图对生产性服务业集聚与区域内制造业企业出口二元边际的动态关系进行较为全面地解答，这对于经济新常态下，中国生产性服务业的发展和贸易发展模式转变具有一定的现实参考意义。

8.2　影响机制分析

根据现有相关研究，本部分将生产性服务业集聚对制造业出口参与的影响机制概括为以下两大途径：一是综合技术效率，二是社会创新体系。

在综合生产效率方面。马克·梅利茨（2003）指出，出口市场往往存在一定的生产率门槛，只有达到一定水平的生产效率的企业才能够在国际市场中获利和生存。生产性服务业集聚则是提升制造业企业生产效率的有效途径（宣烨、余永泽，2017）。一是从上下游关系来看，随着市区生产性服务业集聚水平的不断提升，其与分布在周边的制造业企业之间大大缩减了远距离造成的沟通成本和协调成本，企业生产效率因此得以提升（Mukim，2015）。正如美国劳工部门的统计，不论是自身内部增加生产性服务业岗位还是从外部市场购买服务，制造业的生产效率均能够从中显著获益（USITC，2013）。特别是随着我国制造业智能化的不断发展，制造业企业中相当部分的岗位并不直接参与生产，而是为企业生产经营提供金融、法律、研发及会计等方面的专业服务，促进了生产要素利用效率的提升，制造业企业的出口活动得以扩张。二是从劳动力和资源共享上看，区域内生产性服务业规模的持续扩张带来了基础设施的完善，有助于周边制造业企业对基础设施的共享。同时，两个相似产业的接近，能够借助人力资本的蓄水池效应提高制造业企业中服务岗位人力资源的匹配程度和服务质量，生产效率得以有效提升（Gabe & Abel，2013）。更为重要的是，服务业的创新溢出往往需要与客户进行高频率的深度交流，因此生产性服务业的集聚大大降低了生产性服务业和制造业之间的交流障碍，制造业企业的技术吸收能力和生产效率显著提升（Arkell，2011），进而促进了制造业企业的出口二元边际的扩张。

在社会创新体系方面。毋庸置疑，技术创新是提高企业出口竞争力的核心因素。一般来说，对于分布在城市外围且缺乏高层次人才的制造业企业来说，生产性服务业是将知识资本和人力资源导入制造业内部的主要途径（Aslesen & Isaksen，2007）。特别是对于拥有高层次高校和研究机构的城市，这些科研部门发挥着新技术和新知识的创造功能，生产性服务业既能够促进这种创新体系的知识溢出，同时也能够加强制造业对新技术和新知识的吸收和转化能力（Muller，2001），制造业企业的出口二元边际借此实现扩张（黄先海等，2015）。此外，罗伯托·卡马尼（Camagni Roberto，1991）也发现，在较为成熟的社会创新体系中，新创造出的隐性技术和基础知识经过生产性服务业和制造业内部原有的技术知识相结合后，会使其显性化和实践化，并创造出更高价值的知识形态。制造业企业的生产成本得以缩减、生产技术实现改进，进而实现出口竞争力的提升（Charlot & Duranton，2004）。

然而，在认识到生产性服务业集聚对制造业存在正向溢出效应的同时，行业过度集中或过度分散导致的市场拥挤等外部不经济效应同样值得警惕。因此，生产性服务业对地区生产效率和创新体系的影响并非是一成不变的，而是可能呈现 U 型或倒 U 型的非线性特征。

8.3 实证检验与分析

8.3.1 模型构建

现实情况中，制造业企业的出口决策并非是随机的，而是与区域内生产性服务业的空间布局相关。在这种情况下，传统的 OLS 和 PROBIT 得到的估计结果可能会存在选择性偏差。为此，本部分运用 Heckman 两步法模型对其进行修正。

$$export_{i,t} = \propto_0 + \alpha_1 sag_{i,c,t-1} + \alpha_2 sag_{i,c,t-1}^2 + \gamma CV + \varepsilon \qquad (8.1)$$

$$exportdummy_{i,t} = \propto_0 + \alpha_1 sag_{i,c,t-1} + \alpha_2 sag_{i,c,t-1}^2 + \gamma CV + exportdummy_{t-1} + \xi$$
$$(8.2)$$

$$export_{i,t} = \propto_0 + \alpha_1 dag_{i,c,t-1} + \alpha_2 dag_{i,c,t-1}^2 + \gamma CV + \varepsilon \qquad (8.3)$$

$$exportdummy_{i,t} = \propto_0 + \alpha_1 dag_{i,c,t-1} + \alpha_2 dag_{i,c,t-1}^2 + \gamma CV + exportdummy_{t-1} + \xi$$
$$(8.4)$$

其中，式（8.1）和式（8.3）表示出口方程，用于考察生产性服务业集聚对企业出口集约边际的影响，被解释变量 $export_{i,t}$ 是企业 i 在 t 年的销售产值中出口所占比重。式（8.2）和式（8.4）表示选择方程，用以考察生产性服务业集聚对企业扩展边际的影响，这里被解释变量 $exportdummy_{i,t}$ 是反映企业 i 在 t 年是否存在出口活动的离散变量，如果当年存在出口活动，取值为出口额；反之，取值为 0。sag 和 dag 是本部分的核心解释变量，分别表示企业所在城市的生产性服务业专业化和多样化的集聚水平。同时，本部分将二者的平方项加入计量模型中，以考察生产性服务业对企业出口的非线性影响特征。CV 是本部分设定的若干控制变量。

詹姆斯·赫克曼（1979）指出，如果 ε 和 ξ 之间的相关系数显著不等于 0，则意味着样本存在选择性偏误。这种情况下，Heckman 两步法模型便是一种较为合适的调整和估计方法。其运算原理如下：以生产性服务业专业化集聚为例。首先，对式（8.2）出口选择方程进行估计：

$$P(exportdummy_{i,t} = 1) = \Phi(\propto_0 + \alpha_1 sag_{i,c,t-1} + \alpha_2 sag_{i,c,t-1}^2 + \gamma CV + \varepsilon)$$
$$(8.5)$$

其中，$\Phi(\cdot)$ 代表累计标准正态分布。

其次，运用式（8.2）计算逆米尔斯比率 $\hat{\lambda}$，即：

$$\hat{\lambda} = \mu(\hat{\alpha}_0 + \hat{\alpha}_1 sag_{i,c,t-1} + \hat{\alpha}_2 sag_{i,c,t-1}^2 + \hat{\gamma} CV)/$$
$$\hat{\Phi}(\hat{\alpha}_0 + \hat{\alpha}_1 sag_{i,c,t-1} + \hat{\alpha}_2 sag_{i,c,t-1}^2 + \hat{\gamma} CV) \qquad (8.6)$$

最后，将 $\hat{\lambda}$ 作为控制变量加入式（8.1）进行回归估计：

$$export_{i,t} = \propto_0 C + \alpha_1 sag_{i,c,t-1} + \alpha_2 sag_{i,c,t-1}^2 + \gamma CV_{i,t-1} + \psi \hat{\lambda} \qquad (8.7)$$

同时，詹姆斯·赫克曼（1979）指出，选择方程中的变量要多于出口方程。为此，本部分在式（8.2）中加入了企业是否出口这一变量的滞后一期，这样也能够观察企业在上一期的出口状态对当期出口选择的影响。考虑到自变量的变化对因变量产生影响存在时间上的滞后，本部分将自变量的滞后一期代入到回归过程中。最后，本部分在回归过程中控制了时间、地区和行业效应。

8.3.2　变量说明

8.3.2.1　生产性服务业集聚

根据以往文献对生产性服务业的界定，结合数据的可获得性，本部分以"金融业""交通运输仓储邮政业""信息传输、计算机服务和软件业""租赁和商务服务业",以及"科学研究、技术服务和地质勘查业"这五大行业作为生产性服务业。根据现有理论,产业集聚主要从专业化集聚和多样化集聚这两个维度展开。借鉴宣烨和余永泽(2017)理论,本部分中的生产性服务业专业化集聚以区位熵来表示,计算公式为:

$$sag_{c,t} = \frac{ps_{c,t}}{x_{c,t}} \bigg/ \frac{ps_t}{x_t} \qquad (8.8)$$

在式(8.8)中,$ps_{c,t}$ 表示城市 c 在 t 年的生产性服务业劳动人数,$x_{c,t}$ 表示全市的就业人数。ps_t 和 x_t 分别表示样本中全部城市的生产性服务业劳动人数及就业人数总和。sag 数值大小体现了该城市生产性服务业专业化集聚的高低。

在生产性服务业的多样化集聚水平测度方面,借鉴韩峰(2014),运用改进之后的赫芬达尔指数来计算,其公式为:

$$dag_{c,t} = \sum_s \frac{ps_{c,s,t}}{x_{c,t}} \left[\frac{1 \big/ \sum_{s* \neq s} \left[ps_{c,s*,t} / (ps_{c,t} - ps_{c,s,t}) \right]^2}{1 \big/ \sum_{s* \neq s} \left[ps_{s*,t} / (ps_t - ps_{s,t}) \right]^2} \right] \qquad (8.9)$$

在式(8.9)中,$ps_{c,s,t}$ 表示城市 c 中行业 s 在 t 年的从业人数,$ps_{s,t}$ 表示样本中所有城市中行业 s 在 t 年的从业人数。dag 数值越大,意味着区域内行业的多样化水平越高。

8.3.2.2 控制变量

同时,本章节选取了若干可能与企业出口活动密切相关的控制变量。企业生产率 pro,本部分以企业人均产出来表示。企业资本密集度 kl,本部分以人均固定资产衡量。企业获取的政府补贴 $subsidy$ 为虚拟变量,当企业存在政府补贴时,取值为 1;反之,取值为 0。此外,本部分在城市层面选取了城市规模 pop 和基础设施 $road$ 这两个变量,二者分别用城市人口数量和人均道路面积来衡量。为了降低异方差性,除了虚拟变量,对其他控制变量均取自然对数。

本章节数据来源于中国工业企业数据库及《中国城市统计年鉴》,年份跨度为 2001~2011 年。在样本选取过程中,本部分剔除了固定资产、从业人数为负的异常值，最终获取 263 个地级市的 572079 个制造业企业样本。

8.3.3 全样本检验

根据上述分析和模型，全样本估计结果如表 8-1 所示。其中，出口方程展示了生产性服务业集聚对制造业企业出口集约边际的影响结果，选择方式则是前者对企业出口扩展边际的影响结果。其中，通过了显著性检验的逆米尔斯比率 λ 系数表明，样本存在一定程度的选择性偏误，运用 Heckman 两步法是合理和恰当的。

表 8-1 全样本检验结果

变量	出口方程 (1)	选择方程 (2)	出口方程 (3)	选择方程 (4)	出口方程 (5)	选择方程 (6)	出口方程 (7)	选择方程 (8)
sag_{t-1}	0.552*** (0.045)	-0.301*** (0.026)			0.505*** (0.033)	-0.311*** (0.027)		
sag_{t-1}^2	-0.240*** (0.019)	0.197*** (0.011)			-0.198*** (0.014)	0.195*** (0.012)		
dag_{t-1}			1.574*** (0.106)	-1.284*** (0.059)			1.278*** (0.080)	-1.322*** (0.062)
dag_{t-1}^2			-0.606*** (0.052)	0.571*** (0.029)			-0.488*** (0.039)	0.592*** (0.030)
$\ln pro_{t-1}$	-0.022*** (0.006)	0.002 (0.003)	-0.022*** (0.006)	0.001 (0.003)	-0.049*** (0.004)	0.024*** (0.004)	-0.049*** (0.005)	0.026*** (0.004)
$\ln kl_{t-1}$	-0.046*** (0.004)	0.042*** (0.002)	-0.047*** (0.004)	0.043*** (0.002)	-0.055*** (0.003)	0.063*** (0.003)	-0.056*** (0.003)	0.063*** (0.003)
$subsidy_{t-1}$	-0.366*** (0.013)	0.361*** (0.008)	-0.367*** (0.014)	0.358*** (0.008)	-0.252*** (0.010)	0.348*** (0.009)	-0.256*** (0.010)	0.345*** (0.009)
$\ln pop_{t-1}$	0.055*** (0.009)	-0.112*** (0.005)	0.093*** (0.009)	-0.066*** (0.005)	0.101*** (0.006)	-0.095*** (0.005)	0.123*** (0.007)	-0.052*** (0.005)

续表

变量	出口方程（1）	选择方程（2）	出口方程（3）	选择方程（4）	出口方程（5）	选择方程（6）	出口方程（7）	选择方程（8）
$lnroad_{t-1}$	-0.045 *** (0.009)	0.019 *** (0.005)	-0.067 *** (0.010)	0.036 *** (0.005)	-0.039 *** (0.007)	0.010 *** (0.005)	-0.055 *** (0.007)	0.008 *** (0.006)
$exportratio_{t-1}$		0.911 *** (0.007)		0.904 *** (0.007)		0.939 *** (0.008)		0.935 *** (0.008)
λ	-2.871 *** (0.045)		-2.951 *** (0.047)		-2.081 *** (0.032)		-2.221 *** (0.034)	
时间	NO	NO	NO	NO	YES	YES	YES	YES
地区	NO	NO	NO	NO	YES	YES	YES	YES
行业	NO	NO	NO	NO	YES	YES	YES	YES
样本量（个）	389006	389006	389006	389006	389006	389006	389006	389006

注：*** 表示1%的显著性水平，括号中的数字表示回归系数对应的标准差。
资料来源：笔者根据研究数据整理所得。

在专业化集聚方面，根据表8-1中（1）列、（5）列可以看出，集聚指标的一次项和平方项的估计系数分别为正值和负值，且均在1%的显著性水平上通过了显著性检验。这表明，我国生产性服务业的专业化集聚对企业出口集约边际产生了显著的先促进后抑制的倒U型影响。出现此现象的原因可能在于，提升生产效率和技术水平是扩张我国制造业出口规模的主要途径，在集聚初期，随着区域内处于相同或相似行业的生产性服务企业数量逐渐增多，技术溢出、示范效应及规模经济等外部经济效应占据主导地位，生产性服务业将新技术、高水平人力资本对自身生产力的积极影响传导至下游制造业产业（Bos-worth & Triplett，2007），制造业出口企业的出口规模借此实现了进一步的提升。然而，在有限的城市承载力下，过高的专业化集聚将引致更加明显的市场拥挤效应（叶宁华，2014），有限的地理空间内聚集过多的生产性服务业企业，反而造成了区域内制造业出口企业生产成本的增加和获利空间的压缩，其出口集约边际（即出口规模）无疑随之收缩。相比之下，在（2）列、（6）列中，生产性服务业集聚指标的估计系数的方向完全相反，一次项的估计系数均为负数，而平方项的估计系数则为正数，且均通过了显著性检验。这表明，我国制造业企业的出口扩展边际随着生产性服务业专业化集聚水平的提高而表现出先收缩后扩张的正 U 型变化趋势和特征。出现此结果的主要原因可能在于，在有限的出口市场空间中，随着已进入出口市场的企业出口规模的扩张或收缩，未参与出口的企业选择出口的积极性无疑受到抑制或促进。因此，在生产性服务业集聚外部效应发挥的过程中，企业出口的扩展边际和集约边际呈现相反的发展趋势。

在多样化集聚方面，生产性服务业集聚对企业出口集约边际和扩展边际的影响同样分别呈现出显著的倒 U 型和正 U 型特征，此结果与专业化集聚相一致。比如，在（3）列、（7）列中，生产性服务业集聚指标一次项的估计系数分别为 1.574 和 1.278，相应的平方项的估计系数则为 -0.606 和 -0.488，且在 1% 的显著性水平上显著。相较之下，（4）列、（8）列中，集聚指标一次项和平方项的估计结果完全相反。

同时，控制变量的估计结果显示，企业出口集约边际与生产率之间呈现明显的负相关关系，出现此结果的原因可能是由于出口补贴的存在及企业跨越国际市场的生产率门槛之后怠于进行技术创新所致（李春顶，2010）。同时，生产率能够对企业扩展边际产生一定程度的积极作用，意味着有着较高生产率的企业参与国际贸易的意愿更加强烈（马克·梅利茨，2003）。此外，较高的人均资本抑制了企业的出口集约边际，同时也促进了企业出口扩展边际的扩张。政府补贴对企业出口二元边际也产生了类似的影响。在城市层面的变量方面，城市规模的扩张对企业出口集约边际产生了显著的积极影响，出口扩展边际则受到了城市规模的抑制。相比之下，城市基础设施对企业出口集约边际和扩展边际的影响方向则分别为抑制和促进。

既然生产性服务业集聚对企业出口二元边际的影响存在非线性特征，我们不禁进一步思考：目前我国越过拐点的城市有哪些？为此，本部分根据回归结果计算了拐点，并展示了样本中超过拐点的城市数量，如表8-2所示。我们可以发现，在出口集约边际方面，我国有少部分城市越过了倒U型曲线的拐点，这意味着我国大部分城市中的制造业企业的出口规模尚处于随着生产性服务业集聚水平的提高而扩张的状态，但也存在部分城市因为生产性服务业结构的不够合理，抑制了制造业出口规模的扩张。在出口扩展边际方面，目前我国约有一半的城市超过了正U型曲线的拐点，即目前我国大约一半数量城市中的制造业企业的出口概率处于随着生产性服务业集聚水平的提高而下降的状态，这意味着，相当多的城市出现了生产性服务业种类过于分散而导致集聚经济的稀释现象。此外，总体来看，不论是在专业化还是多样化集聚层面，近年来越过拐点的城市数量有所下降，这表明我国生产性服务业结构在逐步改进①。

表8-2 **越过拐点的城市数量描述**

年份	专业化集聚		多样化集聚	
	集约边际（1.275）	扩展边际（0.797）	集约边际（1.309）	扩展边际（1.117）
2001	25	135	57	144
2002	25	129	47	137
2003	24	130	49	133
2004	22	130	49	140
2005	19	129	55	138
2006	18	132	54	134
2007	21	121	51	122

注：括号里的数字表示生产性服务业集聚对企业出口二元边际的影响拐点。
资料来源：笔者根据研究数据整理所得。

8.3.4 分样本检验

考虑到不同规模的城市中，规模经济、技术溢出等外部效应水平往往大相径庭。为此，本部分将样本划分为大、中、小城市，以考察

---

① 由于篇幅所限，书中并未列举越过拐点的具体城市名称。

制造业企业出口行为与生产性服务业集聚之间的关系是否会因为所在城市规模的不同而有所差异，回归结果如表 8 - 3 所示①。为了节省篇幅，本章节剩余部分在分别从生产性服务业专业化集聚和多样化集聚层面进行回归估计之后，将二者的回归结果归纳在同一表中。在大中型城市中，生产性服务业专业化集聚对制造业企业出口集约边际和扩展边际的影响与基准回归一致，分别呈现显著的倒 U 型和正 U 型特征。而在小型城市中，生产性服务业的专业化集聚对制造业企业出口二元边际的影响完全相反，分别呈现正 U 型和倒 U 型特征。出现此结果的原因可能在于，以出口集约边际为例，相比于大中型城市，小城市由于有限的市场规模和集聚经济效应，生产性服务业在集聚初期难以对当地制造业企业发挥推动作用，直至集聚达到一定程度之后，制造业企业的出口规模才能够从生产性服务业专业化集聚所产生的技术溢出、知识共享等外部经济效应中获益。同时，生产性服务业的专业化集聚对制造业企业出口扩展边际的影响呈现倒 U 型关系的原因可能在于，在有限的出口市场中，未出口企业选择出口的意愿往往与出口企业的出口规模呈现相反的变化趋势。

表 8 - 3　　　　　　　　　　分城市规模检验结果

变量	大型城市		中型城市		小型城市	
	出口方程 （1）	选择方程 （2）	出口方程 （3）	选择方程 （4）	出口方程 （5）	选择方程 （6）
sag_{-1}	0.259 *** （0.042）	- 0.069 *** （0.034）	0.608 *** （0.111）	- 0.911 *** （0.076）	- 3.603 *** （0.213）	1.346 *** （0.239）
sag_{t-1}^2	- 0.126 *** （0.017）	0.093 *** （0.014）	- 0.567 *** （0.061）	0.413 *** （0.041）	1.787 *** （0.107）	- 0.463 *** （0.121）
dag_{t-1}	0.562 *** （0.100）	- 0.895 *** （0.076）	2.430 *** （0.204）	- 1.906 *** （0.152）	- 2.258 *** （0.339）	0.274 （0.375）

① 本书将人口数量大于 500 万人的城市作为大城市，介于 200 万人和 500 万人之间的为中型城市，小于 200 万人的为小型城市。

变量	大型城市		中型城市		小型城市	
	出口方程（1）	选择方程（2）	出口方程（3）	选择方程（4）	出口方程（5）	选择方程（6）
dag_{t-1}^2	-0.126 *** (0.048)	0.355 *** (0.036)	-1.117 *** (0.107)	0.807 *** (0.079)	1.050 *** (0.168)	-0.218 (0.186)
控制变量	YES	YES	YES	YES	YES	YES
时间、地区、行业	YES	YES	YES	YES	YES	YES
样本量（个）	218017	218017	127646	127646	43343	43343

注：*** 表示1%的显著性水平，括号中的数字表示回归系数对应的标准差。

资料来源：笔者根据研究数据整理所得。

从多样化视角看，在大中型城市中，生产性服务业多样化集聚对企业出口集约边际和扩展边际的影响同样分别呈现显著的倒 U 型和正 U 型特征。在小城市样本中，生产性服务业多样化集聚与企业出口集约边际之间呈现显著的正 U 型联系，这些结果与专业化集聚相一致。然而，多样化集聚指标的估计系数尽管在选择方程中分别为正数和负数，但未通过显著性检验，这意味着小城市的生产性服务业的多样化或多或少地能够对企业选择出口的积极性产生先促进后抑制的倒 U 型影响，但作用不够显著。

此外，本部分进一步按照行业要素密集度将样本划分为劳动密集、资本密集和技术密集这三种类型分别进行检验和对比，相应的分样本检验如表 8 - 4 所示。生产性服务业专业化集聚对我国制造业企业出口集约边际的倒 U 型影响主要存在于劳动和资本密集型企业中，相较之下，技术密集型企业的出口集约边际受到的影响则完全相反，呈现显著的先抑后扬的正 U 型特征和趋势。出现此结果的原因可能在于，对于技术密集型出口企业，由于生产技术门槛的存在，只有区域内知识技术溢出达到一定水平之后，企业才能够从中共享更为先进的技术和知识。而在集聚初期，生产技术水平相对不高的劳动和资本密集型企业则能够借助学习和模仿，在短期内获取更高的出口市场份额。同时，与出口集约边际的结果相反，生产性服务业专业化集聚对劳动和资本密集型企业的出口扩展边际的影响则呈现出先抑后扬的正 U 型特征，技术密集型企业的出口扩展边际随着生产性服务业专业化集聚水平的提高而先上升后下降。出现此结果的原因主要在于，在有限的出口市场份额中，未出口的企业选择出口的概率往往与出口企业的出口规模负相关。

表 8 - 4   分行业检验结果

变量	劳动密集型		资本密集型		技术密集型	
	出口方程 （1）	选择方程 （2）	出口方程 （3）	选择方程 （4）	出口方程 （5）	选择方程 （6）
sag_{t-1}	0.467 *** （0.052）	- 0.412 *** （0.050）	0.640 *** （0.057）	- 0.415 *** （0.049）	- 0.397 ** （0.199）	0.135 ** （0.068）
sag_{t-1}^2	- 0.187 *** （0.023）	0.232 *** （0.023）	- 0.256 *** （0.025）	0.251 *** （0.021）	0.154 * （0.086）	- 0.121 *** （0.019）
dag_{t-1}	1.077 *** （0.120）	- 1.173 *** （0.110）	1.362 *** （0.143）	- 1.576 *** （0.113）	- 1.238 ** （0.625）	1.197 *** （0.111）
dag_{t-1}^2	- 0.395 *** （0.060）	0.500 *** （0.054）	- 0.517 *** （0.070）	0.716 *** （0.055）	0.481 *** （0.078）	- 0.542 ** （0.271）
控制变量	YES	YES	YES	YES	YES	YES
时间、地区、行业	YES	YES	YES	YES	YES	YES
样本量（个）	125377	125377	120934	120934	113199	113199

注：***、**、*分别表示1%、5%和10%的显著性水平，括号中的数字表示回归系数对应的标准差。

资料来源：笔者根据研究数据整理所得。

多样化集聚指标的估计系数方向和显著性与专业化集聚完全一致。即区域内生产性服务业多样化水平对劳动和资本密集型出口企业的出口集约边际产生显著的倒 U 型影响，而二者之间的关系在技术密集型企业中呈现完全相反的正 U 型特征。在出口扩展边际方面，生产性服务业多样化集聚对劳动和资本密集型制造业企业产生了明显的先抑制后促进的正 U 型特征，而在技术密集型制造业企业样本中，二者之间的关系截然相反。

　　除了在宏观地区和中观行业层面，本章节将进一步从微观层面将样本企业划分为国有、民营和外商投资企业这三种类型，回归结果如表8-5所示。根据表8-5，生产性服务业专业化集聚指标的回归系数的方向在不同所有制类型的制造业企业中表现一致。在出口方程中，集聚指标的一次项和平方项均分别为正和为负；在选择方程中，二者均分别为负和为正。然而，集聚指标回归系数的显著性在不同样本中大相径庭。比如，在国有企业中，集聚指标的估计系数均未通过显著性检验；在民营企业中，集聚指标中仅一次项的估计系数通过了显著性检验；而在外商投资企业中，集聚指标的估计系数均在1%的显著性水平上显著。这意味着，生产性服务业专业化集聚对制造业企业出口集约边际的倒U型影响及其对扩展边际的正U型影响，在外商投资企业中最为明显，在民营企业中次之，在国有企业中最弱。出现此现象的原因主要在于，相比于市场化程度较高的民营企业和外商投资企业，一方面，国有企业的规模往往非常庞大，强大的规模经济能够帮助其减少对外部环境的依赖；另一方面，国有企业在经营过程中享受着较多的政策红利，同时也承担着减少失业、提供保障等社会责任，获取商业利润并非是其唯一的经营目标。因此，国有企业的出口受到生产性服务业集聚的影响程度较低。

表8-5　　　　　　　　　　　分企业所有权性质检验结果

变量	国有企业		民营企业		外商投资企业	
	出口方程 （1）	选择方程 （2）	出口方程 （3）	选择方程 （4）	出口方程 （5）	选择方程 （6）
sag_{t-1}	0.154 （0.259）	-0.093 （0.253）	0.158*** （0.058）	-0.099** （0.045）	0.662*** （0.064）	-0.340*** （0.044）
sag_{t-1}^2	-0.122 （0.099）	0.160 （0.098）	-0.035 （0.026）	0.015 （0.020）	-0.255*** （0.028）	0.204*** （0.019）
dag_{t-1}	0.369 （0.715）	-0.379 （0.667）	0.748*** （0.133）	-0.941*** （0.103）	1.279*** （0.154）	-0.972*** （0.100）
dag_{t-1}^2	-0.181 （0.304）	0.248 （0.282）	-0.193*** （0.066）	0.280*** （0.051）	-0.498*** （0.076）	0.489*** （0.049）

变量	国有企业		民营企业		外商投资企业	
	出口方程（1）	选择方程（2）	出口方程（3）	选择方程（4）	出口方程（5）	选择方程（6）
控制变量	YES	YES	YES	YES	YES	YES
时间、地区、行业	YES	YES	YES	YES	YES	YES
样本量（个）	4196	4196	136545	136545	190875	190875

注：***、** 分别表示 1% 和 5% 的显著性水平，括号中的数字表示回归系数对应的标准差。

资料来源：笔者根据研究数据整理所得。

从多样化层面看，生产性服务业集聚对不同所有制类型的制造业企业出口二元边际的影响结果与专业化集聚类似，生产性服务业的多样化并未对国有企业产生显著的影响。如（1）列、（2）列所示，集聚指标的估计系数均未通过显著性检验。此外，根据（3）列~（6）列的估计系数所示，民营企业和外商投资企业的出口集约边际与扩展边际随着区域内生产性服务业多样化水平的提升，分别呈现显著的倒 U 型和正 U 型变化趋势。同时我们发现，民营企业样本中，集聚指标的估计系数绝对值要远远小于外商投资企业样本，这也意味着相比于民营企业，生产性服务业多样化对外商投资企业出口二元边际的影响程度更为深刻。

8.3.5 作用机制分析

刘奕等（2017）指出，综合生产效率的提升及社会创新体系的完善是生产性服务业集聚提升制造业出口竞争力的两大重要途径。同时，本章节在理论推导过程中也提出，生产性服务业集聚主要通过生产效率和创新水平的提升实现制造业生产成本的下降和技术水平的提高，进而促进制造业出口二元边际的扩张，为了检验该实现机制，本部分借鉴马述忠等（2018）的方法建立如下模型进行回归估计：

$$\ln y_{i,t} = \propto + \theta_1 marshall_{i,t-1} + \theta_2 marshall_{i,t-1}^2 + \xi_{year,region,industry} \qquad (8.10)$$

$$\ln y_{i,t} = \beta + \eta_1 jacob_{i,t-1} + \eta_2 jacob_{i,t-1}^2 + \zeta_{year,region,industry} \qquad (8.11)$$

其中，被解释变量包括综合技术效率 *tech* 和社会创新体系 *innovation*。城市综合技术效率通过 DEA 方法测算获得；社会创新体系用城市科学支出来表示。同时，综合技术效率和社会创新体系均以对数形式代入至计量模型中。

估计结果如表 8－6 所示。我们可以发现，不论是专业化集聚还是多样化集聚，生产性服务业集聚指标一次项和平方项的估计系数均分别显著为正和显著为负，这再次验证了前述中生产性服务业通过作用于综合技术效率和社会创新体系对当地制造业企业的出口二元边际产生的非线性影响。

表 8－6 作用机制检验

变量	综合生产效率		社会创新体系	
	（1）	（2）	（3）	（4）
$marshall_{t-1}$	1.180 *** (0.013)		1.441 *** (0.015)	
$marshall_{t-1}^2$	-0.088 *** (0.006)		-0.059 *** (0.006)	
$jacob_{t-1}$		0.723 *** (0.028)		0.606 *** (0.036)
$jacob_{t-1}^2$		-0.469 *** (0.014)		-0.307 *** (0.017)
时间	YES	YES	YES	YES
地区	YES	YES	YES	YES
行业	YES	YES	YES	YES
样本量（个）	389006	389006	389006	389006

注：*** 表示 1% 的显著性水平，括号中的数字表示回归系数对应的标准差。
资料来源：笔者根据研究数据整理所得。

同时，为了验证作用机制的有效性，本章节将集聚指标与综合技术效率和社会创新体系的交互项加入至式（8.1）~式（8.4）的回归模型中，以考察二者在生产性服务业集聚过程中所发挥的不同效应，回归结果如表 8－7 所示。不论是在专业化方面还是多样化方面，生产

表 8 - 7　技术效率和创新体系的协同效应检验

变量	专业化集聚				多样化集聚			
	出口方程 (1)	选择方程 (2)	出口方程 (3)	选择方程 (4)	出口方程 (5)	选择方程 (6)	出口方程 (7)	选择方程 (8)
sag_{t-1}	0.554*** (0.023)	-0.091*** (0.011)	0.025 (0.021)	-0.345*** (0.016)				
sag_{t-1}^2	-0.201*** (0.007)	0.014*** (0.004)	-0.259*** (0.010)	0.198*** (0.006)				
$sag_{t-1} \times tech_{t-1}$	-0.058*** (0.014)	0.069*** (0.004)						
$sag_{t-1} \times innovation_{t-1}$			0.059*** (0.002)	-0.024*** (0.002)				
dag_{t-1}					0.865*** (0.079)	-1.340*** (0.024)	0.215*** (0.038)	-0.693*** (0.032)
dag_{t-1}^2					-0.378*** (0.027)	0.453*** (0.011)	-0.430*** (0.012)	0.110*** (0.013)
$dag_{t-1} \times tech_{t-1}$					-0.038*** (0.006)	0.031*** (0.007)		

续表

变量	专业化集聚				多样化集聚			
	出口方程 (1)	选择方程 (2)	出口方程 (3)	选择方程 (4)	出口方程 (5)	选择方程 (6)	出口方程 (7)	选择方程 (8)
$dag_{t-1} \times innovation_{t-1}$								-0.102 *** (0.003)
$tech_{t-1}$	0.020 * (0.012)	-0.051 *** (0.004)				-0.022 *** (0.008)		
$innovation_{t-1}$			0.096 *** (0.010)	-0.222 *** (0.002)	0.099 *** (0.006)		0.111 *** (0.011)	-0.276 *** (0.003)
λ	1.463 *** (0.261)		-0.195 *** (0.060)		-1.086 *** (0.086)		-0.149 *** (0.055)	
时间	YES	YES	YES	YES	YES	YES	YES	YES
地区	YES	YES	YES	YES	YES	YES	YES	YES
行业	YES	YES	YES	YES	YES	YES	YES	YES
样本量（个）	389006	389006	389006	389006	389006	389006	389006	389006

注：***、**、* 分别表示 1% 和 10% 的显著性水平，括号中的数字表示回归系数对应的标准差。
资料来源：笔者根据研究数据整理所得。

性服务业集聚与技术效率的交互项估计系数在出口方程和选择方程中分别为负数和正数，且均在 1% 的水平上显著，如（1）列、（2）列、（5）列、（6）列所示。这意味着在一定的生产性服务业集聚水平下，具有较高技术效率的地区，其制造业企业进入出口市场的积极性相对更高，但出口企业的出口规模却相对更小。即生产性服务业集聚与技术效率对企业出口扩展边际发挥了正向协同效应，而对企业出口集约边际发挥了负向协同效应。相比之下，生产性服务业集聚与社会创新体系的交互项估计系数则完全相反，在出口方程和选择方程中分别显著为正和显著为负，如（3）列、（4）列、（7）列、（8）列所示。这表明，在一定的生产性服务业集聚水平下，社会创新体系较为成熟的地区中的制造业企业出口规模相对更高，但未出口企业选择出口的积极性相对更弱。即生产性服务业集聚与社会创新体系对企业出口集约边际发挥了正向协同效应，而对企业出口扩展边际发挥了负向协同效应。

8.4 本 章 结 论

本章节基于中国城市经济数据和中国工业企业数据，对生产性服务业集聚与区域内制造业企业的出口二元边际的关系进行较为全面的考察，研究发现：

（1）从总体上看，由于外部经济和市场拥挤效应之间的动态转换，不论是在专业化还是多样化层面，我国生产性服务业集聚对当地制造业企业出口集约边际产生了显著的先促进后抑制的倒 U 型影响，出口扩展边际受到的影响则完全相反，呈现显著的正 U 型特征。同时，生产性服务业集聚能够通过地区综合技术效率和社会创新体系这两大途径影响制造业企业的出口二元边际。

（2）测算结果显示，目前我国大部分城市中的制造业企业的出口规模处于随着生产性服务业集聚水平的提高而扩张的状态；同时，有大约一半数量城市中的制造业企业的出口概率处于随着生产性服务业集聚水平的提高而增加。

（3）从宏观城市层面看，生产性服务业的专业化和多样化集聚对企业出口集约边际和扩展边际所产生的倒 U 型和正 U 型影响主要存在于大中型城市中，小城市制造业企业受到的影响则完全相反。

（4）从中观行业层面看，生产性服务业的专业化和多样化集聚对企业出口集约边际和扩展边际所产生的倒 U 型和正 U 型影响主要存在于劳动密集型和资本密集型行业中。相比之下，技术密集型企业出口二元边际受到的影响完全相反。

（5）从微观企业层面看，生产性服务业的专业化和多样化集聚对外商投资企业出口二元边际的影响最为深刻，民营企业次之，而国有企业尚未受到显著影响。

第 9 章

生产性服务业集聚对企业出口
国内增加值率的影响分析

9.1 问题的提出

改革开放至今，我国依托融入全球生产网络的出口导向型发展战略为经济腾飞作出了巨大贡献。但要实现"中国制造 2025"、塑造由中国主导或深度参与的全球价值链分工体系，仅依靠"价格竞争、数量取胜"的发展模式已难以为继。特别是在当前"逆全球化"趋势日益加剧的趋势下，全球价值链地位已成为我国出口竞争力最为本质和综合的反映。然而，目前我国全球价值链地位整体上仍处于中低端水平（王孝松等，2017），提升我国在全球生产网络中的地位和国际贸易中的话语权迫在眉睫。与此同时，伴随着我国工业化进程的不断发展和深入，生产性服务业迅速成长并主要集中分布在经济体量和市场潜能较高的大中型城市中，同时在地理空间上形成对工业制造业的挤出，促使我国越来越多的城市逐渐形成生产性服务业聚集于市中心、制造业分布在市区外围的新"中心—外围"结构（Qi & Liu，2015）。大量关于集聚经济对出口规模的影响研究证明了产业集聚与出口竞争力之间的重要联系（Greenaway & Kneller，2008；陈旭等，2016）。结合党的十九大提出的"推进贸易强国建设"这一发展目标，为我国从生产性服务业集聚视角提升全球价值链地位提供了契机。

生产性服务业是工业制造业发展到一定程度之后从制造业内部分离，独立发展起来的新兴服务业。因此，目前关于生产性服务业集聚的外部效应研究更多落脚于制造业的生产效率，并主要形成两种观点。一种观点认为，生产性服务业集聚能够显著地带动生产率。如穆克什·埃斯瓦兰和阿肖克·科特瓦尔（Mukesh Eswaran & Ashok Kotwal，1989）指出，生产性服务业集聚程度较高的地区往往具有更加成熟完善的外部投资环境，能够通过吸聚高素质人才提高区域内制造业生产效率。同时，周边制造业在与生产性服务业互动过程中也能够通过模仿和学习提高自身技术水平和生产效率。随着中国工业化进程的快速推进和专业化分工的不断加深，近年来我国生产性服务业集聚与制造业的关系研究逐渐得到部分学者的关注和探讨。比如，余永泽等（2016）及宣烨和余永泽（2017）分别从城市层面和微观企业层面证明了生产性服务业集聚对制造业全要素生产率的提升作用。另一种观点则指出，生产性服务业集聚对制造业生产效率的积极影响并不明显，甚至在一定程度上会损害制造业生产率。比如，安德森（Anderson，2004）基于生产性服务业与制造业之间产业关联效应的实证结果显示二者之间的关系尚不明朗。随后，孔婷等（2010）基于中国城市时间序列数据的实证结果也得出了类似的结论。

除了制造业生产效率，部分研究探讨了生产性服务业集聚对地区整体生产率的影响，其中生产性服务业带来的知识技术的溢出是提高城市经济效率的主要途径（Gleaser & Shleifer，1992；陈建军等，2009）。不仅如此，生产性服务业作为产业链中的较高端部分，对人才和技术水平的要求相对较高，这就需要其分布在城市的经济和信息中心区域，随着城市生产性服务业规模的持续扩张，这种集聚效应必然会通过优化要素利用效率、降低新技术搜寻成本等途径提升城市整体生产率（韩峰等，2014）。

目前，关于生产性服务业集聚对制造业全球价值链地位的直接影响研究较为鲜见，尽管刘奕等（2017）从全球价值链视角，运用结构方程模型证明了生产性服务业对制造业转型升级的积极影响，但其简单地将企业利润总额作为衡量全球价值链地位的指标难免有失偏颇。现有关于产业集聚对企业出口竞争力的影响研究主要是从出口二元边际和出口产品质量这两大角度出发。如理查德·克内勒和毛罗·皮苏（Richard Kneller & Mauro Pisu，2007）发现，区域内出口企业的集聚能够通过示范效应和技术溢出带动周边企业的出口扩张。佟家栋和刘竹青（2014）基于中国制造业企业数据的实证研究得出了类似的结果。孙楚仁等（2014）及莫莎和欧佩群（2016）发现了产业集聚对提升出口产品质量的重要意义。相比之下，产业集聚与全球价值链地位的关系研究则较为欠缺，且主要以定性分析的形式出现（刘志彪，2008）。

通过以上梳理可以发现，目前关于生产性服务业集聚的相关研究主要落脚于生产效率，并为我们了解其外部效应提供了非常有益的见解。同时，集聚经济与出口贸易之间的密切联系也已得到众多学者的检验和证明，我们不禁思考：制造业的全球价值链地位将会受到生产性服务业集聚怎样的影响？其中的作用机制又有哪些？特别是在目前全球化趋势明显受阻、我国面临的贸易壁垒更加明显的外部环境下，如何有效提升制造业的全球价值链地位、构建出口贸易稳定增长的新源泉已成为我国对外贸易急需解决的问题。为此，本节将详细探讨生产性服务业集聚对我国制造业全球价值链地位的影响，以及背后的实现路径。

9.2　影响机制分析

一般认为，增加研发投入、发展高新技术是改变我国制造业在产品竞争力方面相对落后现状的关键途径。而作为在互联网和信息技术浪潮中受益最多的生产性服务业，能够将先进的知识技术及人力资本对自身生产力的正向影响传导至下游的制造业（Bosworth & Triplett，

2007），在这过程中，生产性服务业既是新知识、新技术的传播者，也是制造业转型升级的助推器。一方面，区域内生产性服务业的集聚意味着周边制造业的生产经营能够享受更加专业和多样的服务，有助于制造业企业通过与生产性服务业要素投入的共享形成成本剩余；另一方面，生产性服务业集聚区周边的制造业企业更容易通过隐性知识的溢出和吸收形成收益剩余。最终表现为制造业的全球价值链地位得到了提升。

同时，随着区域内生产性服务业体量的不断增加，生产性服务业集聚为制造业企业生产过程中的中间投入等环节创造了外包的可能性和条件（Mukim，2015），促进制造业企业将有限的生产要素投入至研发、设计等高附加值环节，为企业全球价值链地位的提升奠定了基础。此外，生产性服务业的集聚往往伴随着基础设施的改善及工资水平的提升，能够吸引更多高素质人力资本的汇聚，区域内制造业企业全球价值链地位借此实现提升（杨高举、黄先海，2013）。基于此，本部分提出第一个假说。

假说1：生产性服务业的集聚能够提升制造业的全球价值链地位。

如果生产性服务业集聚能够显著影响区域内的制造业全球价值链地位，那么二者之间的联系机制有哪些？根据现有文献，本章节将其概括为以下三大途径：一是加快要素流动，二是提升创新水平，三是推动全要素生产率。

首先，在加快要素流动方面。在生产性服务业与制造业分工协作体系较为成熟的产业结构中，区域内企业要素配置半径大大缩短，产品的综合生产成本得以缩减，出口部门的要素收益和全球价值链地位随之提升（刘志彪、于明超，2009）。陆善勇和李国英（2015）基于省级面板数据从劳动、资本和技术三大层面证实了加快要素流动对我国出口转型升级的重要作用。区域内生产性服务业的汇聚和扩张能够显著增加制造业货物供需的对接频率和效率，在生产要素的快进快出过程中，城市中工业发展所需要的优质要素通过竞争效应和筛选效应逐步被保留下来，制造业企业的贸易附加值和全球价值链地位随之得到改善。特别是在"互联网+"和产业融合趋势下，生产性服务业逐渐成为中小企业参与市场竞争的重要依托。中小企业往往在营销、物流等环节的自我服务比例较低，促进了制造业对生产性服务业在商品流动方面有效需求的增加（樊文静等，2015）。进而有助于生产性服务业与制造业之间产生更为显著的共聚效应，企业的出口收益和全球价值链地位借此得以改善。

其次，在提高创新水平方面。毋庸置疑，技术创新是增强企业出口竞争力、提高全球价值链地位的核心因素。对于分布在城市外围且缺乏高层次人才的制造业企业来说，生产性服务业是将知识资本和人力资源导入制造业内部的主要途径（Aslesen & Isaksen，2007）。特别是对于拥有高层次高校和研究机构的城市，这些科研部门发挥着新技术和新知识的创造功能，生产性服务业既能够促进这种创新体系的知识溢出，同时也能够加强制造业对新技术和新知识的吸收和转化能力（Muller，2001），制造业企业的全球价值链地位借此实现提升。此外，罗伯托·卡马尼（1991）也发现，在较为成熟的创新环境中，生产性服务业创造出的隐性技术和基础知识经过与制造业原有技术知识相结合后，会创造出更高价值的知识形态。制造业企业的生产成本得以缩减、生产技术实现改进，进而实现全球价值链地位的提升（Charlot & Duranton，2004）。

最后，在推动全要素生产率方面。从现有文献来看，改进全要素生产率是提升企业在全球价值链中地位的关键途径之一。比如，吕越等（2018）在基于企业层面探讨我国全球价值链地位的影响因素时指出，全要素生产率是影响我国出口企业全球价值链地位的关键因素。而在生产性服务业扩张过程中，区域内生产效率的显著提升是生产性服务业正向溢出的主要体现之一（宣烨、余永泽，2017）。此外，由于高额出口固定成本的存在，只有生产率达到一定水平的企业才能够进入出口市场（Melitz，2003）。产业集聚能够通过全要素生产率提升效应，推动出口规模的扩张和出口产品种类的丰富（佟家栋、刘竹青，2014），只有在足够的市场份额的支撑下，企业全球价值链地位才能够持续提升。因此，我们可以推断，生产性服务业在集聚过程中，全要素生产率是其影响制造业全球价值链地位的重要途径之一。基于此，本节提出第二个假说。

假说2：生产性服务业集聚能够通过加快要素流动、提高创新水平，以及推动全要素生产性等途径提升我国制造业的全球价值链地位。

9.3 实证检验与分析

9.3.1 模型设定

本节基准计量模型如式（9.1）、式（9.2）所示。其中，$DVAR$ 表示企业所处的全球价值链地位，本节用出口国内增加值率来表示，比率越高，意味着企业的出口价值增值越大，相应的全球价值链地位就越高（吕越等，2018）。$marsall_{i,t}$ 表示企业 i 在 t 年所在城市的生产性服务业专业化集聚水平，$jacob_{i,t}$ 表示企业 i 在 t 年所在城市的生产性服务业多样化集聚水平。

$$DVAR_{i,t} = \alpha_0 + \alpha_1 marsall_{i,t-1} + \alpha CV_{i,t-1} + \eta_{year,region,industry} + \varepsilon \quad （9.1）$$

$$DVAR_{i,t} = \beta_0 + \beta_1 jacob_{i,t-1} + \beta CV_{i,t-1} + \eta_{year,region,industry} + \varepsilon \quad （9.2）$$

同时，本节也加入了其他可能会影响企业全球价值链地位的若干因素。城市创新水平（$innovation$），本节以城市科技创新支出来表示。外商直接投资（FDI），本节以实际利用外商投资额占国内生产总值比重来表示。综合交易成本（$tradecost$），本节以企业所在城市与省会城市之间的距离来表示。要素流动（$goods$），本节以各城市的货运总量来表示。企业全要素生产率，本节运用 LP 方法计算企业的全要素生产率。企业资本深化水平（$percapital$），本节以人均固定资产来衡量。企业获取的政府补贴（$subsidy$），如果企业当年获取了政府补贴，取值为1；反之，取值为0。此外，考虑到集聚产生的外部效应对全球价值链地位产生的影响往往存在一定的时滞，本节将解释变量的滞后一期代入回归模型中。同时，为减少模型的异方差性，除了虚拟变量和FDI比重，其他变量在回归过程中均以对数形式体现。本节在回归过程中控制了年份、地区和行业效应。

9.3.2　全样本检验

本节资料来源于中国工业企业数据库（2001～2011年）和《中国城市统计年鉴》（2001～2011年），主要运用OLS估计和工具变量估计这两种方法，对生产性服务业集聚与制造业企业全球价值链地位进行实证检验。其中，在工具变量选取方面，本节使用了城市的地表粗糙度及其平方项，以及集聚指标的滞后两期。全样本估计结果如表9-1所示。可以发现，在专业化层面，生产性服务业集聚指标估计系数在OLS和工具变量法下均显著为正。类似的，多样化层面下，生产性服务业集聚指标估计结果亦是如此。这意味着不论是在专业化层面还是多样化层面，我国生产性服务业集聚均对制造业全球价值链地位产生了明显的促进作用。出现此结果的原因可能如前面所述，随着区域内处于相同或相似行业的生产性服务企业数量快速增多，技术溢出、示范效应，以及规模经济等外部经济效应逐步凸显，生产性服务业将新技术、高水平人力资本对自身生产力的积极影响传导至下游制造业产业，制造业企业的全球价值链地位借此实现了进一步的提升。

在控制变量方面，城市创新水平指标及要素流动指标的估计系数显著为正，这意味着科技支出的增加及市场要素流动的加快，显著提升了区域内制造业企业全球价值链地位。外商直接投资（FDI）的估计系数显著为负，这表明中国的FDI更多是为了获取相对低廉的生产成本，并通过专业化分工牢牢将中国锁定在全球价值链低端，中国在此过程中通过学习和模仿实现的技术提升十分有限。综合交易成本指标的同样显著为负，这意味着交易距离缩减有效提升了制造业企业的出口国内增加值率和全球价值链地位。同时，企业全球价值链地位随着

表 9 - 1　　　　　　　　　全样本检验结果

变量	专业化集聚				多样化集聚			
	OLS 估计		IV 估计		OLS 估计		IV 估计	
	(1)	(2)	(3)	(4)	(5)	(6)	(7)	(8)
$marshall_{t-1}$	0.047 *** (0.005)	0.085 *** (0.007)	0.059 *** (0.007)	0.099 *** (0.016)				
$jacob_{t-1}$					0.066 *** (0.011)	0.018 (0.011)	0.083 *** (0.012)	0.063 *** (0.016)
$innovation_{t-1}$		0.020 *** (0.001)		0.011 *** (0.003)		0.020 *** (0.001)		0.012 *** (0.003)
FDI_{t-1}		-2.726 *** (0.133)		-4.148 *** (1.035)		-2.888 *** (0.134)		-4.156 *** (0.885)
$tradecost_{t-1}$		-0.006 *** (0.001)		-0.005 (0.005)		-0.006 *** (0.001)		-0.044 (0.004)
$goods_{t-1}$		0.024 *** (0.001)		0.024 *** (0.001)		0.024 *** (0.001)		0.024 *** (0.001)
tfp_{t-1}		0.002 *** (0.000)		0.006 *** (0.002)		0.003 *** (0.000)		0.006 *** (0.002)

续表

变量	专业化集聚				多样化集聚			
	OLS 估计		IV 估计		OLS 估计		IV 估计	
	(1)	(2)	(3)	(4)	(5)	(6)	(7)	(8)
$percapital_{t-1}$		-0.001*** (0.000)		-0.004*** (0.001)		-0.001*** (0.000)		-0.004*** (0.001)
$subsidy_{t-1}$		-0.001 (0.001)		-0.001 (0.001)		-0.002** (0.001)		-0.002 (0.001)
常数项	-4.977 (3.462)	0.400*** (0.026)	-3.757 (3.298)	-4.977 (3.462)	0.635*** (0.026)	0.389*** (0.026)	-1.315 (2.225)	1.580 (1.875)
年份、城市、行业	YES	YES	YES	YES	YES	YES	YES	YES
样本量（个）	99625	99625	99625	99625	99625	99625	99625	99625

注：***、**分别表示 1% 和 5% 的显著性水平，括号里的数字表示估计系数对应的标准差。
资料来源：笔者根据研究数据整理所得。

全要素生产率的改进而显著提高。资本深化指标的估计系数则显著为负，这表明人均资本的增加反而抑制了企业全球价值链地位，这可能是由于我国制造业人力资源水平相对不高导致的生产要素利用效率较低所致。同时值得注意的是，政府补贴指标的估计结果为负数，这意味着从提升出口竞争力角度看，政府补贴的效果并不十分理想。

9.3.3 分样本检验

考虑到我国沿海省份和中西部地区在贸易发展水平上的巨大差异，本节将样本划分为沿海和内陆，分别进行回归估计。根据表 9 - 2 可以看出，生产性服务业的专业化集聚和多样化集聚，对制造业企业全球价值链地位的积极影响主要存在于沿海地区，相比之下，内陆地区的制造业企业的全球价值链地位受到生产性服务业集聚的影响并不明显。本节对此现象理解为，东部沿海地区聚集了我国大部分的出口企业及大量的服务业，且二者之间的互动更为频繁。而我国内陆地区由于贸易成本等因素，出口企业在数量和规模方面均远小于东部地区，加之中西部地区工业化发展水平尚不如东部地区，从制造业分离出来的生产性服务业规模较为有限，产生的集聚效应相对不足。因此，生产性服务业对制造业全球价值链地位的显著影响主要体现在东部沿海地区。类似的，陈旭等（2016）的研究结果也发现，我国空间集聚对制造业企业出口参与的影响在中西部地区并不明显。

控制变量估计系数的方向与显著性保持了较高的稳健性，这里不再赘述。

表 9 - 2 分地区检验结果

变量	专业化集聚		多样化集聚	
	沿海省份（1）	内陆省份（2）	沿海省份（3）	内陆省份（4）
$marshall_{t-1}$	0.112 *** (0.012)	0.048 (0.082)		

续表

变量	专业化集聚		多样化集聚	
	沿海省份（1）	内陆省份（2）	沿海省份（3）	内陆省份（4）
$jacob_{t-1}$			0.063*** （0.024）	0.022 （0.305）
$innovation_{t-1}$	0.003 （0.003）	0.010*** （0.003）	0.003 （0.004）	0.010*** （0.004）
FDI_{t-1}	-6.508*** （0.606）	-9.223*** （0.954）	-7.819*** （1.026）	-8.638*** （0.903）
$tradecost_{t-1}$	-0.017*** （0.003）	-0.020** （0.009）	-0.023*** （0.004）	-0.015* （0.009）
$goods_{t-1}$	0.026*** （0.001）	0.003 （0.002）	0.027*** （0.001）	0.002 （0.002）
tfp_{t-1}	0.013*** （0.002）	0.006*** （0.001）	0.015*** （0.003）	0.007*** （0.001）
$percapital_{t-1}$	-0.009*** （0.001）	-0.001 （0.001）	-0.011*** （0.002）	-0.002 （0.001）
$subsidy_{t-1}$	0.007*** （0.002）	-0.008** （0.004）	0.008** （0.004）	-0.007* （0.004）
常数项	-30.189** （12.507）	1.214 （0.791）	-36.752** （15.843）	0.881 （0.821）
年份	YES	YES	YES	YES
城市	YES	YES	YES	YES
行业	YES	YES	YES	YES
样本量（个）	77979	7469	77979	7469

注：***、**、* 分别表示 1%、5% 和 10% 的显著性水平，括号里的数字表示估计系数对应的标准差。

资料来源：笔者根据研究数据整理所得。

此外，本部分进一步按照行业要素密集度，将样本划分为劳动密集、资本密集和技术密集这三大类，相应的分样本检验结果如表 9-3

所示。在专业化集聚层面，相比于资本密集型企业和技术密集型企业样本，生产性服务业集聚指标的估计系数在劳动密集型样本中未通过显著性检验。这意味着，生产性服务业专业化集聚对制造业全球价值链地位的促进作用主要体现在资本和技术密集型企业中。在多样化集聚层面，根据集聚指标的估计系数我们可以看出，生产性服务业集聚与制造业全球价值链地位之间的正相关关系，仍然存在于资本密集型企业和技术密集型企业中，但二者在劳动密集型样本中的关系则完全相反，呈现一定程度的负相关，但并不显著。比如在表 9 - 3 的（4）列中，集聚指标的估计系数为 - 0.032，且未通过显著性检验。

表 9 - 3 　　　　　　　　　　　分行业检验结果

变量	专业化集聚			多样化集聚		
	劳动密集（1）	资本密集（2）	技术密集（3）	劳动密集（4）	资本密集（5）	技术密集（6）
$marshall_{t-1}$	0.016 (0.011)	0.116*** (0.010)	0.104*** (0.010)			
$jacob_{t-1}$				- 0.032 (0.027)	0.090*** (0.016)	0.081*** (0.017)
常数项	0.517*** (0.034)	0.357 (0.025)	0.542*** (0.069)	0.506*** (0.034)	0.385*** (0.024)	0.566*** (0.069)
其他变量	YES	YES	YES	YES	YES	YES
年份、城市、行业	YES	YES	YES	YES	YES	YES
样本量（个）	25881	31371	28137	25881	31371	28137

注：*** 表示 1% 的显著性水平，括号里的数字表示估计系数对应的标准差。
资料来源：笔者根据研究数据整理所得。

　　除了在宏观区域和中观行业层面，在微观企业层面，考虑到不同生产规模的企业由于自身内部规模经济的差异，其生产经营活动受外部环境的影响可能也大相径庭。因此，我们从生产规模层面将样本企业划分为大、中、小三种类型，估计结果如表9-4所示。结果表明，生产性服务业的专业化和多样化集聚，对中小型制造业企业全球价值链地位产生了显著的促进作用，但是大型企业受到的正向影响尚不明显。我们对此结果理解为，大型企业由于自身的规模经济效应及雄厚的资金实力，对外界经济环境的依赖程度较小。相比之下，中小型企业生产成本及技术水平更容易受到外界环境的影响，在与其他产业共聚过程中能够明显受益（Duranton & Puga，2001）。特别是在当前如火如荼开展的"互联网＋"及产业高度融合的背景下，越来越多的中小型制造业企业的发展模式逐渐转变为依托生产性服务业而生存，这便更有助于其借助生产性服务业集聚实现价值链升级。

表9-4　　　　　　　　　　　分企业规模检验结果

变量	专业化集聚			多样化集聚		
	大型企业 （1）	中小企业 （2）	小型企业 （3）	大型企业 （4）	中小企业 （5）	小型企业 （6）
$marshall_{t-1}$	0.055 （0.060）	0.096 *** （0.014）	0.121 *** （0.016）			
$jacob_{t-1}$	0.022 （0.007）	0.014 *** （0.001）	0.007 *** （0.003）	0.006 （0.115）	0.058 *** （0.021）	0.053 *** （0.019）
常数项	-0.111 （0.339）	-1.659 （1.634）	-6.356 （9.633）	-0.118 （0.349）	-1.093 （1.330）	-4.725 （3.558）
其他变量	YES	YES	YES	YES	YES	YES
年份、城市、行业	YES	YES	YES	YES	YES	YES
行业	YES	YES	YES	YES	YES	YES
样本量（个）	2110	16775	66563	2110	16775	66563

注：*** 表示1%的显著性水平，括号里的数字表示估计系数对应的标准差。
资料来源：笔者根据研究数据整理所得。

9.3.4　作用机制分析

在验证生产性服务业集聚对制造业全球价值链地位的正向影响之

后，我们需要进一步了解这背后的实现机制。为此，本节首先检验核心解释变量是否能够显著地影响中间变量，然后采用中介效应分析来检验本章节设定的中间变量与被解释变量之间是否具有完全的中介效应。为此，本节首先，将要素流动、区域创新水平以及全要素生产率作为被解释变量，考察生产性服务业集聚对这三个因素是否同样产生了促进作用；其次，运用中介效应来检验要素流动、创新水平及全要素生产率在生产性服务业集聚影响全球价值链地位中所发挥的中介作用。计量模型如下所示：

$$Y_{i,t} = \theta_0 + \theta_1 marshall_{i,t-1} + \theta CV_{i,t-1} + \eta_{year,region,industry} \qquad (9.3)$$

$$Y_{i,t} = \mu_0 + \mu_1 jacob_{i,t-1} + \mu CV_{i,t-1} + \eta_{year,region,industry} \qquad (9.4)$$

其中，被解释变量 $Y_{i,t}$ 包括要素流动、创新水平及全要素生产率。解释变量则是生产性服务业的专业化集聚和多样化集聚，CV 包括本节基准模型中的外商直接投资（FDI）和综合交易成本（tradecost），估计结果见表 9-5。在专业化层面，生产性服务业集聚指标的估计系数在创新水平和全要素生产率下显著为正，相比之下，要素流动受到生产性服务业专业化集聚的影响并不显著。在多样化层面，生产性服务业集聚指标的估计系数在要素流动和全要素生产率下显著为正，地区创新水平受到生产性服务业多样化集聚的影响并不显著。这表明，创新水平和全要素生产率可能是生产性服务业专业化集聚影响我国全球价值链地位的中介因素，而要素流动和全要素生产率则可能是多样化集聚影响我国全球价值链地位的中介因素。

表 9-5　　　　　　　　　　　作用机制检验

变量	要素流动（1）	创新水平（2）	全要素生产率（3）	要素流动（4）	创新水平（5）	全要素生产率（6）
$marshall_{t-1}$	1.048 (0.827)	0.104 *** (0.038)	1.367 *** (0.114)			
$jacob_{t-1}$				1.525 *** (0.122)	1.316 (1.076)	2.256 *** (0.216)

续表

变量	要素流动（1）	创新水平（2）	全要素生产率（3）	要素流动（4）	创新水平（5）	全要素生产率（6）
其他变量	YES	YES	YES	YES	YES	YES
年份、城市、行业	YES	YES	YES	YES	YES	YES
样本量（个）	99625	99625	99625	99625	99625	99625

注：*** 表示1%的显著性水平，括号里的数字表示估计系数对应的标准差。
资料来源：笔者根据研究数据整理所得。

接下来，本节将对生产性服务业影响我国全球价值链地位的中介效应进行检验，步骤如下：首先根据式（9.3）、式（9.4）的估计结果计算要素流动、创新水平以及全要素生产率的拟合值 N_goods、N_innovation、N_tfp，然后以出口国内增加值率为被解释变量，以 N_goods、N_innovation、N_tfp 作为解释变量进行回归估计，如式（9.5）~式（9.7）所示。

$$VTR_{i,t} = \kappa_0 + \kappa_1 N\_goods_{i,t-1} + \kappa CV_{i,t-1} + \eta_{year,region,industry} \qquad (9.5)$$

$$VTR_{i,t} = \upsilon_0 + \upsilon_1 N\_goods_{i,t-1} + \upsilon CV_{i,t-1} + \eta_{year,region,industry} \qquad (9.6)$$

$$VTR_{i,t} = \gamma_0 + \gamma_1 N\_goods_{i,t-1} + \gamma CV_{i,t-1} + \eta_{year,region,industry} \qquad (9.7)$$

如果生产性服务业集聚先影响区域内要素流动、创新水平及全要素生产率，再作用于全球价值链地位，那么我们预计 κ_1、υ_1、γ_1 将显著。随后，本部分再以出口国内增加值率为被解释变量，将中介变量的拟合值替换至基准回归方程中进行估计。如果中介变量与被解释变量具有完全的中介效应，则中介变量估计系数显著，而生产性服务业集聚指标估计系数不显著。中介效应检验结果如表9-6所示。根据（1）列、（2）列所示，在专业化层面，地区创新水平和全要素生产率这两个中介因素的拟合值的估计系数均显著为正；同时，根据（4）列、（5）列所示，在多样化层面，要素流动和全要素生产率这两个中介因素的拟合值的估计系数亦显著为正。最后，根据（3）列、（6）列所示，所有中介因素的估计系数均显著为正。这表明，地区创新水平提升和全要素生产率的提高，是生产性服务业专业化集聚提升我国全球价值链地位的有效途径；而要素流动加快和全要素生产率的提升是生产性服务业多样化集聚提升我国全球价值链地位的有效途径。总体来看，本节的假说2得到了验证。

表9-6　　　　　　　　　　中介效应检验

变量	专业化集聚			多样化集聚		
	（1）	（2）	（3）	（4）	（5）	（6）
N_goods_{t-1}				0.046*** (0.012)		0.041*** (0.009)
$N\_innovation_{t-1}$	0.017** (0.008)		0.010* (0.006)			
N_tfp_{t-1}		0.009*** (0.000)	0.007*** (0.001)		0.011*** (0.000)	0.006*** (0.001)
$marshall_{t-1}$			0.077** (0.039)			
$jacob_{t-1}$						0.053*** (0.012)
其他变量	YES	YES	YES	YES	YES	YES
年份	YES	YES	YES	YES	YES	YES
城市	YES	YES	YES	YES	YES	YES
行业	YES	YES	YES	YES	YES	YES
样本量（个）	99625	99625	99625	99625	99625	99625

注：***、**、*分别表示1%、5%和10%的显著性水平，括号里的数字表示估计系数对应的标准差。

资料来源：笔者根据研究数据整理所得。

但我们需要注意到，尽管要素流动、创新水平和全要素生产率虽然是生产性服务业集聚影响我国全球价值链地位的重要途径，但该效应不完全是中介效应，可能还存在其他未被本节捕捉到的中介因素。

9.4　本章结论

　　生产性服务业集聚与制造业发展之间的关系近年来得到越来越多的重视和探讨，本章从全球价值链地位视角探讨了我国生产性服务业的专业化集聚和多样化集聚对制造业发展的动态影响，研究发现：（1）从整体上看，不论是在专业化层面还是多样化层面，生产性服务业集聚水平的提高均能够显著地提升当地制造业企业的全球价值链地位。（2）分样本检验结果表明，生产性服务业集聚对制造业企业全球价值链地位的促进作用主要存在于我国沿海省份、资本和技术密集型，以及中小型企业中，内陆地区、劳动密集型及大型企业的全球价值链地位尚未受到生产性服务业集聚的明显影响。（3）在作用机制方面，生产性服务业的专业化集聚主要通过提高创新水平及推动全要素生产率，促进制造业全球价值链地位提升，而多样化集聚主要通过加快要素流动和推动全要素生产率来提升制造业的全球价值链地位。

| 第 10 章 |

研究结论和政策建议

随着近年来新新贸易理论的不断演化，以及新新经济地理理论的提出，空间集聚对出口贸易的影响得到越来越多学者的关注和探讨。为此，首先，本书结合新新贸易理论和新新经济地理理论，通过理论分析指出我国制造业企业出口参与广度和深度与空间集聚之间可能存在倒 U 型关系，并分别以企业的出口二元边际、出口国内增加值率作为出口参与广度和深度的代理变量，进行了实证检验和分析。根据实证结果，本书基于企业出口参与视角计算，并找出我国目前存在过度集聚的城市。其次，本书根据企业所处区位、所在行业，以及所属所有制类型进行分样本检验，以对比和分析空间集聚对具有不同特征的制造业企业出口参与的影响差异及其原因。同时，以城市夜间灯光强度作为空间集聚指标的替代变量，进行了稳健性检验。最后，本书根据研究结论提出相关具有现实意义的政策建议，以及该领域值得我们未来进一步研究的方向。

10.1　研究结论

第一，在企业出口参与广度方面，空间集聚对我国制造业企业出口二元边际的影响呈现显著的先促进后抑制的倒 U 型趋势和特征。同时，目前我国仅深圳地区的空间集聚水平超过了本书所计算的临界值，即深圳市制造业企业的出口参与已受到过度集聚的负向影响，但我国绝大多数地区的制造业企业出口二元边际仍处于随着空间集聚水平的提高而扩张的状态。因此，基于企业出口二元边际视角来看，我国绝大多数城市的空间集聚仍具有较高的提升空间。

第二，根据企业所处区位将样本划分为东部地区和中西部地区之后的实证结果显示，我国东部地区制造业企业出口二元边际随着空间集聚程度的提高呈现先扩张后收缩的倒 U 型趋势；相比之下，可能是由于集聚水平较低或市场竞争不够激烈，我国中西部地区制造业企业的出口参与广度尚未受到空间外部性的明显影响。

第三，根据企业所处行业的要素密集度的分行业实证结果显示，空间集聚对我国制造业企业出口二元边际先促进后抑制的倒 U 型影响趋势主要存在于资本密集型和技术密集型行业中。相比之下，我国劳动密集型行业中的制造业企业出口二元边际并没有受到空间集聚的明显影响。

第四，根据各行业的整体技术水平将我国制造业行业划分为低技术水平行业、中等技术水平行业及高技术水平行业之后发现，空间集聚能够对我国中高技术水平的制造业企业出口二元边际产生显著的倒 U 型影响趋势，而低技术水平的制造业企业尚未受到空间集聚的明显影响。

第五，将我国制造业企业根据其所有制类型划分为民营企业、国有企业和外商投资企业之后发现，空间集聚能够对外商投资企业的出口二元边际的影响呈现显著的倒 U 型趋势和特征。对于民营企业，空间集聚在对企业出口拓展边际产生明显的倒 U 型影响的同时，却对出口集约边际产生显著的正 U 型影响趋势。国有制造业企业的出口二元边际由于自身的特殊政策背景，并未受到空间外部性的明显影响。

第六，在企业出口参与深度（即企业的出口国内增加值率）方面，与企业出口参与广度类似，空间集聚对我国制造业企业的出口国内增加值率的影响同样呈现先扬后抑的倒 U 型特征。同时，根据实证估计结果基于出口参与深度视角所测算的空间集聚最优水平显示，目前我国仅深圳地区的空间集聚超过了集聚最优水平，在此情况下，由于过度集聚导致的市场拥挤效应，深圳地区的制造业企业的出口国内增加值率随着空间集聚程度的提高而趋于下降。相比之下，我国绝大多数地区的空间集聚程度远远低于最优水平，制造业企业的出口国内增加值率仍处于随着集聚水平的提高而上升的阶段。

第七，根据企业所处区位，将样本划分为东部地区和中西部地区后发现，企业出口参与深度与空间集聚之间先扬后抑的倒 U 型关系主要存在于我国东部地区，而二者之间的关系在我国中西部地区制造业企业样本中却完全相反，呈显著的正 U 型特征。

第八，根据企业所处行业的要素密集度的分行业实证结果显示，空间集聚对我国劳动密集型和资本密集型制造业企业的出口国内增加值率产生了显著的倒 U 型影响趋势；而对于技术密集型企业，二者之间却呈现明显的先抑后扬的正 U 型关系。

第九，根据企业所属所有制类型，将样本划分为民营企业、国有企业和外资企业之后发现，空间集聚能够对我国市场化程度较高的民营企业和外资企业的出口国内增加值率产生显著的先促进后抑制的倒 U 型影响趋势。相比之下，可能是由于国有企业较为特殊的政策背景，以及其同时承担着较多的社会责任，较低的市场化程度使得我国国有企业出口参与深度尚未受到空间集聚外部性的显著影响。

第十，将我国制造业出口企业根据其贸易模式划分为纯出口企业和非纯出口企业之后发现，空间集聚的外部性对企业出口国内增加值率的倒 U 型影响主要存在于纯出口企业中。

10.2　政策建议

根据以上研究结论，本书提出以下政策建议。

（1）加强城市的多中心集聚建设，提高我国城市整体的经济活动集中度。虽然实证结果显示，我国制造业企业出库参与的广度和深度均与城市空间集聚水平呈现明显的倒 U 型关系，但目前除了深圳市，我国绝大多数地区的空间集聚水平仍远远未达到最优水平。同时，近年来深圳地区越来越多的制造业企业开始逐步向东莞市等周边城市迁移，以缓解过度集聚带来的土地、人力资本等生产要素成本的大幅上升。因此，在我国城市规模不断扩张的趋势下，各个城市在提高整体经济密度的同时，更应当注重城市内部多中心集聚区的开发和建设，以更大程度地发挥集聚所带来的边际外部经济效应。

此外，周其仁（2015）指出，尽管目前我国上海市、北京市、广州市等一线城市的经济产值总量名冠全国，但相比于经济活动高度集中的纽约市、洛杉矶市、东京市等城市，我国城市总体的经济密度还远远不够，经济集聚的规模报酬递增、技术溢出、人才快速匹配等经济外部效应还未充分发挥。当然，在加强我国城镇化建设、提高城市密度的同时，我们绝不能忽视基础设施、环境保护等与居民生活、企业生产活动息息相关的因素。以日本东京市为例，仅仅占日本国土总面积的 3.4%，却承载了全日本 28% 的人口及 30% 以上的生产总值。深入到东京市内部可以发现，即使在密度如此之高的城市中，却集出行枢纽、商业、办公、家居等几乎所有居民需要的城市功能于一身；不仅如此，部分建筑顶层还设计有田园、花圃等"自然景色"。为此，本书所提及的提高城市空间集聚水平并非一味地提升生产要素的集中程度，而是要更加充分地利用现代技术兼顾城市中方方面面的功能，最终打造成交通便利、生活友好的紧凑型城市。与此同时，对于经济活动密度较小的城市，可以通过改善基础设施等措施与周边地区共同打造成较为紧凑的城市圈。在这过程中，我国城市空间集聚的外部经济效应自然会得到更进一步地发挥，制造业企业出口参与的广度和深度也会随之提升。

（2）调整产业空间布局，实现各区域空间集聚与企业出口参与之间的均衡发展。研究结果显示，我国制造业企业出口参与的广度和深度在东部地区与空间集聚之间存在明显的先扬后抑的倒 U 型关系，而在中西部地区，二者之间的关系却呈现完全相反的特征。为此，在目前我国越来越多的人力资源从经济发展较为缓慢和落后的地区涌向

一、二线城市及其他众多经济较为发达的城市的趋势和背景下，尽管我国东部地区绝大多数城市的制造业企业出口参与的广度和深度均尚未受到过度集聚的负面影响，但为了缓解和避免未来较长一段时间内空间集聚可能导致的市场拥挤，东部地区各个城市应该继续完善公路、铁路及信息网络等基础设施。同时，对于中西部制造业企业，集聚初期市场拥挤效应更加明显的原因可能在于产品种类较为单一，且生产技术水平较低，导致在集聚初期有限的市场中，充斥着大量生产类似或相同产品的情况。在此情况下，众多生产者为了维持自身的市场份额，不得不降低价格，导致厂商之间形成恶性价格竞争，部分生产率较低或生产成本较高的生产者不得不降低出口规模，甚至退出出口市场。为此，我国中西部地区可以适当增加对中小制造业企业的研发投入补贴和出口补贴，以缓解其出口规模和出口国内增加值率受到市场拥挤效应影响的同时，尽可能地提升其生产技术水平，以便从根本上提高它们所处的全球价值链地位。

值得注意的是，产业空间布局协同目标并不是要通过外部力量强行扭转现有的经济空间格局，而是应该在秉持效率优先兼顾公平的基本原则下，通过市场化实现低效企业的淘汰，并推动中西部部分经济落后地区的工业化进程。比如，在我国东、中、西部地区各自经济较为发达的地区大力培育产业集群的"增长极"，在产业功能上互补共进、分工协作，进一步发挥产业链、空间链和市场链的协同效应和溢出效应，利用总体均衡状态下的局部非均衡模式，逐步减少和消除我国空间集聚外部效应的区域分化，以及潜在的市场拥挤隐患，最终能够实现我国各地区制造业企业出口参与广度和深度均能够从城市经济集聚中长久地受益。

（3）加快落后产业的技术升级，实现产业间协同发展。研究结果显示，从我国制造业企业的出口参与广度来看（即企业的出口二元边际），劳动密集型制造业企业并未从集聚经济中获益，相比之下，资本密集型和技术密集型制造业企业则能够通过空间集聚带来的技术溢出、规模经济等外部经济效应实现出口参与广度的提升。其原因可能在于我国传统的劳动密集型企业往往通过低廉的人力成本跨越出口成本门槛,生产率及技术水平并非其参与出口竞争的重要因素。为此,我国应当在"一带一路"和国际产能合作战略背景中,逐步有序地将我国生产率较低,且产能严重过剩的行业转移至其他具有产能需求互补的国家和地区中,并大力引入高科技战略性新兴产业。这样既可以通过改善我国地区空间集聚的多样性水平,缓解同一产业可能存在的过度集聚问题;同时也能够通过大量技术密集型企业聚集所带来的技术溢出、高水平劳动力"蓄水池",以及示范效应提高区域制造业的整体技术水平,最终能够有效地促进进入出口市场的企业数量及现有出口企业出口规模的扩张。

此外,施炳展等(2013)的研究指出,政府对出口企业的补贴往往只能促进其出口产品的数量,对企业出口产品技术含量和质量的提升作用却十分有限。其原因主要在于,对于我国大多依靠成本较低的简单劳动力实现出口参与的企业来说,政府补贴反而会助长其依赖补贴生存的惰性,并削弱其在激烈的市场竞争环境下增加研发投入改进生产技术水平和产品质量的动力。因此,我国应当适当地减少对生产效率低下的传统劳动密集型企业的补贴,增加对依靠技术水平和产品质量参与国际竞争的企业的研发和出口补贴,充分调动技术密集型企业提高生产技术水平、参与国际竞争的积极性,最终在长期范围内通过优胜劣汰为我国制造业企业出口参与广度的持续增加奠定良好的技术基础。

从我国制造业企业的出口参与深度来看(即企业所处的全球价值链地位,以出口国内增加值率来体现),我国空间集聚对企业出口参与深度的影响在劳动密集型和资本密集型企业中呈现显著的先扬后抑的倒 U 型特征,与之相反的是,技术密集型企业出口参与深度则随着空间集聚的提升先下降后上升。因此,与企业出口参与广度类似,在我国绝大多数城市的空间集聚尚未达到最优水平的情况下,我国应当进一步通过城镇化等发展措施提高我国城市经济活动密度,尽快发挥空间集聚外部经济效应对我国技术密集型出口企业全球价值链地位的提升作用，同时也要逐步通过产业结构优化升级和国际产能合作，以最大程度地减少或避免空间集聚所带来的市场拥挤效应对我国劳动密集型和资本密集型出口企业全球价值链地位的负面影响。

（4）深化国有企业改革，提高我国整体市场化水平。本书研究结果显示，我国国有企业出口参与的广度和深度均未受到空间集聚的显著影响。相比之下，我国民营企业及外商投资企业的出口规模，以及所处的全球价值链地位能够明显地受益于空间集聚所带来的外部经济效应。其根本原因可能还是在于我国国有企业尚未充分地参与到国际市场竞争当中，特别是在大部分国有企业具有明显的政策支持和资金优势的背景下，加之相当一部分国有企业同时还承担着解决地方就业、增加地区社会福利等公共任务，因此，相对较低的市场化环境及相对较小的经营业绩压力，降低了国有企业积极吸收集聚经济所带来的人才流动、示范效应及规模经济等的动力，错失了借助外部经济环境提升出口竞争力的机会。为此，我国可以从国有企业、国有经济和国有资产管理这三大方面进行深化改革，并在改革过程中兼顾国有经济与非国有经济之间的良好互动关系。

在国有企业方面，一般商业性的国有企业、承担公共政策性的国有企业及具有特定功能性的国有企业应当"各就各位"，专注完成自身所承担的"企业使命"。比如，一般商业性国有企业的使命是保证国有资产的增值或保值，因此，这类国有企业的改革方向就是促进其国有股权的市场化和资本化，推动其完全彻底地参与到市场竞争当中，这样既有助于减低国有企业高昂的制度运行成本、提高其经营效率，也能够进一步带动整个市场的活力。对于公共政策性国有企业，其承担着弥补市场缺陷、完成国家赋予的经济政策目标等使命。正是由于其相对较为复杂精细的治理体制，针对此类国有企业的改革方向是"一企一制""一企一法"，即每个公共政策性国有企业都需要有专门的法律制度来规范其运作，确保该类国有企业真正地追求社会公共利益。对于特定功能性的国有企业，其既非完全是一般功能性的国有企业，也不是纯粹的公共政策性国有企业，而是混合了这二者的主要特征的国有企业，且一般为国有控股的多元化企业。这类国有企业的改革方向应该是向市场化方向发展，在实现企业自身发展和盈利的基础上，保证整体社会经济秩序的稳定、促进经济发展模式的转变等。

（5）合理调整产业结构，充分发挥空间外部性与产业结构对我国制造业企业出口参与深度的协同促进作用。目前来看，我国制造业企业整体出口增加值率相对较低，特别是加工贸易企业，其出口国内增加值率不足一般贸易企业的一半。为此，首先，对于制造业企业来说，产业结构调整要以技术结构的调整为主线，一方面，要求促进新技术、新产品及新产业的创新。另一方面，则是传统产业的技术结构升级。在这技术升级过程中，空间集聚的溢出效应将进一步促进企业之间的相互学习和模仿，加快我国企业在全球价值链中分工的深入。其次，集聚程度较高区域内的企业应当根据自身市场竞争力加快"走出去"的步伐。在依托我国"一带一路"倡议及中非合作平台、中巴经济走廊建设等前提下，推进我国富裕的优势产能建设境外开发基地，在全球范围内获取更加优质的生产要素、技术、资金乃至市场。这样既可以避免过度集聚带来的市场拥挤的负面影响，也有助于我国企业通过利用海外优秀人才和技术建立自身主导的产品价值链，实现出口参与的进一步深入。最后，加强外商直接投资的"筛选"力度，提高外商投资企业对我国本土企业的技术溢出。研究结果显示，外商直接投资的增加并不利于我国制造业企业出口增加值率的提升。为此，对于那些经济活动较为密集的东南沿海地区，在引进外商投资过程中，积极开展与跨国公司共建研发团队，通过技术溢出实现我国本土企业技术创新能力的提升和全球价值链分工的深入。

（6）适当调整贸易政策，鼓励具有生产率优势的企业扩大出口规模。本书的实证结果表明，对于已经进入出口市场的制造业企业，生产率较低的企业反而具有更高的出口比重。其中的原因一方面，可能是在存在出口补贴的情况下，我国相当一部分企业在克服出口的成本和生产率门槛之后，政府给予的补贴反而削弱了其继续提升生产率、改进产品质量的积极性。但另一方面，由于部分国家通过制定贸易政策来提高对我国的贸易壁垒，从而降低了我国出口企业扩张出口规模的积极性，导致一些具有国际竞争力的高生产率企业不得不减少出口规模。为此，首先，我国在补贴方面应当更加具有针对性，比如，只有对那些具有研发投入和创新成果的出口企业实施出口补贴，鼓励企业注重提升自身生产率和出口产品质量；同时也可以根据补贴产品对象制定详细的目录和标准，以更大程度地鼓励企业通过提升自身生产率和产品质量来参与出口竞争。在这过程中，也有助于我国技术密集度较高的制造业企业进入出口市场，完善整体出口结构。其次，在我国积极与制定较高贸易标准的国家进行协商以减少贸易壁垒的同时，制造业企业自身也应当重点关注出口目的地对进口产品的检验标准及发展趋势，根据需求方的要求，有针对性地提高全要素生产率、改进产品质量。最后，适当降低对传统劳动密集型企业（特别是大型国有企业）的扶持力度。在我国"人口红利"逐渐消退的情况下，地方政府应大力支持和推动传统的劳动密集型国有企业的技术升级和转型，而非一味地为了解决当地就业或顾虑短期地方经济增长率的下降而通过补贴维持企业生存，这样反而会在长期范围内损害企业生产率的进步潜力和空间。

10.3 研究展望

我们认为本书还有以下值得改进和进一步探索的空间：其一，虽然我国城市密度在不断提高，但基于我国制造业企业的出口参与视角来看，绝大多数城市的空间集聚水平仍有广阔的成长空间（哪怕是对于上海市和北京市这种经济活动密度较高的城市，而且即使对于样本期内已经出现过度集聚的深圳市来说，最近几年深圳市大批制造业企业已向东莞市等周边地区转移，以缓解过度集聚所带来的高额成本），其原因是否在于我国作为"为全世界生产"的制造业大国，较高的国际市场需求为我国企业继续借助空间集聚的外部经济效应实现出口参与广度和深度的持续深入提供了市场基础。其二，不论是集聚外部经济效应还是市场拥挤效应，其对企业出口参与的直接影响更多的是通过货币因素（要素成本、运输成本等）还是非货币因素（技术溢出、信息共享等）。其三，在一定水平的城市空间集聚下，不同行业内部的集聚程度可能存在较大差异，在考虑了行业差异的基础上，探索企业出口参与和空间集聚之间的关系，有助于我们更有针对性地基于微观出口视角理解集聚收益与拥挤成本之间此消彼长的转换关系。理解上述问题最终有助于为我国借助空间外部性来构建新型出口动力（比较优势），从而提供更为深入的理论基础和现实依据。

附　　录

附表 1　　　　　2001～2011 年中国地级市空间集聚平均值

城市	就业集聚	产出集聚	资本集聚	投入集聚
北京市	0.01240	28.92275	198.00650	41.01631
天津市	0.01969	39.66897	13.31107	55.13589
石家庄市	0.00434	3.32075	2.59591	4.42769
唐山市	0.02119	34.32963	36.19398	56.73542
秦皇岛市	0.00689	2.51442	3.12999	3.72044
邯郸市	0.00934	17.24548	18.45752	23.49710
邢台市	0.00633	3.09022	2.72271	4.23912
保定市	0.00419	1.85346	2.17822	2.48549
张家口市	0.00144	0.61569	0.98930	0.63008
承德市	0.00064	0.39404	0.25362	0.81139
沧州市	0.00207	4.60575	2.16750	6.82912
廊坊市	0.00312	1.98710	2.44159	3.38523
衡水市	0.00479	1.56237	2.02875	2.01220
太原市	0.01132	9.81217	13.35888	20.99514
大同市	0.00067	0.48417	1.06906	1.09900
阳泉市	0.00224	1.23369	2.40827	2.93395
长治市	0.00141	1.66646	2.01513	4.16789
晋城市	0.00064	0.76615	4.02899	1.26145
朔州市	0.00091	0.54190	1.24375	1.62450
晋中市	0.00213	0.45058	0.50477	1.03333

城市	就业集聚	产出集聚	资本集聚	投入集聚
运城市	0.00812	4.74708	7.87173	5.47612
忻州市	0.00093	0.23109	1.81697	0.33130
临汾市	0.00469	2.40508	0.84156	4.83658
吕梁市	0.00215	0.55720	0.53093	1.29163
呼和浩特市	0.00088	1.01413	25.67975	2.81177
包头市	0.00067	0.95180	1.38698	2.26827
乌海市	0.00490	5.35455	18.25072	6.86440
赤峰市	0.00037	0.33600	0.56889	0.45758
通辽市	0.00035	0.39046	0.60589	0.45341
鄂尔多斯市	0.00034	0.15018	0.45526	0.25942
呼伦贝尔市	0.00005	0.04145	0.23688	0.04839
巴彦淖尔市	0.00031	0.25869	0.34206	0.37870
乌兰察布市	0.00031	0.35985	1.48243	0.39486
沈阳市	0.00601	7.99206	16.74523	11.82884
大连市	0.85013	65.72269	52.08899	61.07154
鞍山市	0.05566	7.48446	31.44024	11.72022
抚顺市	0.00361	15.92751	6.23694	18.82856
本溪市	0.00355	3.51763	2.45138	13.12506
丹东市	0.00296	0.58765	0.83990	0.88584
锦州市	0.00254	8.71205	1.46329	12.09342
营口市	0.01342	6.38009	5.01602	7.21717
阜新市	0.00050	0.45610	1.34258	0.88988
辽阳市	0.01118	0.74387	2.56039	2.71935
盘锦市	0.00488	10.90137	6.44758	26.62329
铁岭市	0.00206	1.39656	1.30606	1.86561
朝阳市	0.00093	0.22808	0.44570	0.55448
葫芦岛市	0.01157	10.02153	17.45921	11.90141
长春市	0.00339	1.63032	2.55503	5.02049
吉林市	0.01125	22.07425	17.28489	22.15934

城市	就业集聚	产出集聚	资本集聚	投入集聚
四平市	0.00116	0.63666	1.92648	0.68747
辽源市	0.00140	0.55364	1.55164	0.93010
通化市	0.00343	3.57120	4.32153	3.67925
白山市	0.00171	0.31808	1.11826	0.38176
松原市	0.00077	0.61640	0.25810	1.60648
白城市	0.00031	0.04716	0.08019	0.07832
哈尔滨市	0.00179	1.38465	2.55886	1.77198
齐齐哈尔市	0.00079	0.19479	0.41006	0.36733
鸡西市	0.00037	0.18736	0.32596	0.41010
鹤岗市	0.00009	0.13322	0.64377	0.47349
双鸭山市	0.00033	0.34358	1.00781	0.76562
大庆市	0.00673	7.43661	3.15912	19.00314
伊春市	0.00072	0.55657	0.54910	0.77107
佳木斯市	0.00094	0.17263	0.66006	0.23437
七台河市	0.00011	0.31097	2.30692	1.20523
牡丹江市	0.00066	0.24499	0.62309	0.30876
黑河市	0.00012	0.03014	0.18391	0.04156
绥化市	0.00069	0.24564	0.26620	0.27460
上海市	0.07358	86.11064	41.46330	131.67200
南京市	0.02499	61.08067	61.00629	75.15092
无锡市	0.04182	33.45642	23.00057	45.36721
徐州市	0.00902	4.17491	2.65052	5.86192
常州市	0.04365	15.97294	10.35834	21.83451
苏州市	0.09399	49.33387	29.33008	62.99730
南通市	0.03282	9.71910	6.84133	12.27564
连云港市	0.00273	1.54192	7.59912	1.97953
淮安市	0.00340	1.72312	2.22067	1.89164
盐城市	0.00309	0.73973	0.65513	1.39568
扬州市	0.01375	10.91879	10.18234	16.43764

城市	就业集聚	产出集聚	资本集聚	投入集聚
镇江市	0.01488	10.89173	21.90139	14.50987
泰州市	0.00871	8.84940	10.70541	9.41452
宿迁市	0.01534	2.50905	2.05572	2.77506
杭州市	0.01718	16.96626	16.68776	22.59915
宁波市	0.03376	16.49560	9.95862	23.66405
温州市	0.01016	3.23104	3.18347	5.58106
嘉兴市	0.15694	35.92090	59.18590	41.69576
湖州市	0.01805	8.22701	9.68187	10.43535
绍兴市	0.06295	28.68393	23.01925	39.07618
金华市	0.01467	2.91451	3.36520	4.27239
衢州市	0.01064	4.14681	8.32564	3.95322
舟山市	0.07914	55.24456	42.03700	66.14698
台州市	0.00627	3.39035	2.65718	5.45577
丽水市	0.00140	1.19946	1.60231	1.73425
合肥市	0.00414	5.11800	4.57034	5.32299
芜湖市	0.01022	7.10270	4.65424	9.45542
蚌埠市	0.00302	2.13871	1.43535	1.84352
淮南市	0.00696	7.60949	11.61762	13.27467
马鞍山市	0.08564	20.68386	32.79530	37.73466
淮北市	0.00157	2.34836	2.32371	5.93833
铜陵市	0.17351	165.79350	169.47530	143.26530
安庆市	0.00200	4.85118	1.72511	7.17150
黄山市	0.00101	1.37315	0.78986	1.39243
滁州市	0.00238	0.75143	0.83073	0.74628
阜阳市	0.00277	2.14974	2.61109	2.10570
宿州市	0.00143	0.47584	0.81391	0.68233
巢湖市	0.00495	4.21342	3.38027	4.17198
六安市	0.00152	0.32840	0.41625	0.37509
亳州市	0.01673	2.30469	6.62160	1.86731

城市	就业集聚	产出集聚	资本集聚	投入集聚
池州市	0.00147	0.91855	2.49946	0.93798
宣城市	0.47200	6.36519	42.47490	6.77342
福州市	0.00535	13.03479	14.06166	19.16270
厦门市	0.11786	77.90978	32.42206	93.08112
莆田市	0.01061	3.59026	7.10336	4.44179
三明市	0.00252	0.58223	1.60334	0.76324
泉州市	0.05992	11.25816	7.81654	13.89469
漳州市	0.00811	2.73185	5.69760	3.48010
南平市	0.00145	0.35734	0.88172	0.46135
龙岩市	0.00289	2.24635	3.25001	1.53855
宁德市	0.00329	1.58721	4.24079	1.97424
南昌市	0.00938	6.23719	11.45610	7.33933
景德镇市	0.00256	1.96136	2.94004	3.51711
萍乡市	0.00413	0.96630	0.94246	3.53209
九江市	0.00252	3.12397	1.95446	3.91651
新余市	0.01576	2.49811	5.95023	5.67813
鹰潭市	0.09166	90.08340	98.86049	98.50848
赣州市	0.00073	0.17425	0.29044	0.34979
吉安市	0.00091	0.34512	0.86726	0.42202
宜春市	0.00143	0.57416	1.42945	0.69251
抚州市	0.00140	0.32641	0.13819	0.44264
上饶市	0.00178	0.71350	0.89016	0.93839
济南市	0.01091	7.87864	54.20175	54.72097
青岛市	0.01997	16.94281	10.31952	22.50587
淄博市	0.02456	26.42141	10.78373	31.17619
枣庄市	0.02227	5.42746	4.85953	8.45295
东营市	0.00491	11.75420	4.79096	27.24071
烟台市	0.00781	5.63113	2.95256	7.39117
潍坊市	0.00856	3.70812	4.09089	5.03273

城市	就业集聚	产出集聚	资本集聚	投入集聚
济宁市	0.00368	3.70814	4.71406	4.81482
泰安市	0.00363	3.19715	1.77642	5.01666
威海市	0.05905	33.85965	13.66315	39.16420
日照市	0.00653	1.89658	3.92804	2.89337
莱芜市	0.02252	4.28483	5.88652	13.52777
临沂市	0.00744	3.30931	2.21090	4.31494
德州市	0.00429	2.36444	3.65114	3.08757
聊城市	0.00808	7.37020	16.60913	10.35311
滨州市	0.00188	4.16706	2.74978	7.26600
菏泽市	0.00372	2.10195	1.21161	2.64667
郑州市	0.02190	17.89735	36.08190	26.45030
开封市	0.00329	0.88808	1.03571	1.10837
洛阳市	0.00585	7.52191	7.42664	6.76367
平顶山市	0.00400	3.64290	6.31144	8.62208
安阳市	0.01088	5.78262	5.78811	7.69141
鹤壁市	0.01219	7.97672	3.40400	9.85505
新乡市	0.00869	2.87621	3.55892	3.00346
焦作市	0.01431	13.13902	10.94425	13.69757
濮阳市	0.00278	2.18937	2.39586	5.00251
许昌市	0.00406	2.99894	2.61587	5.20227
漯河市	0.02918	10.45962	6.67031	16.97451
三门峡市	0.00159	1.69778	3.95931	3.06056
南阳市	0.00120	0.64314	0.59913	0.84317
商丘市	0.00284	1.32603	1.69616	1.26041
信阳市	0.00253	1.61089	0.82416	1.48381
周口市	0.00263	1.47913	0.74934	2.16030
驻马店市	0.00327	1.19340	1.17141	1.29434
武汉市	0.04067	25.31271	49.33374	25.05856
黄石市	0.01796	10.80127	10.84997	13.68358

续表

城市	就业集聚	产出集聚	资本集聚	投入集聚
十堰市	0.00060	0.10123	0.66375	0.39284
宜昌市	0.00204	2.91774	61.51632	1.94678
襄樊市	0.00184	0.40863	1.64914	0.69630
鄂州市	0.05853	9.69889	15.42876	14.47568
荆门市	0.00224	5.65949	1.62433	7.23167
孝感市	0.00253	1.08786	3.56793	1.20861
荆州市	0.00127	0.26041	0.54396	0.51566
黄冈市	0.00120	0.28393	0.56151	0.35066
咸宁市	0.00471	0.76371	1.41813	0.76149
随州市	0.00130	0.69421	0.35302	0.89517
长沙市	0.00706	16.13112	20.63534	9.65054
株洲市	0.00214	5.24377	2.39675	8.83251
湘潭市	0.01133	2.61445	5.25146	4.45165
衡阳市	0.00197	1.38487	1.16349	2.44567
邵阳市	0.00132	0.26588	0.39395	0.36422
岳阳市	0.00406	8.79678	5.26570	8.96185
常德市	0.00192	4.00786	2.93865	1.44638
张家界市	0.00179	0.22499	4.57128	0.20943
益阳市	0.00368	0.83863	1.34373	0.88697
郴州市	0.00118	1.50616	2.79981	2.00435
永州市	0.00152	0.16130	0.51532	0.24459
怀化市	0.00113	0.31932	1.99605	0.27905
娄底市	0.00362	1.66675	1.28090	3.40435
广州市	0.04736	51.91219	101.37640	63.15191
韶关市	0.00255	1.61725	3.92710	2.44181
深圳市	0.72029	882.00710	347.21170	1093.96000
珠海市	0.10952	83.89873	49.44461	101.42630
汕头市	0.07420	12.92463	14.09327	14.98484
佛山市	0.11037	66.52994	36.84368	73.26060

续表

城市	就业集聚	产出集聚	资本集聚	投入集聚
江门市	0.01906	3.96857	3.42353	4.72452
湛江市	0.00720	3.51563	2.10470	4.48854
茂名市	0.00723	36.07889	14.70550	35.75789
肇庆市	0.00305	0.86117	1.46755	1.30463
惠州市	0.01814	14.13333	10.74983	17.51983
梅州市	0.01035	3.17305	14.70763	2.14917
汕尾市	0.00532	5.67966	3.30442	5.00197
河源市	0.00208	0.79899	0.51999	1.22348
阳江市	0.00115	0.48186	0.66739	0.91218
清远市	0.00326	1.28851	2.44387	1.78894
东莞市	0.24188	71.46873	57.11450	81.49630
中山市	0.19867	33.14524	16.41045	42.12240
潮州市	0.01041	2.39215	5.35265	5.25584
揭阳市	0.01662	3.78104	4.14282	4.62019
云浮市	0.00987	2.31912	4.14488	2.46823
南宁市	0.00393	3.45679	4.94985	3.20269
柳州市	0.00241	0.95903	1.13945	1.95307
桂林市	0.00114	0.38005	0.56377	0.44568
梧州市	0.00140	0.56982	0.85515	0.69025
北海市	0.00285	3.00896	2.31367	3.76314
防城港市	0.00260	1.23690	2.29167	2.57866
钦州市	0.00143	0.53907	1.10914	0.86834
贵港市	0.00445	1.06020	2.84670	0.92885
玉林市	0.00372	0.44767	1.03267	0.74687
百色市	0.00130	1.70636	5.01140	1.46469
贺州市	0.00196	1.09787	1.68442	1.47290
河池市	0.00150	1.34095	2.55096	1.66569
来宾市	0.00311	2.10920	4.62282	1.89630
崇左市	0.00450	2.77050	2.43470	2.10830

续表

城市	就业集聚	产出集聚	资本集聚	投入集聚
海口市	0.00874	3.92486	7.99610	5.88110
三亚市	0.00398	2.14822	2.58439	2.11579
重庆市	0.00224	0.72685	1.57044	1.00986
成都市	0.00617	5.23201	11.65983	6.29435
自贡市	0.00490	16.41137	16.44179	24.45230
攀枝花市	0.02727	3.62772	36.02787	7.88825
泸州市	0.00352	3.71412	4.74980	2.43375
德阳市	0.00741	3.46310	4.63383	3.99951
绵阳市	0.00156	0.42487	0.78708	0.74500
广元市	0.00221	1.19450	2.10988	1.45009
遂宁市	0.00955	3.14950	5.29080	3.43790
内江市	0.00555	9.53385	7.52984	10.13783
乐山市	0.00627	1.27100	3.63180	1.39598
南充市	0.00155	1.56400	0.96354	2.26504
眉山市	0.00282	1.83499	2.08148	2.38896
宜宾市	0.01133	13.79382	15.96344	10.45423
广安市	0.00360	1.49583	9.92539	1.54022
达州市	0.00225	1.38352	0.85704	1.98291
雅安市	0.00101	0.46608	4.26929	0.51288
巴中市	0.00158	0.75934	0.36226	0.87448
资阳市	0.00234	2.26413	0.85208	2.60706
贵阳市	0.01118	19.39552	42.74492	15.54966
六盘水市	0.00430	2.61664	4.07573	5.35864
遵义市	0.00231	1.24846	2.93075	0.69901
安顺市	0.01034	1.57231	3.65144	1.33315
昆明市	0.00267	7.61870	6.78718	5.53261
曲靖市	0.00217	2.63304	4.29053	2.12685
玉溪市	0.00365	16.86823	52.63155	5.27587
保山市	0.00182	0.31532	0.97148	0.31040

续表

城市	就业集聚	产出集聚	资本集聚	投入集聚
昭通市	0.00117	1.09993	1.72850	0.67074
丽江市	0.00036	0.10900	0.38078	0.13165
思茅市	0.00058	0.11285	0.49803	0.10657
临沧市	0.00160	0.38005	1.01425	0.28035
西安市	0.01070	4.45238	9.04716	7.34032
铜川市	0.01160	3.38076	5.19779	4.64043
宝鸡市	0.00167	0.63253	0.88084	0.76369
咸阳市	0.00512	3.36081	3.38998	4.20335
渭南市	0.00183	2.04043	3.27105	3.74697
延安市	0.00031	4.67363	2.24236	7.29939
汉中市	0.00305	0.84401	0.89354	0.91570
榆林市	0.00040	0.11969	0.89630	0.26478
安康市	0.00044	0.10414	1.20328	0.11724
商洛市	0.00065	0.34416	0.20244	0.63169
兰州市	0.00674	15.21533	8.81392	19.10673
嘉峪关市	0.06362	74.97973	123.07480	96.29143
金昌市	0.06953	86.13193	56.25058	73.94988
白银市	0.01221	3.29398	4.79352	3.60931
天水市	0.00102	0.31453	0.30045	0.29345
武威市	0.00135	0.09508	0.75857	0.12205
张掖市	0.00038	0.08537	0.54433	0.07880
平凉市	0.00085	0.42891	1.88561	0.44814
庆阳市	0.00066	0.41400	0.08794	1.58421
定西市	0.00089	0.22208	0.52179	0.22419
陇南市	0.00065	0.17695	0.30271	0.38034
西宁市	0.00658	9.81908	34.82843	10.37720
银川市	0.00254	4.13666	5.25921	4.54242
石嘴山市	0.00609	1.76880	3.56504	2.40144
吴忠市	0.00222	2.82574	2.99725	2.91807

续表

城市	就业集聚	产出集聚	资本集聚	投入集聚
固原市	0.00050	0.05889	0.20948	0.07545
中卫市	0.00225	0.40708	1.39456	0.38896
乌鲁木齐市	0.00194	4.02915	2.16199	7.79715
克拉玛依市	0.00389	16.30264	8.74224	35.87231

资料来源：笔者根据资料整理。

附表2　空间集聚对不同要素密集度分行业的估计结果（资本集聚）

变量	劳动密集型 资本集聚		资本密集型 资本集聚		技术密集型 资本集聚	
	选择方程	出口方程	选择方程	出口方程	选择方程	出口方程
$density$	4.92E-05 (0.000)	-1.67E-05 (0.000)	1.51E-04 *** (0.000)	8.81E-05 (0.000)	2.91E-05 *** (0.000)	1.16E-04 *** (0.000)
$density^2$	1.22E-08 (0.000)	5.29E-09 (0.000)	-1.82E-08 (0.000)	-1.65E-08 *** (0.000)	9.86E-10 *** (0.000)	-2.11E-08 *** (0.000)
lntfp	0.003 (0.008)	-0.019 *** (0.002)	0.011 (0.007)	-0.012 *** (0.002)	0.017 ** (0.008)	-0.005 ** (0.002)
lnkl	-0.169 *** (0.011)	-0.020 *** (0.002)	-0.173 *** (0.010)	-0.045 *** (0.003)	-0.149 *** (0.012)	-0.016 *** (0.003)
ln$wage$	0.133 *** (0.016)	-0.004 (0.004)	0.163 *** (0.015)	-0.024 *** (0.004)	0.110 *** (0.017)	-0.062 *** (0.004)
$size$	0.141 *** (0.009)	-0.037 *** (0.002)	0.183 *** (0.008)	-0.016 *** (0.002)	0.202 *** (0.009)	-0.024 *** (0.002)
lnage	-0.002 (0.011)	-0.013 *** (0.003)	-0.085 *** (0.010)	-0.039 *** (0.003)	-0.075 *** (0.010)	-0.059 *** (0.003)
$L.export$	2.863 *** (0.017)		2.970 *** (0.016)		2.831 *** (0.018)	
常数项	-2.463 *** (0.089)	1.205 *** (0.021)	-2.600 *** (0.081)	1.085 *** (0.022)	-3.511 *** (0.106)	0.868 *** (0.031)

变量	劳动密集型 资本集聚		资本密集型 资本集聚		技术密集型 资本集聚	
	选择方程	出口方程	选择方程	出口方程	选择方程	出口方程
wald	8903.13 ***		13934.68 ***		12715.83 ***	
年份	控制	控制	控制	控制	控制	控制
地区	控制	控制	控制	控制	控制	控制
行业	控制	控制	控制	控制	控制	控制
obs	74401	74401	107108	107108	72045	72045

注：*** 、** 分别代表1%、5%的显著性水平，括号内数值为系数的标准差。
资料来源：笔者根据资料整理。

附表3　空间集聚对不同要素密集度分行业的估计结果（资本集聚）

变量	劳动密集型 投入集聚		资本密集型 投入集聚		技术密集型 投入集聚	
	选择方程	出口方程	选择方程	出口方程	选择方程	出口方程
$density$	$4.80E-05$ (0.000)	$-1.42E-06$ (0.000)	$1.86E-04$ *** (0.000)	$5.01E-05$ *** (0.000)	$1.28E-04$ *** (0.000)	$7.42E-05$ *** (0.000)
$density^2$	$-1.95E-10$ (0.000)	$4.69E-10$ (0.000)	$-2.33E-08$ *** (0.000)	$-5.82E-09$ *** (0.000)	$-1.82E-08$ *** (0.000)	$-8.83E-09$ *** (0.000)
$\ln tfp$	0.003 (0.008)	-0.019 *** (0.002)	0.012 (0.007)	-0.012 *** (0.002)	0.017 ** (0.008)	-0.006 *** (0.002)
$\ln kl$	-0.169 *** (0.011)	-0.020 *** (0.002)	-0.173 *** (0.010)	-0.045 *** (0.003)	-0.148 *** (0.012)	-0.016 *** (0.003)
$\ln wage$	0.132 *** (0.016)	-0.005 (0.004)	0.160 *** (0.015)	-0.024 *** (0.004)	0.107 *** (0.017)	-0.062 *** (0.004)
$size$	0.141 *** (0.009)	-0.038 *** (0.002)	0.182 *** (0.008)	-0.016 *** (0.002)	0.201 *** (0.009)	-0.024 *** (0.002)
$\ln age$	-0.002 (0.011)	-0.013 *** (0.003)	-0.085 *** (0.010)	-0.039 *** (0.003)	-0.075 *** (0.010)	-0.059 *** (0.003)
$L.\ export$	2.862 *** (0.017)		2.969 *** (0.016)			

续表

变量	劳动密集型 投入集聚		资本密集型 投入集聚		技术密集型 投入集聚	
	选择方程	出口方程	选择方程	出口方程	选择方程	出口方程
常数项	- 2. 465 *** (0.089)	1. 206 *** (0.021)	- 2. 608 *** (0.081)	1. 081 *** (0.022)	- 3. 516 *** (0.106)	0. 867 *** (0.031)
wald	8901. 26 ***		13909. 70 ***		12713. 41 ***	
年份	控制	控制	控制	控制	控制	控制
地区	控制	控制	控制	控制	控制	控制
行业	控制	控制	控制	控制	控制	控制
obs	74401	74401	107108	107108	72045	72045

注：*** 、 ** 分别代表 1% 、 5% 的显著性水平，括号内数值为系数的标准差。
资料来源：笔者根据资料整理。

附表 4　空间集聚对不同技术水平制造业企业出口二元边际的影响（资本集聚）

变量	低技术水平 资本集聚		中等技术水平 资本集聚		高技术水平 资本集聚	
	选择方程	出口方程	选择方程	出口方程	选择方程	出口方程
density	7. 15E - 05 (0.000)	2. 80E - 05 ** (0.000)	1. 08E - 04 *** (0.000)	5. 11E - 05 *** (0.000)	8. 24E - 05 *** (0.000)	1. 15E - 04 *** (0.000)
$density^2$	6. 64E - 09 (0.000)	- 1. 04E - 09 (0.000)	- 1. 36E - 08 *** (0.000)	- 8. 96E - 09 ** (0.000)	- 2. 77E - 09 *** (0.000)	- 2. 16E - 08 *** (0.000)
lntfp	0. 007 (0.009)	- 0. 017 *** (0.002)	0. 010 (0.009)	- 0. 010 *** (0.003)	0. 014 *** (0.006)	- 0. 012 *** (0.002)
lnkl	- 0. 170 *** (0.011)	- 0. 023 *** (0.003)	- 0. 203 *** (0.013)	- 0. 051 *** (0.003)	- 0. 148 *** (0.009)	- 0. 021 *** (0.002)
lnwage	0. 158 *** (0.017)	- 0. 006 (0.004)	- 0. 166 *** (0.019)	- 0. 015 *** (0.005)	0. 103 *** (0.012)	- 0. 048 *** (0.003)
size	0. 150 *** (0.009)	- 0. 036 *** (0.002)	0. 194 *** (0.010)	- 0. 015 *** (0.003)	0. 182 *** (0.007)	- 0. 023 *** (0.002)
lnage	- 0. 009 (0.011)	- 0. 013 *** (0.003)	- 0. 090 *** (0.013)	- 0. 037 *** (0.004)	- 0. 073 *** (0.008)	- 0. 056 *** (0.002)

变量	低技术水平 资本集聚		中等技术水平 资本集聚		高技术水平 资本集聚	
	选择方程	出口方程	选择方程	出口方程	选择方程	出口方程
$L.export$	2.824 *** (0.018)		2.989 *** (0.020)		2.908 *** (0.013)	
常数项	− 2.563 *** (0.091)	1.087 *** (0.022)	− 3.159 *** (0.122)	0.785 *** (0.037)	− 3.718 *** (0.088)	0.964 *** (0.029)
$wald$	9830.98 ***		7221.46 ***		21211.05 ***	
年份	控制	控制	控制	控制	控制	控制
地区	控制	控制	控制	控制	控制	控制
行业	控制	控制	控制	控制	控制	控制
obs	72474	72474	67343	67343	156852	156852

注：***、** 分别代表 1%、5% 的显著性水平，括号内数值为系数的标准差。
资料来源：笔者根据资料整理。

附表 5　空间集聚对不同技术水平制造业企业出口二元边际的影响（投入集聚）

变量	低技术水平 投入集聚		中等技术水平 投入集聚		高技术水平 投入集聚	
	选择方程	出口方程	选择方程	出口方程	选择方程	出口方程
$density$	9.36E − 05 * (0.000)	1.81E − 05 * (0.000)	1.77E − 04 *** (0.000)	2.46E − 05 ** (0.000)	1.34E − 04 *** (0.000)	7.76E − 05 *** (0.000)
$density^2$	− 7.30E − 09 (0.000)	− 8.47E − 10 (0.000)	− 2.34E − 08 ** (0.000)	− 2.54E − 09 ** (0.000)	− 1.65E − 08 *** (0.000)	− 9.54E − 09 *** (0.000)
$lntfp$	0.007 (0.009)	− 0.017 *** (0.002)	0.011 (0.009)	− 0.010 *** (0.003)	0.014 ** (0.006)	− 0.012 *** (0.002)
$lnkl$	− 0.169 *** (0.011)	− 0.023 *** (0.003)	− 0.202 *** (0.013)	− 0.051 *** (0.003)	− 0.147 *** (0.009)	− 0.022 *** (0.002)
$lnwage$	0.157 *** (0.017)	− 0.006 (0.004)	0.162 *** (0.019)	− 0.015 *** (0.005)	0.101 *** (0.012)	− 0.049 *** (0.003)
$size$	0.150 *** (0.009)	− 0.035 *** (0.002)	0.193 *** (0.010)	− 0.015 *** (0.003)	0.182 *** (0.007)	− 0.023 *** (0.002)

续表

变量	低技术水平 投入集聚		中等技术水平 投入集聚		高技术水平 投入集聚	
	选择方程	出口方程	选择方程	出口方程	选择方程	出口方程
lnage	-0.009 (0.011)	-0.013*** (0.003)	-0.091*** (0.013)	-0.037*** (0.004)	-0.073*** (0.008)	-0.056*** (0.0020)
L. export	2.823*** (0.018)		2.989*** (0.020)		2.908*** (0.013)	
常数项	-2.566*** (0.091)	1.087*** (0.022)	-3.161*** (0.122)	0.782*** (0.037)	-3.722*** (0.088)	0.963*** (0.029)
wald	9830.97***		7212.64***		20614.96***	
年份	控制	控制	控制	控制	控制	控制
地区	控制	控制	控制	控制	控制	控制
行业	控制	控制	控制	控制	控制	控制
obs	72474	72474	67343	67343	156852	156852

注：***、**和*分别代表1%、5%和10%的显著性水平，括号内数值为系数的标准差。

资料来源：笔者根据资料整理。

附表6   空间集聚对不同所有制企业出口参与的估计结果（资本集聚）

变量	私营企业 资本集聚		外商投资企业 资本集聚		国有企业 资本集聚	
	选择方程	出口方程	选择方程	出口方程	选择方程	出口方程
density	-5.60E-05 (0.000)	-9.57E-05*** (0.000)	1.30E-04*** (0.000)	6.64E-05*** (0.000)	-1.67E-04 (0.000)	7.02E-06 (0.000)
density²	5.23E-09 (0.000)	4.86E-08*** (0.000)	-2.61E-08* (0.000)	-1.17E-08*** (0.000)	1.49E-07** (0.000)	-8.08E-09 (0.000)
lntfp	0.008 (0.008)	-0.013*** (0.002)	-0.013* (0.008)	-0.021*** (0.002)	0.007 (0.018)	-0.000 (0.004)
lnkl	-0.220*** (0.012)	-0.034*** (0.003)	-0.173*** (0.010)	-0.048*** (0.002)	-0.178*** (0.030)	0.026*** (0.008)
lnwage	0.079*** (0.019)	-0.009* (0.005)	0.072*** (0.014)	-0.058*** (0.003)	0.134*** (0.037)	-0.028*** (0.010)

续表

变量	私营企业 资本集聚		外商投资企业 资本集聚		国有企业 资本集聚	
	选择方程	出口方程	选择方程	出口方程	选择方程	出口方程
size	0.198*** (0.010)	−0.037*** (0.003)	0.157*** (0.009)	0.004** (0.002)	0.181*** (0.020)	−0.043*** (0.005)
lnage	−0.011 (0.011)	−0.025*** (0.003)	−0.008 (0.015)	−0.008** (0.003)	0.016 (0.025)	−0.015** (0.006)
L. export	2.823*** (0.017)		2.693*** (0.016)		2.901*** (0.041)	
常数项	−3.523*** (0.212)	0.988*** (0.093)	−3.061*** (0.344)	0.751*** (0.118)	−4.369*** (0.232)	0.777*** (0.066)
wald	6940.44***		16721.59***		1127.77***	
年份	控制	控制	控制	控制	控制	控制
地区	控制	控制	控制	控制	控制	控制
行业	控制	控制	控制	控制	控制	控制
obs	83558	83558	79728	79728	30763	30763

注：***、**和*分别代表1%、5%和10%的显著性水平，括号内数值为系数的标准差。

资料来源：笔者根据资料整理。

附表7　空间集聚对不同所有制企业出口参与的估计结果（中间投入集聚）

变量	私营企业 投入集聚		外商投资企业 投入集聚		国有企业 投入集聚	
	选择方程	出口方程	选择方程	出口方程	选择方程	出口方程
density	−6.61E−05 (0.000)	−5.66E−05*** (0.000)	1.60E−04*** (0.000)	3.74E−05*** (0.000)	1.91E−04 (0.000)	−5.21E−05 (0.000)
density^2	1.19E−08 (0.000)	1.49E−08*** (0.000)	−2.34E−08*** (0.000)	−4.12E−09*** (0.000)	3.03E−09 (0.000)	8.61E−09 (0.000)
lntfp	0.008 (0.008)	−0.013*** (0.002)	−0.013* (0.008)	−0.021*** (0.002)	0.006 (0.018)	−0.000 (0.004)
lnkl	−0.220*** (0.012)	−0.034*** (0.003)	−0.172*** (0.010)	−0.049*** (0.002)	−0.180*** (0.030)	0.026*** (0.008)

续表

变量	私营企业 投入集聚		外商投资企业 投入集聚		国有企业 投入集聚	
	选择方程	出口方程	选择方程	出口方程	选择方程	出口方程
lnwage	0.079 *** (0.019)	−0.009 * (0.005)	0.069 *** (0.014)	−0.058 *** (0.003)	0.127 *** (0.037)	−0.027 *** (0.010)
size	0.198 *** (0.010)	−0.037 *** (0.003)	0.157 *** (0.009)	0.004 ** (0.002)	0.182 *** (0.020)	−0.043 *** (0.005)
lnage	−0.010 (0.011)	−0.025 *** (0.003)	−0.009 (0.015)	−0.007 ** (0.003)	0.016 (0.025)	−0.015 ** (0.006)
L. export	2.823 *** (0.017)		2.692 *** (0.016)		2.902 *** (0.041)	
常数项	−3.517 *** (0.212)	0.989 *** (0.093)	−3.052 *** (0.343)	0.750 *** (0.118)	−4.381 *** (0.232)	0.778 *** (0.066)
wald	6936.60 ***		16421.02 ***		1130.14 ***	
年份	控制	控制	控制	控制	控制	控制
地区	控制	控制	控制	控制	控制	控制
行业	控制	控制	控制	控制	控制	控制
obs	83558	83558	79728	79728	30763	30763

注：***、**和*分别代表1%、5%和10%的显著性水平，括号内数值为系数的标准差。

资料来源：笔者根据资料整理。

附表8　　空间集聚对我国不同行业的制造业企业出口国内增加值率的影响估计（资本集聚）

变量	劳动密集型 资本集聚		资本密集型 资本集聚		技术密集型 资本集聚	
	(1)	(2)	(3)	(4)	(5)	(6)
density	2.46E−04 *** (0.000)	3.03E−04 *** (0.000)	2.35E−05 *** (0.000)	4.82E−05 *** (0.000)	−3.59E−05 *** (0.000)	−6.49E−05 *** (0.000)
density²		−4.62E−08 *** (0.000)		−6.74E−09 *** (0.000)		9.89E−09 *** (0.000)

续表

变量	劳动密集型 资本集聚		资本密集型 资本集聚		技术密集型 资本集聚	
	（1）	（2）	（3）	（4）	（5）	（6）
lntfp	0.064*** (0.001)	0.061*** (0.001)	0.067*** (0.001)	0.067*** (0.001)	0.052*** (0.001)	0.048*** (0.001)
lnkl	0.045*** (0.002)	0.041*** (0.001)	0.043*** (0.001)	0.042*** (0.001)	0.033*** (0.001)	0.036*** (0.001)
$size$	-0.037*** (0.002)	-0.034*** (0.001)	-0.044*** (0.001)	-0.044*** (0.001)	-0.040*** (0.001)	-0.039*** (0.001)
$wage$	-0.019*** (0.002)	-0.015*** (0.002)	-0.014*** (0.002)	-0.013*** (0.001)	-0.004** (0.002)	-0.006*** (0.001)
lnage	0.007*** (0.001)	0.007*** (0.001)	0.008*** (0.001)	0.007*** (0.001)	0.011*** (0.001)	0.014*** (0.001)
$fdiratio$	-0.013*** (0.003)	-0.019*** (0.003)	-0.019*** (0.002)	-0.020*** (0.002)	-0.024*** (0.002)	-0.027*** (0.002)
$subsidy$	0.005** (0.002)	0.006*** (0.002)	0.005*** (0.002)	0.005*** (0.002)	0.008*** (0.002)	0.012*** (0.002)
RD	0.004 (0.003)	0.005* (0.003)	0.011*** (0.002)	0.011*** (0.002)	0.018*** (0.002)	0.023*** (0.002)
常数项	0.088*** (0.028)	0.095*** (0.025)	0.204*** (0.012)	0.204*** (0.012)	0.348*** (0.014)	0.367*** (0.012)
年份	控制	控制	控制	控制	控制	控制
地区	控制	控制	控制	控制	控制	控制
行业	控制	控制	控制	控制	控制	控制
obs	54845	54845	71551	71551	65591	65591
R^2	0.104	0.178	0.227	0.229	0.278	0.306
Hausman	0.000***		0.000***		0.000***	

注：***、**和*分别代表1%、5%和10%的显著性水平，括号内数值为系数的标准差。

资料来源：笔者根据资料整理。

附表 9　　　　　空间集聚对我国不同行业的制造业企业出口
国内增加值率的影响估计（投入集聚）

变量	劳动密集型 投入集聚		资本密集型 投入集聚		技术密集型 投入集聚	
	(1)	(2)	(3)	(4)	(5)	(6)
density	1.74E−04*** (0.000)	2.31E−04*** (0.000)	1.63E−05** (0.000)	4.03E−05*** (0.000)	−2.35E−05*** (0.000)	−4.88E−05*** (0.000)
density²		−2.73E−08*** (0.000)		−4.30E−09*** (0.000)		5.31E−09*** (0.000)
lntfp	0.064*** (0.001)	0.061*** (0.001)	0.067*** (0.001)	0.067*** (0.001)	0.053*** (0.001)	0.053*** (0.001)
lnkl	0.046*** (0.002)	0.041*** (0.001)	0.043*** (0.001)	0.042*** (0.001)	0.033*** (0.001)	0.035*** (0.001)
size	−0.036*** (0.002)	−0.033*** (0.001)	−0.044*** (0.001)	−0.044*** (0.001)	−0.040*** (0.001)	−0.041*** (0.001)
wage	−0.019*** (0.002)	−0.014*** (0.002)	−0.014*** (0.001)	−0.013*** (0.001)	−0.005*** (0.002)	−0.009*** (0.001)
lnage	0.007*** (0.001)	0.007*** (0.001)	0.008*** (0.001)	0.007*** (0.001)	0.011*** (0.001)	0.012*** (0.001)
fdiratio	−0.016*** (0.003)	−0.023*** (0.003)	−0.019*** (0.002)	−0.021*** (0.002)	−0.023*** (0.002)	−0.022*** (0.002)
subsidy	0.007*** (0.002)	0.007*** (0.002)	0.005*** (0.002)	0.005*** (0.002)	0.007*** (0.002)	0.008*** (0.002)
RD	0.004 (0.003)	0.006** (0.003)	0.011*** (0.002)	0.011*** (0.002)	0.017*** (0.002)	0.017*** (0.002)
常数项	0.063** (0.027)	0.063*** (0.024)	0.201*** (0.012)	0.198*** (0.012)	0.350*** (0.014)	0.360*** (0.014)
年份	控制	控制	控制	控制	控制	控制
地区	控制	控制	控制	控制	控制	控制
行业	控制	控制	控制	控制	控制	控制
obs	54845	54845	71551	71551	65591	65591
R^2	0.091	0.178	0.226	0.229	0.276	0.299
Hausman	0.000***		0.000***		0.000***	

注：***、** 分别代表1%、5%的显著性水平，括号内数值为系数的标准差。
资料来源：笔者根据资料整理。

附表 10　　空间集聚对我国不同所有制类型制造业企业出口

参与深度的估计结果（资本集聚）

变量	民营企业 资本集聚		国有企业 资本集聚		外商投资企业 资本集聚	
	（1）	（2）	（3）	（4）	（5）	（6）
$density$	1.36E－04 *** （0.000）	2.28E－04 *** （0.000）	3.08E－05 （0.000）	5.04E－05 （0.000）	1.42E－05 ** （0.000）	2.09E－05 * （0.000）
$density^2$		－3.35E－08 *** （0.000）		1.12E－08 （0.000）		－3.56E－09 *** （0.000）
$\ln tfp$	0.053 *** （0.001）	0.050 *** （0.001）	0.037 *** （0.002）	0.041 （0.002）	0.066 *** （0.001）	0.064 *** （0.001）
$\ln kl$	0.036 *** （0.002）	0.031 （0.001）	0.021 *** （0.003）	0.024 *** （0.003）	0.049 *** （0.001）	0.048 *** （0.001）
$size$	－0.025 *** （0.002）	－0.022 *** （0.001）	－0.026 *** （0.003）	－0.029 *** （0.002）	－0.051 *** （0.001）	－0.050 *** （0.001）
$wage$	－0.012 *** （0.002）	－0.009 *** （0.002）	－0.011 *** （0.004）	－0.014 *** （0.003）	－0.012 *** （0.001）	－0.009 *** （0.001）
$\ln age$	0.007 *** （0.001）	0.005 （0.001）	0.008 *** （0.002）	0.008 *** （0.002）	0.011 *** （0.001）	0.011 *** （0.001）
$fdiratio$	－0.021 （0.014）	－0.033 ** （0.013）	－0.134 *** （0.033）	－0.121 *** （0.033）	－0.012 *** （0.002）	－0.014 *** （0.002）
$subsidy$	0.002 （0.002）	0.005 ** （0.002）	－0.001 （0.004）	－0.003 （0.004）	0.008 *** （0.002）	0.009 *** （0.002）
RD	2.00E－04 （0.003）	0.008 *** （0.002）	1.76E－04 （0.004）	7.54E－05 （0.004）	0.014 *** （0.002）	0.016 *** （0.002）
常数项	0.010 （0.168）	－0.004 （0.157）	0.494 *** （0.024）	0.466 *** （0.025）	0.293 *** （0.070）	0.299 *** （0.067）
年份	控制	控制	控制	控制	控制	控制
地区	控制	控制	控制	控制	控制	控制
行业	控制	控制	控制	控制	控制	控制
obs	59144	59144	4390	4390	93623	93623
R^2	0.257	0.252	0.301	0.315	0.229	0.233
Hausman	0.000 ***		0.000 ***		0.000 ***	

注：*** 、** 和 * 分别代表1%、5%和10%的显著性水平，括号内数值为系数的标准差。
资料来源：笔者根据资料整理。

附表 11　　　空间集聚对我国不同所有制类型制造业企业出口

参与深度的估计结果（投入集聚）

变量	民营企业 投入集聚		国有企业 投入集聚		外商投资企业 投入集聚	
	（1）	（2）	（3）	（4）	（5）	（6）
$density$	$9.43E-05$ *** (0.000)	$1.81E-04$ *** (0.000)	$7.75E-06$ (0.000)	$8.61E-05$ (0.000)	$1.00E-05$ ** (0.000)	$1.80E-05$ * (0.000)
$density^2$		$-2.03E-08$ *** (0.000)		$1.19E-08$ (0.000)		$-2.23E-09$ *** (0.000)
$lntfp$	0.054 *** (0.001)	0.050 *** (0.001)	0.042 *** (0.002)	0.046 *** (0.002)	0.068 *** (0.001)	0.068 *** (0.001)
$lnkl$	0.036 *** (0.002)	0.031 *** (0.001)	0.026 *** (0.003)	0.029 *** (0.003)	0.049 *** (0.001)	0.048 *** (0.001)
$size$	-0.026 *** (0.002)	-0.022 *** (0.001)	-0.030 *** (0.003)	-0.034 *** (0.003)	-0.052 *** (0.001)	-0.052 *** (0.001)
$wage$	-0.012 *** (0.002)	-0.009 *** (0.002)	-0.016 *** (0.003)	-0.018 *** (0.003)	-0.012 *** (0.001)	-0.010 *** (0.001)
$lnage$	0.007 *** (0.001)	0.005 *** (0.001)	0.008 *** (0.003)	0.007 *** (0.002)	0.010 *** (0.001)	0.008 *** (0.001)
$fdiratio$	-0.028 ** (0.014)	-0.036 *** (0.013)	-0.129 *** (0.044)	-0.106 *** (0.035)	-0.011 *** (0.002)	-0.011 *** (0.002)
$subsidy$	0.003 (0.002)	0.005 *** (0.002)	-0.003 (0.004)	-0.003 (0.004)	0.006 *** (0.002)	0.006 *** (0.002)
RD	$4.16E-04$ (0.003)	0.009 *** (0.002)	$4.41E-04$ (0.004)	0.002 (0.004)	0.011 *** (0.002)	0.012 *** (0.002)
常数项	-0.012 (0.170)	-0.052 (0.158)	0.459 *** (0.025)	0.450 *** (0.031)	0.281 *** (0.076)	0.280 *** (0.077)
年份	控制	控制	控制	控制	控制	控制
地区	控制	控制	控制	控制	控制	控制
行业	控制	控制	控制	控制	控制	控制
obs	59144	59144	4390	4390	93623	93623
R^2	0.249	0.253	0.314	0.307	0.226	0.228
Hausman	0.000 ***		0.000 ***		0.000 ***	

注：***、** 和 * 分别代表 1%、5% 和 10% 的显著性水平，括号内数值为系数的标准差。

资料来源：笔者根据资料整理。

附表 12　　基于夜间灯光视角的空间集聚对我国制造业企业出口

参与深度的分行业 OLS 估计结果

变量	劳动密集		资本密集		技术密集	
	（1）	（2）	（3）	（4）	（5）	（6）
lights	0.001 *** （0.000）	0.010 *** （0.000）	2.06E－04 ** （0.000）	0.005 *** （0.000）	－0.001 *** （0.000）	－0.003 （0.000）
lights^2		－8.42E－05 *** （0.000）		－9.94E－05 *** （0.000）		－7.73E－05 （0.000）
ln*tfp*	0.060 *** （0.001）	0.060 *** （0.001）	0.066 *** （0.001）	0.065 *** （0.001）	0.055 *** （0.001）	0.055 *** （0.001）
ln*kl*	0.038 *** （0.001）	0.038 *** （0.001）	0.041 *** （0.001）	0.040 *** （0.001）	0.036 *** （0.001）	0.035 *** （0.001）
size	－0.030 *** （0.001）	－0.030 *** （0.001）	－0.042 *** （0.001）	－0.042 *** （0.001）	－0.042 *** （0.001）	－0.042 *** （0.001）
wage	－0.012 *** （0.002）	－0.013 *** （0.002）	－0.013 *** （0.001）	－0.014 *** （0.001）	－0.009 *** （0.001）	－0.010 *** （0.001）
ln*age*	0.007 *** （0.001）	0.007 *** （0.001）	0.008 *** （0.001）	0.008 *** （0.001）	0.011 *** （0.001）	0.012 *** （0.001）
fdiratio	－0.016 *** （0.003）	－0.017 *** （0.003）	－0.019 *** （0.002）	－0.020 *** （0.002）	－0.022 *** （0.002）	－0.023 *** （0.002）
subsidydummy	0.002 （0.002）	0.002 （0.002）	0.004 ** （0.002）	0.003 ** （0.002）	0.007 *** （0.002）	0.007 *** （0.002）
RD	0.003 （0.003）	0.003 （0.003）	0.011 *** （0.002）	0.011 *** （0.002）	0.014 *** （0.002）	0.014 *** （0.002）
常数项	0.076 *** （0.025）	0.042 * （0.025）	0.213 *** （0.011）	0.207 *** （0.012）	0.387 *** （0.029）	0.348 *** （0.029）
年份	控制	控制	控制	控制	控制	控制
地区	控制	控制	控制	控制	控制	控制
行业	控制	控制	控制	控制	控制	控制
R^2	0.204	0.209	0.231	0.241	0.305	0.309
obs	53707	53707	70038	70038	64403	64403

　　注：*** 、 ** 和 * 分别代表 1% 、 5% 和 10% 的显著性水平，括号内数值为系数的标准差。

　　资料来源：笔者根据资料整理。

附表 13　　基于夜间灯光视角的空间集聚对我国制造业企业出口

参与深度的分所有制 OLS 估计结果

变量	民营企业		外商投资企业		国有企业	
	（1）	（2）	（3）	（4）	（5）	（6）
density	0.002 *** （0.000）	0.003 *** （0.000）	− 4.16E − 04 *** （0.000）	0.004 *** （0.000）	0.001 （0.001）	0.001 （0.001）
$density^2$		− 2.28E − 05 *** （0.000）		− 8.70E − 05 *** （0.000）		− 1.66E − 05 （0.000）
lntfp	0.049 *** （0.001）	0.049 *** （0.001）	0.068 *** （0.001）	0.068 *** （0.001）	0.047 *** （0.002）	0.047 *** （0.002）
lnkl	0.030 *** （0.001）	0.030 *** （0.001）	0.047 *** （0.001）	0.046 *** （0.001）	0.031 *** （0.003）	0.031 *** （0.003）
size	− 0.019 *** （0.001）	− 0.019 *** （0.001）	− 0.051 *** （0.001）	− 0.051 *** （0.001）	− 0.035 *** （0.003）	− 0.035 *** （0.003）
wage	− 0.008 *** （0.002）	− 0.008 *** （0.002）	− 0.011 *** （0.001）	− 0.012 *** （0.001）	− 0.020 *** （0.003）	− 0.020 *** （0.003）
lnage	0.005 *** （0.001）	0.005 *** （0.001）	0.009 *** （0.001）	0.009 *** （0.001）	0.007 *** （0.002）	0.007 *** （0.002）
fdiratio	− 0.028 ** （0.013）	− 0.029 ** （0.013）	− 0.010 *** （0.002）	− 0.011 *** （0.002）	− 0.101 *** （0.034）	− 0.101 *** （0.034）
subsidydummy	0.004 * （0.002）	0.004 * （0.002）	0.005 *** （0.002）	0.005 *** （0.002）	− 0.004 （0.004）	− 0.004 （0.004）
RD	0.009 *** （0.002）	0.009 *** （0.002）	0.011 *** （0.002）	0.011 *** （0.002）	0.002 （0.004）	0.002 （0.004）
常数项	− 0.040 （0.153）	− 0.049 （0.153）	0.287 *** （0.078）	0.247 *** （0.077）	0.421 *** （0.030）	0.415 *** （0.031）
年份	控制	控制	控制	控制	控制	控制
地区	控制	控制	控制	控制	控制	控制
行业	控制	控制	控制	控制	控制	控制
R^2	0.274	0.274	0.23	0.236	0.313	0.314
obs	57239	57239	92935	92935	4174	4174

注：***、** 和 * 分别代表 1%、5% 和 10% 的显著性水平，括号内数值为系数的标准差。

资料来源：笔者根据资料整理。

附表 14　基于夜间灯光视角的空间集聚对我国制造业企业出口
参与深度的分贸易模式制 OLS 估计结果

变量	纯出口企业		非纯出口企业	
	（1）	（2）	（3）	（4）
density	0.001 *** （0.000）	0.001 *** （0.000）	1.89E－04 *** （0.000）	－2.20E－04 *** （0.000）
$density^2$		－2.92E－05 *** （0.000）		8.59E－06 *** （0.000）
lntfp	0.076 *** （0.001）	0.076 *** （0.001）	0.039 *** （0.000）	0.039 *** （0.000）
lnkl	0.030 *** （0.001）	0.030 *** （0.001）	0.020 *** （0.000）	0.021 *** （0.000）
size	－0.046 *** （0.001）	－0.046 *** （0.001）	－0.031 *** （0.000）	－0.031 *** （0.000）
wage	－0.024 *** （0.001）	－0.024 *** （0.001）	－0.010 *** （0.000）	－0.010 *** （0.000）
lnage	0.005 *** （0.001）	0.005 *** （0.001）	0.004 *** （0.000）	0.004 *** （0.000）
fdiratio	－0.003 * （0.001）	－0.002 （0.001）	－0.001 （0.001）	－0.001 （0.001）
subsidy	－0.004 *** （0.001）	－0.004 ** （0.001）	－0.002 *** （0.000）	－0.002 *** （0.000）
RD	－0.009 *** （0.002）	－0.009 *** （0.002）	－0.002 *** （0.000）	－0.002 *** （0.000）
常数项	0.012 （0.078）	0.027 （0.078）	0.462 *** （0.007）	0.465 *** （0.007）
年份	控制	控制	控制	控制
行业	控制	控制	控制	控制
地区	控制	控制	控制	控制
R^2	0.146	0.148	0.443	0.443
obs	58711	58711	129435	129435

注：***、** 和 * 分别代表 1%、5% 和 10% 的显著性水平，括号内数值为系数的标准差。

资料来源：笔者根据资料整理。

参考文献

［1］包群，邵敏，Ligang Song. 地理集聚、行业集中与中国企业出口模式的差异性［J］. 管理世界，2012（9）：61 - 75.

［2］北京大学经济研究中心课题组. 中国出口贸易中的垂直专业化与中美贸易［J］. 世界经济，2006（5）：3 - 11.

［3］蔡昉. 人口转变、人口红利与刘易斯转折点［J］. 经济研究，2010（4）：4 - 13.

［4］曾咏梅. 产业集群嵌入全球价值链模式影响因素的实证研究［J］. 系统工程，2012（9）：111 - 116.

［5］陈琳，何欢浪，罗长远. 融资约束与中小企业的出口行为：广度和深度［J］. 财经研究，2012（10）：134 - 144.

［6］陈建军，陈国亮，黄洁. 新经济地理学视角下的生产性服务业集聚及其影响因素研究——来自中国 222 个城市的经验证据［J］. 管理世界，2009（4）：83 - 95.

［7］陈晋，卓莉，史培军等. 基于 DMSP/OLS 数据的中国大陆城市化过程研究——反映区域城市化水平的灯光指数的构建［J］. 遥感学报，2003，7（3）：168 - 175.

［8］陈旭，邱斌，刘修岩. 空间集聚与企业出口：基于中国工业企业数据的经验研究［J］. 世界经济，2016（2）：94 - 117.

［9］陈佑启，杨鹏. 国际上土地利用/土地覆盖变化研究的新进展［J］. 经济地理，2001（1）：95 - 100.

［10］陈仲常，马红旗，绍玲. 影响我国高技术产业全球价值链升级的因素［J］. 上海财经大学学报，2012，14（2）：56 - 64.

［11］樊茂清，黄薇. 基于全球价值链分解的中国贸易产业结构演进研究［J］. 世界经济，2014（2）：50 - 70.

［12］樊文静.出口导向型经济对我国生产性服务业发展的影响路径——基于需求视角的分解［J］.国际经贸探索,2015(7):19-29.

［13］范剑勇,冯猛,李方文.产业集聚与企业全要素生产率［J］.世界经济,2014(5):51-73.

［14］范剑勇,石灵云.产业外部性、企业竞争环境与劳动生产率［J］.管理世界,2009(8):65-73.

［15］范俊甫,马廷,周成虎等.1992~2010年基于DMSP-OLS图像的环渤海城市群空间格局变化分析［J］.地球信息科学学报,2013,15(2):280-288.

［16］冯泰文.生产性服务业的发展对制造业效率的影响——以交易成本和制造成本为中介变量［J］.数量经济技术经济研究,2009(3):56-65.

［17］高敏雪,葛金梅.出口贸易增加值测算的微观基础［J］.统计研究,2014(10):8-15.

［18］郭平.政治关系、制度环境与中国企业出口行为［J］.当代财经,2015(1):98-108.

［19］韩峰,王琢卓,阳立高.生产性服务业集聚、空间技术溢出效应与经济增长［J］.产业经济研究,2014(2):1-10.

［20］韩峰,谢锐.生产性服务业集聚降低碳排放了吗?——对我国地级及以上城市面板数据的空间计量分析［J］.数量经济技术经济研究,2017(3):40-58.

［21］韩剑,陈艳.金融发展与企业出口的二元边际［J］.世界经济与政治论坛,2014(1):124-142.

［22］韩剑,王静.中国本土企业为何舍近求远:基于金融信贷约束的解释［J］.世界经济,2012(1):98-113.

［23］何春阳,史培军,李景刚.基于DMSP/OLS夜间灯光数据和统计数据的中国大陆20世纪90年代城市化空间过程重建研究［J］.科学通报,2006,51(7):856-861.

［24］何洋,程辉,唐亮.基于DMSP/OLS数据的我国省级经济发展水平研究［J］.地理空间信息,2014,12(2):79-82.

［25］洪联英,刘解龙.我国垂直专业化发展进程评估及其产业分布特征——基于投入—产出法的国际比较分析［J］.中国工业经济,2009(6):67-76.

［26］胡鞍钢，周绍杰，任皓．供给侧结构性改革——适应和引领中国经济新常态［J］．清华大学学报（哲学社会科学版），2016（2）：17 – 22.

［27］胡翠，谢世清．中国制造企业集聚的行业间垂直溢出效应研究［J］．世界经济，2014（9）：77 – 94.

［28］黄先海，胡馨月，刘毅群．产品创新、工艺创新与我国企业出口倾向研究［J］．经济学家，2015（4）：37 – 47.

［29］蒋为，顾凌骏．融资约束、成本异质性与企业出口行为——基于中国工业企业数据的实证分析［J］．国际贸易问题，2014（2）：167 – 176.

［30］金晓雨．中国生产性服务业发展与城市生产率研究［J］．产业经济研究，2015（6）：32 – 41.

［31］孔婷，孙林岩，冯泰文．生产性服务业对制造业效率调节效应的实证研究［J］．科学学研究，2010（3）：357 – 364.

［32］李春顶．中国出口企业是否存在"生产率悖论"：基于中国制造业企业数据的检验［J］．世界经济，2010（7）：64 – 81.

［33］李翠锦，荆逢春．地理集聚是否影响了地区出口比较优势——基于商业信用的视角［J］．国际贸易问题，2015（5）：11 – 20.

［34］李钢，廖建辉，向奕霓．中国产业升级的方向与路径——中国第二产业占 GDP 的比例过高了吗？［J］．中国工业经济，2011（10）：16 – 26.

［35］李坤望，邵文波，王永进．信息化密度、信息基础设施与企业出口绩效——基于企业异质性的理论与实证分析［J］．管理世界，2015（4）：52 – 65.

［36］李通，何春阳，杨洋，等．1995 ~ 2008 年中国大陆电力消费量时空动态［J］．地理学报，2011，66（10）：1403 – 1412.

［37］李晓萍，李平，吕大国，江飞涛．经济集聚、选择效应与企业生产率［J］．管理世界，2015（4）：25 – 37.

［38］廖兵，魏康霞，宋巍巍．DMSP/OLS 夜间灯光数据在城镇体系空间格局研究中的应用与评价——以近 16 年江西省间城镇空间格局为例［J］．长江流域资源与环境，2012，21（11）：1295 – 1300.

［39］刘海洋，孔祥贞，谷宇．中国企业通过什么途径缓解了出口融资约束［J］．财贸经济，2013（6）：85 – 96.

［40］刘维林．中国式出口的价值创造之谜：基于全球价值链的解析［J］．世界经济，2015（3）：3 – 28.

［41］刘修岩，李松林，秦蒙．开发时滞、市场不确定性与城市蔓延［J］．经济研究，2016（8）：159 – 171．

［42］刘修岩．空间效率与区域平衡：对中国省级层面集聚效应的检验［J］．世界经济，2014（1）：55 – 80．

［43］刘奕，夏长杰，李垚．生产性服务业集聚与制造业升级［J］．中国工业经济，2017（7）：24 – 42．

［44］刘志彪，吴福象．贸易一体化与生产非一体化——基于经济全球化两个重要假说的实证研究［J］．中国社会科学，2006（2）：80 – 94．

［45］刘志彪，于明超．从 GVC 走向 NVC：长三角一体化与产业升级［J］．学海，2009（5）：59 – 67．

［46］刘志彪．生产者服务业及其集聚：攀升全球价值链的关键要素与实现机制［J］．中国经济问题，2008（1）：3 – 12．

［47］刘竹青，佟家栋，许家云．地理集聚是否影响了企业的出口决策？——基于产品技术复杂度的研究［J］．产业经济研究，2014（2）：73 – 82．

［48］陆铭，陈钊．分割市场的经济增长——为什么经济开放可能加剧地方保护［J］．经济研究，2009（3）：42 – 52．

［49］陆善勇，李国英．生产要素流动、区域外贸增长与转型升级——基于 PVAR 的实证分析［J］．经济管理，2015（12）：31 – 38．

［50］路江涌，陶志刚．中国制造业区域聚集与国际比较［J］．经济研究，2006（3）：103 – 114．

［51］罗长远，张军．附加值贸易：基于中国的实证分析［J］．经济研究，2014（6）：4 – 18．

［52］吕越，盛斌，吕云龙．中国的市场分割会导致企业出口国内附加值率下降吗［J］．中国工业经济，2018（5）：5 – 23．

［53］马风涛．中国制造业全球价值链长度和上游度的测算及其影响因素分析——基于世界投入产出表的研究［J］．世界经济研究，2015（8）：3 – 11．

［54］莫莎，欧佩群．生产性服务业集聚对出口产品质量的影响分析——基于我国 275 个地级城市的证据［J］．国际商务，2016（5）：17 – 27．

［55］潘文卿．中国的区域关联与经济增长的空间溢出效应［J］．经济研究，2012（1）：54 – 65．

［56］平新乔，郝朝艳，等．中国出口贸易中的垂直专门化与中美贸易［J］．

世界经济, 2006 (5): 3 – 11.

[57] 钱学锋, 熊平. 中国出口增长的二元边际及其因素决定 [J]. 经济研究, 2010 (1): 65 – 79.

[58] 邱斌, 刘修岩, 赵伟. 出口学习抑或自选择: 基于中国制造业微观企业的倍差匹配检验 [J]. 世界经济, 2012 (4): 23 – 40.

[59] 沈能, 赵增耀, 周晶晶. 生产要素拥挤与最优集聚度识别——行业异质性的视角 [J]. 中国工业经济, 2014 (5): 83 – 95.

[60] 盛丹, 包群, 王永进. 基础设施对中国企业出口行为的影响: "集约边际" 还是 "扩展边际" [J]. 世界经济, 2011 (1): 17 – 36.

[61] 施炳展, 逯建, 王有鑫. 补贴对中国企业出口模式的影响: 数量还是价格? [J]. 经济学 (季刊), 2013, 12 (4): 1413 – 1442.

[62] 施炳展. 中国出口增长的三元边际 [J]. 经济学 (季刊), 2010, 9 (4): 1311 – 1330.

[63] 苏振东, 洪玉娟, 刘璐瑶. 政府生产性补贴是否促进了中国企业出口——基于制造业企业面板数据的微观计量分析 [J]. 管理世界, 2012 (5): 24 – 39.

[64] 孙楚仁, 于欢, 赵瑞丽. 城市出口产品质量能从集聚经济中获得提升吗 [J]. 国际贸易问题, 2014 (7): 23 – 32.

[65] 孙灵燕, 李荣林. 融资约束限制中国企业出口参与吗 [J]. 经济学 (季刊), 2011, 11 (1): 231 – 252.

[66] 孙浦阳, 韩帅, 许启钦. 产业集聚对劳动生产率的动态影响 [J]. 世界经济, 2013 (3): 33 – 53.

[67] 孙少勤, 邱斌, 唐保庆, 赵伟. 加工贸易存在 "生产率悖论" 吗? ——一个经验分析与理论解释 [J]. 世界经济与政治论坛, 2014 (2): 75 – 91.

[68] 孙晓华, 郭玉娇. 产业集聚提高了城市生产率吗? ——城市规模视角下的门限回归分析 [J]. 财经研究, 2013 (2): 103 – 112.

[69] 汤碧. 中日韩高技术产品出口贸易技术特征和演进趋势研究——基于出口复杂度的实证研究 [J]. 财贸经济, 2012 (10): 93 – 101.

[70] 佟家栋, 刘竹青. 地理集聚与企业的出口抉择: 基于外资融资依赖角度的研究 [J]. 世界经济, 2014 (7): 67 – 85.

[71] 王雷, 李丛丛, 应清, 程晓, 王晓秩, 李雪艳, 宫鹏. 中国 1990 ~ 2010 年城市扩张卫星遥感制图 [J]. 科学通报, 2012, 57 (16): 1388 – 1399.

［72］王良举，陈甬军．集聚的生产率效应——来自中国制造业企业的经验证据［J］．财经研究，2013（1）：49－60．

［73］王孝松，吕越，赵春明．贸易壁垒与全球价值链嵌入——以中国遭遇反倾销为例［J］．中国社会科学，2017（1）：108－124．

［74］王永进，盛丹．地理集聚会促进企业间商业信用吗？［J］．管理世界，2013（1）：101－115．

［75］王永进．关系与民营企业的出口行为：基于声誉机制的分析［J］．世界经济，2012（2）：98－119．

［76］王玉燕，林汉川，吕臣．全球价值链嵌入的技术进步效应——来自中国工业面板数据的经验研究［J］．中国工业经济，2014（9）：65－77．

［77］王跃云，徐昀，朱喜钢．江苏省城镇建设用地扩展时空格局演化——基于1993，1998，2003年度夜间灯光数据的分析［J］．现代城市研究，2010（2）：67－73．

［78］魏峰，曹中．我国服务业发展与经济增长的因果关系研究——基于东、中、西部面板数据的实证分析［J］．统计研究，2007（2）：56－69．

［79］谢建国．外商直接投资与中国的出口竞争力——一个中国的经验研究［J］．世界经济研究，2003（7）：34－39．

［80］徐全勇．基于VAR模型的上海市工业与服务业互动关系的实证研究［J］．上海经济研究，2010（2）：90－97．

［81］徐维祥，汪彩君，唐根年．中国制造业资本积累动态效率变迁及其与空间集聚关系研究［J］．中国工业经济，2011（3）：78－87．

［82］徐文婷，吴炳方，颜长珍，黄慧萍．用SPOT－VGT数据制作中国2000年度土地覆盖数据［J］．遥感学报，2005，9（2）：204－214．

［83］宣烨，余永泽．生产性服务业集聚对制造业企业全要素生产率提升研究——来自230个城市微观企业的证据［J］．数量经济技术经济研究，2017（2）：89－104．

［84］宣烨．生产性服务业空间集聚与制造业效率提升——基于空间外溢效应的实证研究［J］．财贸经济，2012（4）：121－128．

［85］阳佳余．融资约束与企业出口行为：基于工业企业数据的经验研究［J］．经济学（季刊），2012，11（4）：1053－1074．

［86］杨丹萍，毛江楠．产业集聚与对外贸易国际竞争力的相关性研究——基

于中国 15 个制造业变系数面板数据的实证分析 [J]. 国际贸易问题，2011（1）：20 - 28.

[87] 杨高举，黄先海. 内部动力与后发国分工地位升级——来自中国高技术产业的证据 [J]. 中国社会科学，2013（2）：25 - 45.

[88] 杨连星，张杰，金群. 金融发展、融资约束与企业出口的三元边际 [J]. 国际贸易问题，2015（4）：95 - 105.

[89] 杨汝岱. 中国工业制成品出口增长的影响因素研究：基于 1994～2005 年分行业面板数据的经验分析 [J]. 世界经济，2008（8）：32 - 41.

[90] 杨洋，马学广，王晨. 基于夜间灯光数据的中国土地城镇化水平时空动态 [J]. 人文地理，2015（5）：91 - 98.

[91] 叶宁华，包群，邵敏. 空间集聚、市场拥挤与我国出口企业的过度扩张 [J]. 管理世界，2014（1）：58 - 72.

[92] 易靖韬. 企业异质性、市场进入成本、技术溢出效应与出口参与决定 [J]. 经济研究，2009（9）：106 - 115.

[93] 于斌斌. 生产性服务业集聚能提高制造业生产率吗？——基于行业、地区和城市异质性视角的分析 [J]. 南开经济研究，2017（2）：112 - 132.

[94] 于洪霞，龚六堂，陈玉宇. 出口固定成本融资约束与企业出口行为 [J]. 经济研究，2011（4）：55 - 67.

[95] 余泳泽，刘大勇，宣烨. 生产性服务业集聚对制造业生产效率的外溢效应及其衰减边界——基于空间计量模型的实证分析 [J]. 金融研究，2016（2）：23 - 36.

[96] 张定胜，刘洪愧，杨志远. 中国出口在全球价值链中的位置演变——基于增加值核算的分析 [J]. 财贸经济，2015（11）：114 - 130.

[97] 张海峰，姚先国. 经济集聚、外部性与企业劳动生产率——来自浙江省的证据 [J]. 管理世界，2010（12）：45 - 52.

[98] 张杰，陈志远，刘元春. 中国出口国内附加值的测算与变化机制 [J]. 经济研究，2013（10）：124 - 137.

[99] 张杰，郑文平，束兰根. 融资约束如何影响中国企业出口的二元边际？ [J]. 世界经济文汇，2013（4）：59 - 80.

[100] 张杰，刘志彪，张少军. 制度扭曲与中国本土企业的出口扩张 [J]. 世界经济，2008（10）：3 - 11.

［101］张相伟，陆云航．商品贸易结构变动对劳动收入份额的影响［J］．数量经济技术经济研究，2014（1）：59－76．

［102］章韬．空间外部性、企业水平外部性与异质性企业生产率——来自中国的宏观、微观证据［J］．产业经济研究，2014（1）：1－12．

［103］郑丹青，于津平．中国出口贸易增加值的微观核算及影响因素研究［J］．国际贸易问题，2014（8）：3－13．

［104］钟昌标．影响中国电子行业出口决定因素的经验分析［J］．经济研究，2007（9）：62－70．

［105］周其仁．城市化的下一程：为城市"加密"［J］．瞭望，2015（15）．

［106］周圣强，朱卫平．产业集聚一定能带来经济效率吗？规模效应与拥挤效应［J］．产业经济研究，2013（3）：12－22．

［107］周世民，王书飞，陈勇兵．出口能缓解民营企业融资约束吗？——基于匹配的倍差法之经验分析［J］．南开经济研究，2013（3）：95－109．

［108］祝坤福，陈锡康，杨翠红．中国出口的国内增加值及其影响因素分析［J］．国际经济评论，2013（4）：116－127＋7．

［109］卓莉，史培军，陈晋．20世纪90年代中国城市时空变化特征——基于灯光指数CNLI方法的探讨［J］．地理学报，2003，58（6）：893－902．

［110］Abde－Rahman H. M. Agglomeration Economies，Types and Sizes of Cities［J］. Journal of Urban Economics，1990，27（1）：25－45．

［111］Amiti，M.，and C. Freund. An Anatomy of China's Trade Growth［R］. World Bank Policy Research Working Paper Series，No. 4628，2008．

［112］Amurg－oPacheco，A. and M. D. Pierola，Patterns of Export Diversification in Developing Countries：Intensive and Extensive Margins［R］. World Bank Policy Research Working Paper，No. 4473，2008．

［113］Anderson，M. Co－location of Manufacturing and Producer Service：A Simultaneous Equations Approach［J］. Working Paper Series in Economics and Institutions of Innovation，2004．

［114］Markusen，A. Sticky Places in Slippery Space：A Typology of Industrial Districts［J］. Economic Geography，1996，72（3）：293－313．

［115］Accetturo，A. Agglomeration and growth：The effects of commuting costs［J］. Papers in Regional Science，2010，89（1）．

[116] Antras, P. , Chor, D. , Fally, T. , et al. Measuring the Upstreamness of Production and Trade Flows [J]. American Economic Review, 2012, 102 (3): 412 – 416.

[117] Arkell, J. The Essential Role of Insurance Services. A Primer from the Geneva Association's Program on Regulation and Supervision, December, 2011.

[118] Arkolakis, C. , Demidova, S. A. , Klenow, P. J, et al. Endogenous Variety and the Gains from Trade [J]. NBER Working Paper, 2008, No. 13933.

[119] Arnott, R. Congestion Tolling with Agglomeration Externalities [J]. Journal of Urban Economics, 2007, 62 (2): 187 – 203.

[120] Arnott, R. and Kraus, M. When are Anonymous Congestion Charges Consistent with Marginal Cost Pricing [J]. Journal of Public Economics, 1998, 67 (1): 45 – 64.

[121] Aslesen, H. W. and Isaksen, A. Knowledge Intensive Business Services and Urban Industrial Development [J]. The Service Industries Journal, 2007, 27 (3): 321 – 338.

[122] Baldwin, R. E. and Martin, P. Agglomeration and Regional Growth [M]. In Handbook of Regional and Urban Economics, Edited by V. Henderson, and Thisse. J. F. Elsevier, NorthHolland, 2004.

[123] Bayson, J. R. Business Service Firms, Service Space and the Mangement of Change [J]. Enterpreneurship and Regional Development, 1997, 9 (2): 93 – 111.

[124] Beck, T. , Demirguc – Kunt, A. , Laeven, L. , Levine, R. Finance, Firm Size, and Growth [J]. Journal of Money, Credit and Banking, 2008, 40 (7): 1379 – 1405.

[125] Behrens, K. , Nicoud, F. R. Survival of the Fittest in Cities: Urbanisation and Inequality [J]. The Economic Journal, forthcoming, 2013.

[126] Bellone, F. , P. Musso, L. Nesta, . et al. , Financial Constrains and Firm Export Behavior [J]. Discussion Paper, No. 16, 2008.

[127] Bernard, A. B. , J. B. Jensen, S. J. Redding and P. K. Schott. Firms in International Trade [J]. Journal of Economic Perspectives, 2007, 21 (3): 105 – 130.

[128] Bernard, A. and Jensen, J. Exceptional Exporter Performance: Cause, Effect, or Both? [J]. Journal of International Economics, 1999, 47 (1): 1 – 25.

[129] Besedeš, T. and T. Prusa. The Duration of Trade Relationships in Trade Adjustment Costs in Developing Countries: Impacts, Determinants and Policy Responses [J]. B. Hoekman and G. Porto eds, 2010, CEPR, London.

[130] Bosworth, B. P. and J. E. , Triplett. The Early 21st Century U. S. Productivity Expansion is Still in Service [J]. International Productivity Monitor, 2007, 14: 3 – 19.

[131] Bridges, S. , A. Guariglia. Financial Constraints, Global Engagement, and Firm Survival in the United Kingdom: Evidence from Micro Data [J]. Scottish Journal of Political Economy, 2008, 55 (4): 444 – 464.

[132] Broersma, L. and Osterhaven, J. Regional Labor Productivity in the Netherlands: Evidence of Agglomeration and Congestion Effects. Journal of Regional Science [J]. 2009, 49 (3): 483 – 511.

[133] Brulhart, M. and Sbergami, F. Agglomeration and Growth: Cross-country Evidence [J]. Journal of Urban Economics, 2009, 65 (1): 48 – 63.

[134] Brulhart, M. , Mathys, N. A. Sectoral Agglomeration Economies in a Panel of European Regions [J]. Regional Science and Urban Economics, 2008, 38 (4): 348 – 362.

[135] Buckley, J. and Clegg, J. Is the Relationship between Inward FDI and Spillover Effect Linear? An Empirical Examination of the Case of China [J]. Journal of International Business Studies, 2007, 38 (3): 447 – 459.

[136] Burchfield, M. , Overman, H. , G. , Puga, D. , et al. Causes of Sprawl: A Portrait from Space [J]. The Quarterly Journal of Economics, 2006, 121 (2): 587 – 633.

[137] Camagni, R. Innovation Networks: Spatial Perspectives [C]. London: Belhaven Press, 1991.

[138] Capello R. Entrepreneurship and Spatial Externalities: Theory and Measurement [J]. The Annals of Regional Science, 2002, 36 (3): 387 – 402.

[139] Cerina, F. and Mureddu, F. Agglomeration and Growth with Endongenous Expenditure Share [J]. Journal of Regional Science, 2012, 52 (2): 324 – 360.

[140] Chand T. R. K. , Badarinath K. V. S. , Elvidge C. D. , et al. Spatial characterization of electrical power consumption patterns over India using temporal DMSP – OLS night-time satellite data [J]. International Journal of Remote Sensing, 2009, 30

(3 - 4): 647 - 661.

[141] Chaney, T. Distorted Gravity: The Intensive and Extensive Margins of International Trade [J]. American Economic Review, 2008, 98 (4): 1707 - 1721.

[142] Chaney, T. Liquidity Constrained Exporters [M]. Working Paper, University of Chicago, 2005.

[143] Charlot, S. and Duranton G. Communication Externalities in Cities [J]. Journal of Urban Economics, 2004, 56 (3): 581 - 613.

[144] Chen X. , Nordhaus W. Using Luminosity Data as a Proxy for Economic Statistics [J]. Proceedings of National Academy of Science, 2011, 108 (21): 8589 - 8594.

[145] Chen, H. , Kondratowicz, M. , and Yi K - M. Vertical Specialization and Three Facts about U. S. International Trade [J]. North American Journal of Economics and Finance, 2005, 16 (1): 35 - 59.

[146] Ciccone, A. and Hall, R. E. Productivity and the Density of Economic Activity [J]. American Economic Review, 1996, 86 (1): 54 - 70.

[147] Combes P. P. , Duranton G. , Gobillon L. , et al. Estimating Agglomeration Economies with History, Geology and Worker Effects [J]. Nber Chapters, 2010.

[148] Combes, P. , Duranton, G. , Gobillon L. , Puga, D. , Roux, S. The Productivity Advantages of Large Cities: Distinguishing Agglomeration from Firm Selection [J]. Econometrica, 2012, 80 (6): 2543 - 2594.

[149] Croft T. A. Nighttime Images of the Earth from Space [J]. Scientific American, 1978, 239 (1): 86 - 98.

[150] Daudin, G. , Rifflart C. , Schweisguth, D. Who Produces for Whom in the World Economy? [J]. Canadian Journal of Economics, 2011, 44 (4): 1403 - 1437.

[151] David B. Audretsch and Maryann P. Feldman. R&D Spillovers and the Geography of Innovation and Production [J]. The American Economic Review, 1996, 86 (3): 630 - 640.

[152] Davis, D. R. Intra - Industry Trade: A Heckscher - Ohlin - Ricardo Approach [J]. Journal of International Economics, 1995, 39 (3): 201 - 226.

[153] David Greenaway, Alessandra Guariglia, Richard Kneller. Financial factors and exporting decisions [J]. Journal of International Economics, 2007, 73 (2).

［154］Doll C. N. H. , Muller J. P. , Elvidge C D. Nighttime Imagery as A tool for Global Mapping of Socioeconomic Parameters and Greenhouse Gas Emissions ［J］. Ambio, 2000, 29 (5): 157 – 162.

［155］Dupont, V. Do Geographical Agglomeration, Growth and Equity Conflict? ［J］. Papers in Regional Science, 2007, 86 (2): 193 – 213.

［156］Duranton G. and D. Puga. Nursery Cities: Urban Diversity, Process Innovation, and the Life Cycle Products ［J］. American Economic Association, 2001, 91 (5): 1454 – 1477.

［157］Duranton; Gilles and Diego Puga. Micro-foundations of Urban Agglomeration Economies ［J］. In Vernon Henderson and Jacques – Francois Thisse (eds.) Handbook of Regional and Urban Economics, 2004, volume 4. Amsterdam: North – Holland.

［158］Eaton J. , M. Eslava, M. Kugler, J. Tybout, Export Dynamics in Colombia: Transactions Level Evidence ［J］. Banco de la República, 2008, No. 522.

［159］Eaton, J. , S. Kortum and F. Kramarz, An Anatomy of International Trade: Evidence from French Firms ［J］. Econometrica, 2011, 79 (5): 1453 – 1498.

［160］Edwards, L. and Odendaal, M. Infrastructure, Transport Costs and Trade: A New Approach ［G］. TIPS Small Grant Scheme Research Paper Series, 2008.

［161］Ellison, G. and Glaeser, E. L. Geographic Concentration in U. S. Manufacturing Industries: A Dartboard Approach ［J］. Journal of Political Economy, 1997, 105 (5): 889 – 927.

［162］Elvidge C. D. , Baugh K. E. , Dietz J. B. , et al. Radiance calibration of DMSP – OLS low-light imaging data of human settlements ［J］. Remote Sensing of Environment, 1999, 68 (1): 77 – 88.

［163］Elvidge C. D. , Baugh K. E. , Kihn E. A. , et al. Relation between satellite observed visible-near infrared emissions, population, economic activity and electric power consumption ［J］. International Journal of Remote Sensing, 1997a, 18 (6): 1373 – 1379.

［164］Elvidge C. D. , Baugh K. E. , Kihn E. A. Mapping City Lights with Nighttime Data from the DMSP Operational Linescan System ［J］. Photogrammetric Engineering and Remote Sensing, 1997b, 63 (6): 727 – 734.

［165］Elvidge C. D. , Imhoff M. L. , Baugh K. E. , et al. Night-time lights of the world: 1994 – 1995 [J]. ISPRS Journal of Photogrammetry and Remote Sensing, 2001, 56 (2): 81 – 99.

[166] Elvidge C. D., Keith D. M., Tuttle B. T., et al. Spectral identification of lighting type and character [J]. Sensors, 2010, 10 (4): 3961 – 3988.

[167] Elvidge C. D., Sutton P. C., Ghosh T., et al. A global poverty map derived from satellite data [J]. Computers & Geosciences, 2009, 35: 1652 – 1660.

[168] Elvidge C. D., Baugh K. Hobson V., Kihn E., Kroehl H., Davis E., Cocero D. Satellite inventory of human settlements using nocturnal radiation emissions: a contribution for the global toolchest [J]. Global Change Biology, 1997c, 3 (5): 387 – 395.

[169] Eswaran M., Kotwal A. The Role of the Service Sector in the Process of Industrialization [J]. Journal of Development Economics, 2002, 68 (2): 401 – 420.

[170] Eswaran M. and Kotwal A. Why Are Capitalists the Bosses? [J]. The Economic Journal, 1989, 99 (3): 162 – 179.

[171] Fally, T. On The Fragmentation of Production in The US [J]. University of Colorado – Boulder, 2011 (11): 1 – 59.

[172] Findlay, R. An Austrian Model of International Trade and Interest Rate Equalization [J]. Journal of Political Economy, 1978, 86 (6): 989 – 1008.

[173] Francois, J. and Manchin, M. Institutions, Infrastructure and Trade [J]. World Bank Policy Research working paper, 2007, No. 4152.

[174] Friedl M. A., Mclver D. K., Hodges J. C. F., Zhang X. Y., Muchoney D., Strahler A. H., Schaaf C. Global Land Cover Mapping from MODIS: Algorithms and Early Results [J]. Remote Sensing of Environment, 2002, 83 (1): 287 – 302.

[175] Fujita, M. and Mori T. Structure Stability and Evolution of Urban Systems [J]. Regional Science and Urban Economics, 1997, 27 (4 – 5): 399 – 442.

[176] Fujita, M. and Thisse, J. Does Geographical Agglomeration Foster Economic Growth? and Who Gains and Who Loses from it [J]. Japanese Economic Review, 2003, 54 (2): 121 – 145.

[177] Gabe, T. M. and Abel J. R. Shared Knowledge and the Coagglomeration of Occupations [R]. Federal Reserve Bank of New York Staff Report, 2013.

[178] Geppert, K. Gornig, M. and Werwatz, A. Economic Growth of Agglomera-

tion and Geographic Concentration of Industrial – Evidence from Germany ［J］. Regional Studies, 2008, 42 （30）: 413 –421.

［179］ Ghosh T. , Elvidge C. D. , Sutton P. C. , et al. Creating a Global Grid of Distributed Fossil Fuel CO_2 Emissions from Nighttime Satellite Imagery ［J］. Energies, 2010, 3 （12）: 1895 –1913.

［180］ Gleaser, E. L. , Shleifer A. Growth in Cities ［J］. Journal of Political Economy, 100 （6）: 1126 –1152.

［181］ Greenaway D. , Kneller R. Industry Differences in the Effect of Export Market Entry: Learning by Exporting? ［J］. Review of World Economics, 2007a, 143 （3）: 416 –432.

［182］ Greenaway D. , Kneller R. Firm Heterogeneity, Exporting and Foreign Direct Investment ［J］. The Economic Journal, 2007b.

［183］ Greenaway, D. and Kneller, R. Exporting, Productivity and Agglomeration ［J］. European Economic Review, 2008, 52 （5）: 919 –939.

［184］ Grossman, G. M. and Helpman, E. Integration versus Outsourcing in Industry Equilibrium ［J］. Quarterly Journal of Economics, 2002, 117 （2）: 85 –120.

［185］ Hanson, G. H. , Mataloni, R. J. and Slaughter, M. J. Vertical Production Networks in Multinational Firms ［J］. NBER Working Paper, 2003, No. 9723.

［186］ Hausmann, R. and Klinger, B. The Structure of the Product Space and the Evolution of Comparative Advantage ［J］. Center for International Development Working Paper. 2007, No. 146, Harvard University.

［187］ Heckman, J. J. Sample Selection Bias as a Specification Error ［J］. Econometrica, 1979, 47 （1）: 153 –161.

［188］ Helpman, E. , M. J. Melitz and Y. Rubinstein, Estimating Trade Flows: Trading Partners and Trading Volumes ［J］. Quarterly Journal of Economics, 2008, 123 （2）: 441 –487.

［189］ Henderson J. V. , Storeygard A. , and Well D. N. Measuring Economic Growth from Outer Space ［J］. American Economic Review, 2012, 102 （2）: 994 – 1028.

［190］ Holmes, T. Localization of Industry and Vertical Disintegration ［J］. Review of Economics and Statistics, 1999, 81 （2）: 314 –325.

［191］Holmes, T. and Stevens, J. J. Geographic Concentration and Establishment Scale ［J］. Review of Economics and Statistics, 2002, 84 (4): 682 – 690.

［192］Hummels D., Ishii J., Yi K – M. The Nature and Growth of Vertical Specialization in World Trade ［J］. Journal of International Economics, 2001, 54 (1): 75 – 96.

［193］Hummels, D. and P. Klenow. The Variety and Quality of a Nation's Exports ［J］. American Economic Review, 2005, 95 (3): 704 – 723.

［194］Illeris S., Philippe J. Introduction: The Role of Services in Regional Economic Growth ［J］. Service Industries Journal, 1993, 13 (2): 3 – 10.

［195］Imhoff M. L., Lawrence W. T., Stutzer D. C., et al. A Technique for Using Composite DMSP/OLS "City Lights" Satellite Data to Map Urban Area ［J］. Remote Sensing of Environment, 1997, 61 (3): 361 – 370.

［196］James R. Markusen, Anthony J. Venables, Denise Eby Konan, Kevin H. Zhang. A Unified Treatment of Horizontal Direct Investment, Vertical Direct Investment, and the Pattern of Trade in Goods and Services ［J］. 1996, NBER Working Paper No. 5696.

［197］Johnson, R., Noguera, G., Accounting for Intermediates: Production Sharing and Trad in Value-added ［J］. Journal of International Economics, 2012, 86 (2): 224 – 236.

［198］Jonathan Eaton, Samuel Kortum, Francis Kramarz. Dissecting Trade: Firms, Industries, and Export Destinations ［J］. American Economic Review, 2004, 94 (2): 150 – 154.

［199］Hiau L. K. Y., Heiwai T. Z. Domestic Value Added in Chinese Exports ［J］. draft Feb., 2012.

［200］Kneller R. and Pisu M. Industrial Linkages and Export Spillovers from FDI ［J］. The World Economy, 2007, 20 (1): 105 – 134.

［201］Koeing, P. Agglomeration and Export Decisions of French Firms ［J］. Journal of Urban Economics, 2010, 66 (3): 186 – 195.

［202］Koopman, R., Wang, Z., Wei, S. J., Tracing Value – Added and Double Counting in Gross Exports ［J］. American Economic Review. 2014, 104 (2): 1 – 37.

［203］Koopman, R., Powers, W., Wang, Z., and Wei, S. J. Give Credit

Where Credit Is Due: Tracing Value Added in Global Production Chains [J]. NBER Working Paper, 2010, No. 16426.

[204] Koopman, R., Wang, Z., and Wei, S. J. Estimating Domestic Content in Exports When Processing Trade Is Pervasive [J]. Journal of Development Economics, 2012, 99 (1): 178 – 189.

[205] Koopman, R., Wang, Z., and Wei, S. J. Tracing Value – Added and Double Counting in Gross Exports [J]. American Economic Review, 2014, 104 (2): 1 – 37.

[206] Kraemer, K., G. Linden, and J. Dedrick. Capturing Value in Global Networks: "Apple's Ipad and Iphone", University of California. http: //pcic. merage. uci. edu/papers/2011/value_ iPad _iPhone. Consuhado el, 2011, 15.

[207] Krautheim, S. Gravity and Information: Heterogeneous Firms, Exporter Networks and the "Distance Puzzle" [J]. European University Institute Economics Working Papers, 2010, No. ECO2007/51.

[208] Krugman P. Increasing Returns and Economic Geography [J]. Journal of Political Economy, 1991a, 99 (3): 483 – 499.

[209] Krugman, P. Geography and Trade [M]. Cambridge, MA, 1991b, MIT Press.

[210] Krugman, P. Scale Economies, Product Differentiation, and the Pattern of Trade [J]. America Economic Review, 1980, 70 (5): 950 – 959.

[211] Krugman, P., R. Does Third World Growth Hurt First World Prosperity? [J]. Harvard Business Review, 1996 (72): 113 – 121.

[212] Lawless, M. Export Activities of Irish-owned Firms [J]. Quarterly Bulletin, 2007 (1): 99 – 117.

[213] Letu H., Hara M., Yagi H., et al. Estimating energy consumption from night-time DMPS/OLS imagery after correcting for saturation effects [J]. International Journal of Remote Sensing, 2010, 31 (16): 4443 – 4458.

[214] Levinsohn, J. and Petrin, A. Estimation Production Functions Using Inputs to Control for Unobservables [J]. Review of Economic Studies, 2003, 70 (2): 317 – 341.

[215] Liu D. U., Chu W., Cai S. H. Economic Development and Carbon Dioxide

Emissions in China: Provincial Panel Data Analysis [J]. China Economic Review, 2012, 23 (2): 371 – 384.

[216] Liu J., Zhang Z., Xu X., Kuang W., Zhou W., Zhang S., Jiang N. Spatial Patterns and Driving Forces of Land Use Change in China in the Early 21st Century [J]. Acta Geographica Sinica, 2009, 64 (12): 1411 – 1420.

[217] Liu, X. and Buck, T. Innovation Performance and Channles for International Technology Spillovers: Evidence from Chinese High-tech Industries [J]. Research Policy, 2007, 36 (7): 355 – 366.

[218] Long C. and Zhang X. Cluster-based Industrialization in China: Financing and Performance [J]. Journal of International Economics, 2011, 84 (1): 112 – 123.

[219] Loveland T. R., Reed B. C., Brown J. F., et al. Development of A Global Land Cover Characteristics Database and IGBP DISC over from 1 km AVHRR Data [J]. International Journal of Remote Sensing, 2000, 21 (6 – 7): 1303 – 1330.

[220] Lu D., Tian H., Zhou G., et al. Regional Mapping of Human Settlements in Southeastern China with Multisensor Remotely Sensed Data [J]. Remote Sensing of Environment, 2008, 112 (9): 3668 – 3679.

[221] Lu J., Tao Z. Trends and determinants of China's industrial agglomeration [J]. Journal of Urban Economics, 2009, 65 (2): 167 – 180.

[222] Lu J., Lu Y., Tao Z. Exporting Behavior of Foreign Affiliates: Theory and Evidence [J]. Journal of International Economics, 2010, 81 (3): 197 – 205.

[223] Ma, A. C. Export Spillovers to Chinese Firms: Evidence from Provincial Data [J]. Journal of Chinese Economic and Business Studies, 2006, 4 (2): 127 – 149.

[224] Manova, K. Credit Constrains, Heterogeneous Firms, and International Trade [J]. Review of Economic Studies, 2013b, 80 (2): 711 – 744.

[225] Manova K. Financial Development and The Choice of Trade Partners [J]. NBER Working Paper, 2013a, No. 18867.

[226] Marshall, A. Principles of Economic [M]. London: MacMillan, 1920.

[227] Martin, P. and Ottaviano, G. Growing Locations: Industry Location in a Model of Endogenous Growth [J]. European Economic Review, 1999, 43 (2): 281 – 302.

[228] Matsuoka M., Hayasaka T., Fukushinma Y., Honda Y. Land cove in East

Asia classifified using Terra MODIS and DMSP OLS products ［J］. International Journal of Remote Sensing. 2007, 28 （1）: 221 – 248.

［229］ Melitz M. J. The Impact of Trade on Intra-industry Reallocations and Aggregate Industry Productivity ［J］. Econometrica, 2003, 71 （6）: 1695 – 1725.

［230］ Milesi C. , Elvidge C. D. , Nemani R. R. , Running S. W. Assessing the environmental impacts of human settlements using satellite data ［J］. Management of Environmental Quality: An International Journal, 2003, 14 （1）: 99 – 107.

［231］ Mukim, M. Coagglomeration of Formal and Informal Industry: Evidence from India ［J］. Journal of Economic Geography, 2015, 15 （2）: 329 – 351.

［232］ Muller, E. Innovation Interactions Between Knowledge – Intensive Business Services and Small and Medium-sized Enterprises: Analysis in Terms of Evolution, Knowledge and Territories ［M］. Heidelberg: Physica – Verlag, 2001.

［233］ Muuls, M. Exporters and Credit Constraints: A Firm – level Approach ［J］. NBER Working Paper, 2008, No. 139.

［234］ Newburry, W. , Gardberg, A. and Belkin, Y. Organizational Attractiveness is in the Eye of the Beholder: The Interaction of Demographic Characteristics with Foreignness ［J］. Journal of International Business Studies, 2006, 37 （5）: 666 – 686.

［235］ Okubo, T. , Picard, P. M. , Thisse, J. – F. The Spatial Selection of Heterogeneous Firms ［J］. Journal of International Economics, 2010, 82 （2）: 230 – 237.

［236］ Ottaviano, G. I. P. "New" New Economic Geography: Firm Heterogeneity and Agglomeration Economies ［J］. Journal of Economic Geography, 2011 （11）: 231 – 240.

［237］ Palam, A. and Proost. S. Imperfect Competition and Congestion in the City ［J］. Journal of Urban Economics, 2006, 60 （2）: 185 – 209.

［238］ Porter, M. The Competitive Advantage of Nations ［M］. London: MacMillian, 1990.

［239］ Porter, E. Michael. Location, Competition, and Economic Development: Local Clusters in a Global Economy ［J］. Economic Development Quarterly, 2000, 14 （1）: 15 – 34.

［240］ Dutt P. , Mihov I. , Zandt T. V. The Effect of WTO on the Extensive and the

Intensive Margins of Trade [J]. Journal of International Economics, 2013, 91 (2): 204 – 219.

[241] Qi Y., Liu Y. Industrial spatial structure and evolution of producer service and manufacturing [J]. Metallurgical and Mining Industry, 2015, 7 (3): 127 – 135.

[242] R. W. Eberts and Daniel P McMillen. Agglomeration Economies and Urban Public Infrastructure [J]. Handbook of Regional and Urban Economics, 1999 (3): 1455 – 1495.

[243] Ramcharan, R. Why an Economic Core: Domestic Transport Costs [J]. Journal of Economic Geography, 2009, 9 (4): 559 – 581.

[244] Raupach M. R., Rayner P. J., Paget M. Regional variations in spatial structure of nightlights, population density and fossil-fuel CO_2 emissions [J]. Energy Policy, 2010, 38 (9): 4756 – 4764.

[245] Rizov, M.; Oskam, A. and Walsh, P. Is There a Limit to Agglomeration? Evidence from Productivity of Dutch Firms [J]. Regional Science and Urban Economics, 2012, 42 (4): 595 – 606.

[246] Ruane F. and Sutherland J. M. Foreign Direct Investment and Export Spillovers: How Do Export Platforms Fare [J]. IIIS Discussion Paper, 2005, No. 58.

[247] S. Bridges, A. Guariglia. Financial Constraints, Global Engagement, and Firm Survival in the United Kingdom: Evidence from Micro Data [J]. Scottish Journal of Political Economy, 2008, 55 (4): 444 – 464.

[248] Sutton P. C. A Scale – Adjusted Measure of "urban sprawl" Using Nighttime Satellite Imagery [J]. Remote Sensing of Environment, 2003, 86 (3): 353 – 369.

[249] Sutton P., Roberts D., Elvidge C., et al. Census from Heaven: an Estimate of the Global Human Population using Night – Time Satellite Imagery [J]. International Journal of Remote Sensing, 2001, 22 (16): 3061 – 3076.

[250] Timmer M. P., Los B., Stehrer R., et al. Fragmentation, Incomes and Jobs: an Analysis of European Competitiveness [J]. Economic Policy, 2013, 28.

[251] Toshihiro O., Eiichi T. Industrial relocation policy, productivity and heterogeneous plants: Evidence from Japan [J]. Regional Science and Urban Economics, 2012, 42 (1 – 2).

[252] Upward, R., Z. Wang, and J. Zheng. Weighing China's Export Basket:

The Domestic Content and Technology Intensity of Chinese Exports [J]. Journal of Comparative Economics, 2012, 41 (2): 527 – 543.

[253] USITC. The Economic Effects of Significant U. S. Import Restraints, Eighth Update [R]. USITC Report, 2013.

[254] Wang, Z., Wei, S. J., Zhu, K. Quantifying International Production Sharing at the Bilateral and Sector Levels [J]. NBER Working Paper, 2013, No. wl9677.

[255] Z. Wang, W. Powers, S. J. Wei. Value Chains in East Asian Production Networks – An International Input – Output Model Based Analysis, U. S. International Trade Commission [R]. Office of Economics Working Paper No. 2009 – 10 – C.

[256] Welch R. Monitoring Urban Population and Energy Utilization Patterns from Satellite Data [J]. Remote Sensing of Environment, 1980, 9 (1): 1 – 9.

[257] Wood F. Urban Development and Knowledge – Intersive Business Services: Too Many Unanswered Questions? [J]. Growth and Change, 2006, 37 (3): 335 – 361.

[258] Yue, C. J. and P. Hua. Does Comparative Advantage Explain Export Patterns in China [J]. China Economic Review, 2002, 13 (2): 276 – 296.

[259] Zhang Q., Seto K. C. Mapping urbanization dynamics at regional and global scales using multi-temporal DMSP/OLS nighttime light data [J]. Remote Sensing of Environment, 2011, 115 (9): 2320 – 2329.

[260] Zhou Y., Smith S. J., Elvidge C. D., et al. A Cluster-based Method to Map Urban Area from DMSP/OLS Nightlights [J]. Remote Sensing of Environment, 2014, 147 (5): 173 – 185.